全国高等医学院校辅导教材

预防医学重点难点讲解及实习指导

主　审　袁聚祥
主　编　武　英
副主编　王福彦　祁艳波
编　者　王福彦　台州学院医学院
　　　　戚永孝　台州学院医学院
　　　　周玲玲　台州学院医学院
　　　　祁艳波　齐齐哈尔医学院
　　　　钱学艳　齐齐哈尔医学院
　　　　武　英　华北煤炭医学院
　　　　张天哲　华北煤炭医学院
　　　　赵丹丹　华北煤炭医学院
　　　　李　云　华北煤炭医学院

北京大学医学出版社

YUFANG YIXUE ZHONGDIAN NANDIAN JIANGJIE JI SHIXI ZHIDAO

图书在版编目（CIP）数据

预防医学重点难点讲解及实习指导/武英主编. —北京：北京大学医学出版社，2010.3（2019.8 重印）
　ISBN 978-7-81116-890-7

Ⅰ.①预… Ⅱ.①武… Ⅲ.①预防医学—医学院校—教学参考资料　Ⅳ.①R1

中国版本图书馆 CIP 数据核字（2010）第 017976 号

预防医学重点难点讲解及实习指导

主　　编：武　英
出版发行：北京大学医学出版社
地　　址：(100191) 北京市海淀区学院路 38 号　北京大学医学部院内
电　　话：发行部 010-82802230；图书邮购 010-82802495
网　　址：http://www.pumpress.com.cn
E-mail：booksale@bjmu.edu.cn
印　　刷：北京京师印务有限公司
经　　销：新华书店
责任编辑：王智敏　　责任校对：金彤文　　责任印制：罗德刚
开　　本：850mm×1168mm　1/16　　印张：14.25　　字数：429 千字
版　　次：2010 年 4 月第 1 版　2019 年 8 月第 3 次印刷
书　　号：ISBN 978-7-81116-890-7
定　　价：23.50 元
版权所有，违者必究
（凡属质量问题请与本社发行部联系退换）

前　言

　　预防医学是一门理论性和实践性都很强的学科，包括理论和实践两部分内容，二者缺一不可。为了加深学生对《预防医学》课堂教学内容的理解，充分体现高校预防医学实践性教学的特色，我们编写了这本《预防医学重点难点讲解及实习指导》。

　　本教材的编写由华北煤炭医学院、齐齐哈尔医学院、台州学院医学院三所医学院校合作完成，编者全部为教学一线具有多年丰富教学经验和实践经验的教师。作为北京大学医学出版社全国高等医学院校教材《预防医学》的配套教材，主要供临床医学、口腔医学、医学影像学、医学检验学、护理学等专业使用。

　　教材在编写时参考并引用了有关教材的部分资料和图表，在此特作说明，并向原作者表示深深的谢意。

　　由于作者水平有限，缺点乃至错误难免，恳请同道专家及读者提出宝贵意见。

编　者

目 录

第一部分 重点难点讲解与自测

第一章 医学统计方法概述	1
第二章 统计表和统计图	5
第三章 数值变量资料的统计分析	10
第四章 分类变量资料的统计分析	22
第五章 秩和检验	30
第六章 直线相关与直线回归	37
第七章 多变量分析	42
第八章 实验设计	47
第九章 常用统计软件的应用	53
第十章 流行病学概述	53
第十一章 描述性研究	59
第十二章 队列研究	65
第十三章 病例对照研究	72
第十四章 实验性研究	79
第十五章 诊断试验评价和疾病筛检	85
第十六章 疾病预后研究与评价	92
第十七章 病因研究及因果关系的推断	98
第十八章 流行病学研究的误差和偏倚	104
第十九章 循证医学与循证决策	109
第二十章 人类环境与健康	113
第二十一章 社会心理行为因素与健康	117
第二十二章 生活环境与健康	120
第二十三章 生产环境与健康	127
第二十四章 食物与健康	137
第二十五章 地质环境与健康	151
第二十六章 疾病的预防策略与措施	156
第二十七章 疾病的社区预防	160
第二十八章 传染性疾病的预防与控制	165
第二十九章 突发公共卫生事件	169
第三十章 慢性非传染性疾病的预防与控制	173
第三十一章 意外伤害的预防与控制	177

第二部分 实习指导

实习一 计算器的使用和统计图表	180
实习二 数值变量资料的统计描述	185
实习三 数值变量资料的统计推断	187
实习四 分类变量资料的统计描述	190

实习五　分类变量资料的统计推断 …………………………………………………… 191
实习六　直线相关与回归 …………………………………………………………… 193
实习七　SPSS 统计软件上机实习 …………………………………………………… 195
实习八　Doll 和 Hill 关于吸烟与肺癌关系的研究 ………………………………… 207
实习九　病因探讨 …………………………………………………………………… 211
实习十　诊断与筛检试验的评价 …………………………………………………… 213
实习十一　糖尿病病人的食谱编制 ………………………………………………… 215
附录　常见食物成分表 ……………………………………………………………… 219

第一部分 重点难点讲解与自测

第一章 医学统计方法概述

【教学要求】

1. 了解 医学统计学在临床医学中的作用和意义。
2. 熟悉 统计工作的基本步骤。
3. 掌握 统计学基本概念。

【重点难点】

1. 重点 统计工作的基本步骤，统计学基本概念。
2. 难点 统计学基本概念。

1. 医学统计学在临床医学中的意义

①医学统计学是临床医学研究中的重要工具；②统计学的思维推动了临床医学的迅速发展；③医学统计学提高了临床医生的专业素养；④统计学成为医学科研过程中的"通用语言"。

2. 统计学的定义

统计学是应用概率论和数理统计的原理与方法研究数据的搜集、整理、分析和推断的一门科学。

3. 统计工作的基本步骤

（1）设计：设计包括专业设计和统计设计两部分内容。一个完整的科研设计是对研究资料的搜集、整理和分析结果报告等各部分做出的明确计划。

（2）搜集资料：搜集资料就是根据研究目的、设计方案通过合理可靠的手段和渠道获得准确、完整的原始数据。收集准确、完整、可靠的原始资料是进行统计分析的基础，决定着科研的成败。

资料来源包括：①统计报表和统计年鉴；②登记和报告卡；③医疗卫生的日常工作记录；④专题调查或实验。

（3）整理资料：整理资料是对搜集的原始资料进一步的归类整理，将杂乱的原始资料系统化、条理化，达到去伪存真、去粗取精的目的，便于进一步的统计分析。整理资料的过程既包括对原始数据的检查与核对，又包括对变量或数据的"深加工"。

（4）分析资料：分析资料是从获取的资料中提取有关信息的过程，根据研究的目的和资料的具体特征，运用适当的统计指标和统计分析方法，反映资料的综合特征，揭示事物的内在联系和规律。统计分析包括统计描述和统计推断两部分内容。

4. 统计数据的类型

（1）定量变量：也叫数值变量，是指每个观察单位的某个变量用测量或其他定量方法获得观察结果，表现为具体数值的大小，一般有度量单位。如正常成年男性的身高（m）。定量变量又分为连续型变量和离散型变量两种类型。

1) 连续型变量：连续型变量是用定量方法测得可以取实数轴上任意数值的变量，如身高、体重、血红蛋白含量等。

2) 离散型变量：离散型变量是只能取整数值的定量变量，如某地区一年内的新生儿数，幼儿牙齿数等。

（2）定性变量：也叫分类变量，是指将观察单位按照互不相容的某种属性或类别分类汇总获得的观察结果，如性别、血型等。定性变量又分为无序分类变量和有序分类变量两种类型。

1) 无序分类变量：分类变量的所分类别或属性之间无程度和顺序的差别，按照类别的数目又可分为：①二项分类变量：如性别（男、女）、疾病（有、无）；②多项分类变量：如血型（A、B、AB、O）、民族（汉、回、蒙、满等）等。

2) 有序分类变量：又叫等级变量，各类别之间是有程度的差别，存在着自然的次序，具有半定量的性质。如尿蛋白的临床检验结果按"－、±、＋、＋＋、＋＋＋"分类。

5. 同质与变异

（1）同质：是指所研究的事物在性质上相同，它是进行统计分析的前提。理论上讲，除了处理因素以外，影响研究指标的非处理因素相同称为同质。如研究儿童身高时，主要的可控制因素有性别、年龄、民族、地区等，这些因素相同则可认为达到了同质的要求。不可控制因素有营养、遗传等，可暂时不加考虑。

（2）变异：是指在同质的基础上各观察单位（或个体）之间的差异，如同年龄、性别、地区、体重儿童的身高有差异。这种情况我们称之为身高的变异。

6. 总体和样本

（1）总体：是根据研究目的确定的性质相同的所有观察单位的集合。在实际工作中，人们只能从总体中抽取一部分观察单位进行研究，并用研究结果来推断总体特征。

（2）样本：是从总体中随机抽取的，对总体有代表性的一部分观察单位所组成的集合。正确抽取样本、用样本信息去推断总体特征是统计学要解决的问题。

7. 参数和统计量

（1）参数：是根据总体分布的特征计算的指标。总体参数是客观存在的常数，如果能够直接观察到总体的每一部分基本特征无疑是最理想的结果，但事实上往往是未知并难以得到的。

（2）统计量：从总体中随机抽取样本，通过对样本观察测量所获得的数据进行统计分析所产生的统计指标。

8. 抽样和抽样误差

（1）抽样：指从总体中抽取部分个体组成样本的过程。

（2）抽样误差：由于总体中的个体间往往存在着变异，随机抽取的样本仅包含了总体中的部分个体，这种由于随机抽样所造成的样本统计量与总体参数的差异，称为抽样误差。

9. 概率和小概率事件

（1）概率：指随机时间发生可能性大小的量，是一个取值于 0 和 1 之间的数。必然发生的事件概率为1，不可能发生的事件概率为0，随机事件或偶然事件，即可能发生也可能不发生的事件概率介于0和1之间。概率接近1，事件发生的可能性大；概率接近0，事件发生的可能性小。

（2）小概率事件：统计学上习惯上将$P\leq 0.05$或$P\leq 0.01$称为小概率事件，表明事件发生的可能性很小。

测试题

【名词解释】

1. 统计学   2. 总体   3. 样本   4. 同质
5. 变异   6. 抽样误差 7. 概率   8. 小概率事件
9. 统计量   10. 参数

【填空题】

1. 统计工作的基本步骤包括_____、_____、_____和_____。
2. 小概率事件指_____。
3. 统计资料的类型包括_____和_____两种。
4. 定性变量可分为_____和_____。

【选择题】

1. 在确定统计总体时必须注意
   A. 构成总体的单位，必须是同质的
   B. 构成总体的单位，必须是不同的
   C. 构成总体的单位，不能有差异
   D. 构成总体的单位，必须是不相干的单位
   E. 构成总体的单位，可以是不同质的
2. 统计工作的关键步骤是
   A. 分析资料
   B. 整理资料
   C. 收集资料
   D. 调查资料
   E. 设计
3. 统计分析的主要内容有
   A. 统计描述和统计推断
   B. 区间估计与假设检验
   C. 统计图表和统计报告
   D. 统计描述和统计分析
   E. 统计描述和统计图表
4. 观察单位为研究中的
   A. 全部对象
   B. 样本
   C. 影响因素
   D. 处理因素
   E. 个体
5. 抽样的目的是
   A. 研究总体统计量
   B. 研究样本统计量
   C. 由样本统计量来推断总体参数
   D. 研究典型案例
   E. 由总体参数来推断样本统计量
6. 关于随机抽样，下列哪一项说法是正确的
   A. 抽样时应使得总体中的每一个个体都有同等的机会被抽取
   B. 研究者在抽样时应精心挑选个体，以使样本更能代替总体
   C. 随机抽样即随便抽取个体
   D. 随机抽样得到的个体不能代表总体
   E. 以上都不正确
7. 下列资料属于等级资料的是
   A. 病人的病情分级
   B. 红细胞计数
   C. 7岁儿童的身高
   D. 住院床位数
   E. 人群的血型
8. 参数是指
   A. 样本的统计指标
   B. 样本的个数
   C. 总体的统计指标
   D. 总体的个数
   E. 参与个体数

9. 参数不等于统计量，原因是
   A. 系统误差
   B. 测量误差
   C. 过失误差
   D. 抽样误差
   E. 以上都不对

10. 小概率事件指
    A. $P \geq 0.05$
    B. $P \leq 0.05$
    C. $P > 0.05$
    D. $P < 0.05$
    E. 以上都不对

【简答题】

1. 简述统计工作的基本步骤。
2. 简述统计变量的类型。
3. 简述统计学在临床工作中的意义。

参考答案

【填空题】

1. 设计　搜集资料　整理资料　分析资料
2. $P \leq 0.05$ 或 $P \leq 0.01$
3. 数值变量资料　分类变量资料
4. 无序分类变量　有序分类变量

【选择题】

1. A 2. E 3. A 4. E 5. C 6. A 7. A 8. C 9. D 10. B

（武　英）

第二章 统计表和统计图

【教学要求】

1. 熟悉 常用统计图的绘制及适用资料。
2. 掌握 统计表的基本结构和制表要求;统计表的种类;统计表的常见错误和修改;统计图图形选择;制图的基本原则。

【重点难点】

1. 重点 统计表的编制;各种常用统计图所适用的资料类型。
2. 难点 各种常用统计图所适用的资料类型。

1. 统计表的结构及编制原则

(1) 标题:写在表的顶线上端中间的位置,应简明说明内容,必要时注明资料的来源。如资料有两个以上的统计表时,应在标题左面编出表序,如表1、表2等。

(2) 标目:用以说明表内数字含义。标目有横标目与纵标目之分,横标目指示相应行的内容,纵标目指示相应列的内容。

(3) 线条:应简洁,除必须绘制的顶线、标目线、合计线和底线外,其余线条均可省略。

(4) 数字:表内的数字必须准确,要求一律用阿拉伯数字,同一指标的数字其小数位数要一致、位次要对齐。表内不宜留有空项,表内数字为零时,可用"0"表示,"…"表示暂时缺失、"—"表示永久缺失。

(5) 备注:不是统计表的必要结构,一般不列入表内。需要说明的某一项目用" * "号或其他符号标出,将说明的内容写在表的底线下方。

2. 各种常用统计图

医学研究工作中常用的统计图有直条图、直方图、百分比条图、圆图、线图、散点图和统计地图等。应根据资料的性质和分析的目的正确选用适当的统计图。

(1) 资料是连续性的,其目的是用线段升降表达事物的动态变化趋势,宜选择普通线图。

(2) 表示变量分布的频数表资料,其目的是用直方的面积表达各组段的频数或频率分布情况,宜选择直方图。

(3) 资料是相互独立的,其目的是用直条的长短比较数值的大小,宜选择直条图。

(4) 事物内部各部分的百分构成比资料,其目的是用面积大小表达各部分所占的比重大小,宜选择百分比条图或圆图。

(5) 双变量连续性资料,其目的是用点的密集程度和趋势表达两个变量的相互关系,宜选择散点图。

测试题

【名词解释】

1. 统计表   2. 统计图

【填空题】

1. 统计表是由_____、_____、_____和_____等部分构成。
2. 统计表有_____和_____两种。
3. 常用的统计图按照图示形式可分为_____、_____、_____、_____、_____、_____和_____等。

【选择题】

1. 统计表的基本结构包括
   A. 标题、纵横标目、线条、数字和备注
   B. 标题、纵横标目、图例和数字
   C. 标题、标目、线条、数字和文字说明
   D. 标目、线条、数字和备注
   E. 主标题、副标题、标目、线条、数字和备注

2. 制作统计表时，下列哪个说法**不符合**统计表的制表原则和要求
   A. 标题置于表的上方
   B. 横标目必须位于表头的右侧，纵标目必须位于表头左侧
   C. 线条不宜过多，采用三线图，不应有竖线和斜线
   D. 表中没有数字的格子用"—"表示，缺失数字用"…"表示
   E. 表中不列备注项，需说明时在相应位置注"＊"号，在表的下方注明

3. 制定某年某地不同年龄、性别者 HBsAg 阳性率的统计分析表，其主要标志是
   A. 性别
   B. 年龄别
   C. 阳性率
   D. 性别和年龄别
   E. 性别、年龄别和阳性率

4. 绘制统计图时应注意
   A. 标题应简明扼要，置于图的上方
   B. 坐标全部以 0 为起点
   C. 直条图是以各直条的面积大小来表示各指标的数值
   D. 统计图都需要加图例
   E. 在绘制线图和直条图时，纵横坐标的长度比例一般为 5∶7 或 7∶5

5. 不同的统计图适用于不同类型的资料，一般来讲
   A. 按质分组的资料宜用线图
   B. 按质分组的资料宜用直方图
   C. 连续性资料宜用直条图
   D. 连续性资料宜用圆图或百分比条图
   E. 以上都不是

6. 统计地图用于表示
   A. 某现象的内部构成
   B. 各现象的比较
   C. 某现象的地理分布
   D. 某现象的频数分布
   E. 某现象的发展速度

7. 某科研人员调查了某省各市县胃癌的发病情况，若要从该资料中了解该地各市县胃癌发病率的地理分布，宜绘制
   A. 直条图
   B. 线图
   C. 直方图
   D. 统计地图
   E. 圆图或百分比条图

8. 用统计图示 150 例腰椎间盘后突患者的年龄分布情况，最宜用
   A. 直条图
   B. 线图
   C. 直方图
   D. 散点图
   E. 圆图或百分比条图

9. 用统计图示某地居民 1989—1995 年甲、乙、丙三种疾病的发病率（1/10 万）随时间变化的趋势，宜采用
   A. 普通线图
   B. 直方图
   C. 散点图
   D. 半对数线图
   E. 直条图

10. 上题资料，若用统计图示各种疾病的发病率随时间变化的速度，宜采用
    A. 普通线图

B. 直方图
C. 散点图
D. 半对数线图
E. 直条图

11. 欲用统计图表示某市 1980 年和 1990 年痢疾、肝炎、流脑、麻疹和腮腺炎五种传染病的构成情况，应用
    A. 圆图或百分比条图
    B. 线图
    C. 直方图
    D. 直条图
    E. 散点图

12. 比较某地区某年 5 种恶性肿瘤的死亡率，宜绘制
    A. 线图
    B. 百分条图
    C. 直条图
    D. 半对数线图
    E. 直方图

13. 用统计图示某地 1980 年和 1990 年 3 种死因别死亡率，宜选用
    A. 复式线图
    B. 圆图
    C. 复式直条图
    D. 直方图
    E. 单式条图

14. 现测得 20 名糖尿病病人的血糖值和胰岛素水平值，若要图示二者的关系，最宜用
    A. 直条图
    B. 散点图
    C. 直方图
    D. 圆图或百分比条图
    E. 线图

15. 关于半对数线图，哪项说法是错误的
    A. 纵轴为对数尺度，横轴为算术尺度
    B. 纵坐标没有零点
    C. 适宜比较事物的发展速度
    D. 以对数的 1/2 作为纵轴尺度
    E. 绘制方法为将原始数据取对数值后绘制在普通坐标内

16. 对统计表和统计图标题的要求是
    A. 两者的标题都在下方
    B. 两者的标题都在上方
    C. 没有限定，可随意设定标题的位置
    D. 统计图的标题在上方，统计表的标题在下方
    E. 统计表的标题在上方，统计图的标题在下方

【简答题】

1. 统计表的制表原则是什么？其基本要求有哪些？
2. 统计图的结构包括哪几部分？各部分的要求是什么？
3. 常用的统计图有哪几种？其适用的资料类型分别是什么？

【应用分析题】

1. 请指出下表的缺点或错误并予以修改。

水源与肠道疾病（原表）

患病结果	塘水		井水		合计	
	患病人数	患病率	患病人数	患病率	患病人数	患病率
结果	50	20%	15	5%	65	11.8%
调查人数	250		300		550	

2. 根据下表资料，绘制适当的统计图。

1982 年和 1990 年 3 个直辖市的人口密度比较

年份	人口密度（人/km²）		
	北京	天津	上海
1982	449	687	1913
1990	644	777	2118

3. 将下表资料分别绘制统计图说明两种疾病的发病率随时间变化的趋势以及变化的速度。

某地 1977—1985 年普通感冒与支气管炎发病率（‰）

年份	1977	1978	1979	1980	1981	1982	1983	1984	1985
普通感冒	126.27	92.19	107.49	101.93	92.60	73.20	41.40	42.39	33.92
支气管炎	6.63	6.37	4.90	4.69	4.49	4.32	3.04	2.42	2.27

4. 上海市1993年男性不同部位恶性肿瘤发病例数见下表，试绘制适当的统计图。

上海市1993年男性恶性肿瘤发病情况

肿瘤部位	例数	构成比（%）
食管	959	6.35
胃	3712	24.59
结肠	1182	7.83
直肠	932	6.17
肝	2448	16.22
胰腺	592	3.92
肺	4944	32.75
前列腺	326	2.16
合计	15095	100.00

参考答案

【填空题】

1. 标题　标目　线条　数字　备注
2. 简单表　复合表
3. 直条图　直方图　百分比条图　圆图　散点图　线图　统计地图

【选择题】

1. A　2. B　3. D　4. E　5. E　6. C　7. D　8. C　9. A　10. D　11. A
12. C　13. C　14. B　15. D　16. E

【应用分析题】

1. 主要问题有：①标题太简单，不能说明统计表的内容，未标明时间、地点；②主、谓语位置颠倒，符号"%"应写在"患病率"的后面，并用括号括上。修正表如下：

某年某地某村居民饮用水源与肠道传染病的患病率

水源	调查人数	患病人数	患病率（%）
塘水	250	50	20.0
井水	300	15	5.0
合计	550	65	11.8

2. 根据已知资料，宜绘制直条图。

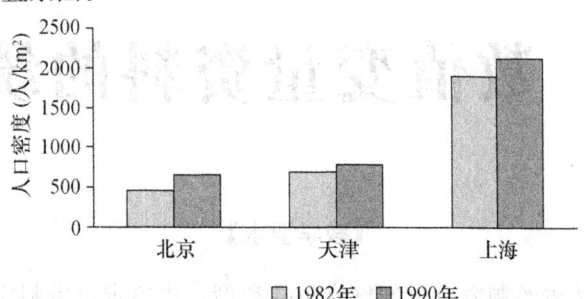

1982 年和 1990 年三个直辖市的人口密度比较

3. 普通线图为

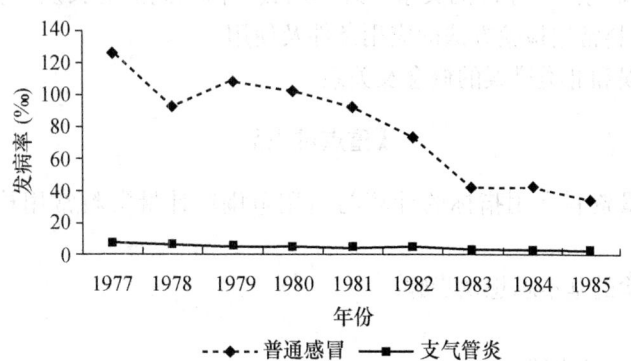

某地 1977—1985 年普通感冒与支气管炎发病率普通线图

半对数线图为

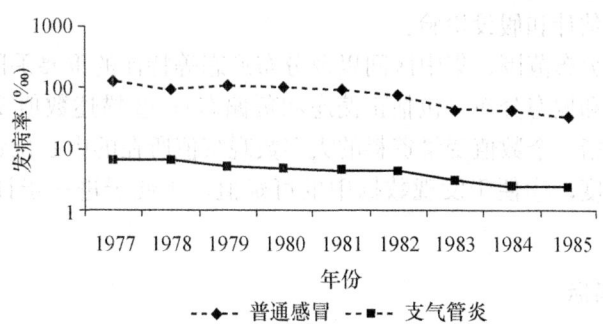

某地 1977—1985 年普通感冒与支气管炎发病率半对数线图

4. 根据该题资料，宜绘制圆图（或百分比条图）。

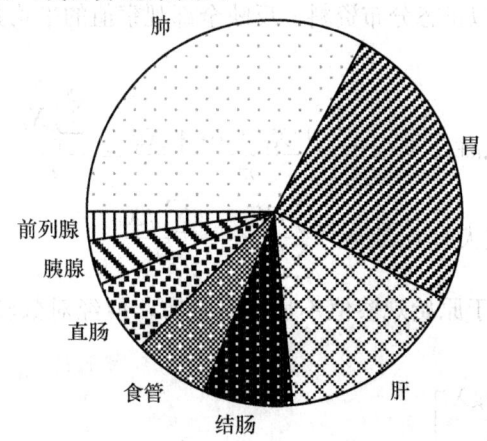

上海市 1993 年男性恶性肿瘤发病部位构成比（%）

（祁艳波）

第三章　数值变量资料的统计分析

【教学要求】

1. 掌握　频数分布表的绘制方法及频数分布的类型；描述定量资料常用指标的计算与适用范围；正态曲线下面积分布规律；医学参考值范围的意义及制定方法。抽样误差、标准误的概念及标准差与标准误的区别和联系；t 与 P 的关系；总体均数可信区间的意义及计算方法。假设检验的基本思想及步骤；计量资料常用检验方法的应用条件及使用。
2. 熟悉　Ⅰ类错误和Ⅱ类错误的概念及关系。

【重点难点】

1. 重点　描述定量资料常用指标的计算与适用范围；计量资料常用检验方法的应用条件及使用。
2. 难点　假设检验的基本思想及步骤。

1. 数值变量资料的统计描述

统计分析包括统计描述和统计推断。统计描述是统计推断的基础。统计描述包括统计指标和统计图表，统计推断包括参数估计和假设检验。

频数表是了解数据的分布范围、集中区间以及分布形态等特征的重要手段。其用途有：①揭示数据的分布类型：对称分布和偏态分布（包括正偏态和负偏态）；②描述数值变量资料分布的集中趋势和离散趋势。集中趋势是指一个数值变量资料的大多数观察值所在的中心位置；离散趋势反映的是各变量值远离其中心值的程度；③便于发现数据中的可疑值；④便于进一步计算统计指标和进行统计分析。

2. 描述集中趋势的指标

(1) 众数：观察值中出现次数最多的数值。

(2) 算术均数：简称为均数，总体均数用希腊字母 μ 表示，样本算术均数简称样本均数用 $\bar{X}$ 表示。均数适用于正态分布或近似正态分布资料，反映全部观察值的平均数量水平。

均数的计算方法有：

1) 直接法（样本含量较小时）：$\bar{X} = \dfrac{X_1 + X_2 + \cdots + X_n}{n} = \dfrac{\sum_{i=1}^{n} X_i}{n}$

2) 频数表法（样本含量较大时）：$\bar{X} = \dfrac{\sum f X_0}{\sum f} = \dfrac{\sum f X_0}{n}$

(3) 几何均数（G）：适用于原始观察值不呈正态分布，但经对数转换后呈正态分布的资料，即对数正态分布资料。

1) 直接法：$G = \lg^{-1}\left[\dfrac{\sum \lg X}{n}\right]$

2) 频数表法：$G = \lg^{-1}\left[\dfrac{\sum f \lg X}{\sum f}\right] = \lg^{-1}\left[\dfrac{\sum f \lg X}{n}\right]$

(4) 中位数（M）和百分位数（P）：中位数是将原始观察值从小到大或从大到小排序后，位次居中的那个数所对应的值。中位数适用于各种分布的资料，它不受分布两端特大或特小值的影响。对分布末端无确定值的资料，均可以使用中位数描述其集中趋势。

1) 直接法：

样本量 n 为奇数时，$M = X_{(\frac{n+1}{2})}$

样本量 n 为偶数时，$M = \frac{1}{2}\left[X_{(\frac{n}{2})} + X_{(\frac{n}{2}+1)}\right]$。

2) 频数表法：对频数表资料，可通过百分位数法计算中位数。

百分位数是一个数值，它表示将原始观察值分成两部分，理论上有 $x\%$ 的观察值小于 P_x，有 $1-x\%$ 的观察值大于 P_x。第 50 百分位数 P_{50} 就是中位数。对频数表资料，百分位数 P_x 和 P_{50}（M）的计算公式分别为：

$$P_x = L + \frac{i}{f_x} \cdot (n \cdot x\% - \sum f_L)$$

$$M = L + \frac{i}{f_x}\left(\frac{n}{2} - \sum f_L\right)$$

3. 离散趋势的描述

离散趋势反映的是各变量值远离其中心值的程度即离散程度。数据的离散程度越大，集中趋势指标对该组数据的代表性越差；离散程度越小，其代表性越好。

(1) 极差：观察值中最大值与最小值的差。

(2) 四分位数间距：统计学将特殊的三个百分位数 P_{25}、P_{50} 和 P_{75} 统称为四分位数，分别称为第一四分位数、第二四分位数和第三四分位数，记为 Q_1、Q_2 和 Q_3。并且称 Q_3 与 Q_1 的差距为四分位数间距，$Q = Q_3 - Q_1 = P_{75} - P_{25}$。

四分位数间距可用于各种分布的资料，特别是偏峰分布资料，常把中位数和四分位数间距结合起来描述资料的集中趋势和离散趋势。

(3) 方差和标准差：用离均差平方和除以观察数据的个数反映个体变异，我们称其为总体方差（σ^2）。

$$\sigma^2 = \frac{\sum(X-\mu)^2}{N}$$

样本方差的计算公式为：

$$S^2 = \frac{\sum(X-\overline{X})^2}{n-1}$$

方差的算术平方根称为标准差（S），是反映变异程度的一个重要指标。

1) 直接法：$S = \sqrt{\dfrac{\sum(X-\overline{X})^2}{n-1}}$

$\sum(X-\overline{X})^2 = \sum X^2 - (\sum X)^2/n$，故标准差的计算公式也可以写成：

$$S = \sqrt{\frac{\sum X^2 - (\sum X)^2/n}{n-1}}$$

2) 频数表法：$S = \sqrt{\dfrac{\sum fX_0^2 - (\sum fX_0)^2/\sum f}{\sum f - 1}}$

(4) 变异系数（CV）：变异系数主要用于不同质或均数差别较大的变量间变异程度的比较。

$$CV = \frac{S}{\overline{X}} \times 100\%$$

4. 正态曲线下面积分布规律

正态分布曲线下，横轴上一定区间内的面积是有规律的。正态分布曲线下的面积为100%。对任意一个服从均数为 μ，标准差为 σ 的正态分布的随机变量，可进行 u 变换。

$$u=\frac{X-\mu}{\sigma}$$

5. 正态分布的应用

（1）确定医学参考值范围：医学参考值范围是指排除了对所研究指标有影响的疾病和相关因素的特定人群，其解剖、生理、生化指标及组织代谢产物含量等数据中大多数个体的取值所在的范围。

1）正态分布法：若 X 服从正态分布，医学参考值范围可依正态分布的规律计算。双侧95%医学参考值范围为：$\bar{X}\pm1.96S$。

单侧95%医学参考值范围为：$\bar{X}+1.645S$ 或 $\bar{X}-1.645S$。

2）百分位数法：双侧95%医学参考值范围是（$P_{2.5}$，$P_{97.5}$），单侧范围是 P_{95} 以下或 P_5 以上。该方法适用于任何分布类型的资料。

（2）质量控制：根据正态分布的特征常以 $\bar{X}\pm2S$ 作为上、下警戒线，以 $\bar{X}\pm3S$ 作为上、下控制线。

（3）正态分布是许多统计方法的理论基础。

6. 均数的抽样误差与标准误

统计推断：用样本数据推断总体特征。

医学研究中，由个体差异产生，抽样造成的样本指标与总体指标的差异称为抽样误差。抽样误差是不可避免的，但可以用统计方法来估计它的大小。以样本均数的标准差作为衡量均数抽样误差大小的尺度，即均数标准误。

$$\sigma_{\bar{X}}=\frac{\sigma}{\sqrt{n}}, \quad S_{\bar{X}}=\frac{S}{\sqrt{n}}$$

如果抽样误差小，用样本均数估计总体均数的可靠程度就高，所以均数标准误也是反映样本均数估计总体均数可靠程度的一个指标。

均数标准误和标准差都是说明变异程度大小的指标；不同的是标准差表示某变量个体观察值变异程度的大小，而标准误表示样本均数变异程度的大小。

7. 总体均数估计

参数估计是指通过样本数据对总体的特征进行推测，给出的结果可以是点值，但通常是一个区间。

参数估计即用样本指标估计总体指标，如用样本均数估计总体均数、用样本率估计总体率。其方法有两种：①点估计：用样本的统计量作为总体参数的估计值；②区间估计：一般进行总体指标估计的时候，应该考虑抽样误差。从总体中进行随机抽样，由样本信息确定一个区间，即按一定的概率估计总体指标所在的范围。习惯上取95%或99%的可信度，该区间包含总体指标的可能性为95%或99%，这个区间称为总体参数的95%或99%可信区间。

（1）大样本均数的可信区间：如果随机变量 X 的取值互相独立，且均值为 μ、标准差为 σ，在样本例数足够大（比如 $n \geq 100$）的时候：

$$\bar{X}\pm1.96\,S/\sqrt{n}$$

（2）小样本均数的可信区间：对于小样本资料，如果用样本标准差 S 代替总体标准差 σ，需要用 t 分布界值估计总体均数的可信区间。小样本资料总体均数的 95％可信区间计算公式为：

$$\overline{X} \pm t_{0.05, \nu} \cdot S/\sqrt{n}$$

可信区间取决于准确度和精度两个要素。可信度反映准确度的大小，即区间包含总体均数的可能性大小，准确度越接近 1 越好。

8. 假设检验

假设检验的基本思想：

（1）反证法的思想，即事先对总体分布做出某种假设，如果样本信息不支持该假设，则认为零假设不成立。

（2）根据"小概率事件"的原理，用概率的思想决定是否拒绝零假设。建立检验假设和确定检验水准。

假设的方法有两种：零假设是假设指标间数量上的差别仅仅由抽样误差所致，符号记为 H_0；备择假设是与零假设对立的一种假设，符号记为 H_1。

检验水准 α：其意义是零假设事实上是正确的，而被拒绝的可能性为 α，一般取 0.05。

9. t 检验

t 检验的应用条件要求样本来自正态分布总体，两样本均数比较时，还要求两总体方差相同，即具有方差齐性。

（1）样本均数与总体均数比较的 t 检验：样本均数与已知总体均数的比较，目的是推断样本所代表的那个未知的总体均数 μ 与已知的总体均数 μ_0 有无差别。计算公式为：

$$t = \frac{\overline{X} - \mu_0}{S/\sqrt{n}}$$

（2）配对样本均数比较的 t 检验：配对资料常见的设计方法有三种：

①除处理因素外，其他条件基本相似的受试对象配成对子，每对中的两个受试对象随机分配到两个处理组。观察两种处理的结果是否不同。

②在同一受试对象上进行两种不同的处理。推断两种处理的效果有无差别。

③在某项处理前后观察受试对象的某指标值，通过处理前后该指标值的差推断该处理是否有效。

检验统计量 t 值的计算公式为：

$$t = \frac{\overline{d} - 0}{S_d/\sqrt{n}} = \frac{\overline{d}}{S_d/\sqrt{n}}$$

式中，$\overline{d}$ 表示差值的均数，S_d 表示差值的标准差。

（3）两个独立样本均数比较的 t 检验：两个样本均来自正态总体，总体方差齐时采用 t 检验；总体方差不齐，可通过变量变换达到方差齐或采用 t' 检验；两样本例数均较大时（$n \geq 100$）可用 u 检验。

①方差的齐性检验：由两样本方差推断两总体方差是否齐的检验方法可用 F 检验。F 检验的计算公式为：

$$F = \frac{S_1^2 \, （较大）}{S_2^2 \, （较小）}$$

一般取 $\alpha = 0.10$ 水准作判断，若 $F \geq F_{0.10(\nu_1, \nu_2)}$，$P \leq 0.10$，拒绝 H_0，接受 H_1，可认为两总体方差不齐。若 $F < F_{0.10(\nu_1, \nu_2)}$，$P > 0.10$，不拒绝 H_0，尚不能认为两总体方差不齐。

②方差齐的 t 检验：计算公式为：

$$t = \frac{\overline{X}_1 - \overline{X}_2}{\sqrt{S_c^2(1/n_1 + 1/n_2)}} \qquad S_c^2 = \frac{(n_1 - 1)S_1^2 + (n_2 - 1)S_2^2}{n_1 + n_2 - 2}$$

上式服从自由度 $\nu=n_1+n_2-2$ 的 t 分布，式中 n_1、n_2 分别为两个样本的例数，$\bar{X}_1$、$\bar{X}_2$ 为样本均数，S_c^2 为两样本的合并方差。

根据 t 统计量的计算结果，查 t 界值表，确定相应的概率 P。若 $P\leqslant\alpha$，则拒绝 H_0 接受 H_1，否则不拒绝 H_0。

③方差不齐的 t' 检验：t' 检验的计算公式为：

$$t' = \frac{\bar{X}_1-\bar{X}_2}{\sqrt{\frac{S_1^2}{n_1}+\frac{S_2^2}{n_2}}} \qquad t'_\alpha = \frac{S_{\bar{X}_1}^2 \times t_{\alpha(\nu_1)}+S_{\bar{X}_2}^2 \times t_{\alpha(\nu_2)}}{S_{\bar{X}_1}^2+S_{\bar{X}_2}^2}$$

10. u 检验

u 检验适用于两个大样本均数的比较，其计算公式为：

$$u=\frac{\bar{X}_1-\bar{X}_2}{S_{\bar{X}_1-\bar{X}_2}}=\frac{\bar{X}_1-\bar{X}_2}{\sqrt{S_1^2/n_1+S_2^2/n_2}}$$

11. 方差分析

方差分析是推断两个或多个样本均数所代表总体均值是否有差别的一种统计学方法。方差分析的应用条件为：①样本是相互独立的随机样本。②样本来自正态分布的总体。③各样本的总体方差齐。

(1) 方差分析的基本思想：把全部观察值间的不同（变异），按设计和需要分解成两个或多个部分，然后将各部分的变异与随机误差进行比较，以判断各部分的变异是否具有统计学意义。

①总变异：

$$SS_{\text{总}} = \sum(X-\bar{X})^2 \qquad \nu_{\text{总}} = N-1 \qquad MS_{\text{总}} = \frac{SS_{\text{总}}}{\nu_{\text{总}}}$$

②组间变异：

$$SS_{\text{组间}} = \sum n_i(\bar{X}_i-\bar{X})^2 \qquad \nu_{\text{组间}} = \nu_1 = k-1 \qquad MS_{\text{组间}} = \frac{SS_{\text{组间}}}{\nu_{\text{组间}}}$$

③组内变异：

$$SS_{\text{组内}} = \sum(X-\bar{X}_i)^2 \qquad \nu_{\text{组内}} = \nu_2 = N-k \qquad MS_{\text{组内}} = \frac{SS_{\text{组内}}}{\nu_{\text{组内}}}$$

若各样本所代表的总体均数相等，即各样本来自于同一总体，则 $MS_{\text{组间}}=MS_{\text{组内}}$。组间均方与组内均方的比值称为 F 统计量：

$$F=\frac{MS_{\text{组间}}}{MS_{\text{组内}}}$$

从理论上讲，如果处理效应相同，则 $F=1$，但由于抽样误差的影响 $F\approx 1$，不应该偏离 1 很远。相反，各处理效应不同，即三个总体均数不全相同时，$MS_{\text{组间}}>MS_{\text{组内}}$，$F>1$。一般需要查 F 界值表得到 F 统计量相应的 P 值，然后根据检验水准 α 作出推断结论。

(2) 完全随机设计资料的方差分析：完全随机设计将同质的受试对象随机地分配到各处理组，处理组可以是两组或多组，各组样本含量可以相等，也可不等。完全随机设计的方差分析又称为单因素方差分析。

1) 离均差平方和与自由度的分解：

$$SS_{\text{总}} = SS_{\text{组间}} + SS_{\text{组内}}$$
$$\nu_{\text{总}} = \nu_{\text{组间}} + \nu_{\text{组内}}$$

2) 完全随机设计方差分析见表 3-1：

表 3-1 完全随机设计方差分析表

变异来源	SS	ν	MS	F
总变异	$\sum(X-\overline{X})^2$	$N-1$		
组间变异	$\sum n_i(\overline{X}_i-\overline{X})^2$	$k-1$	$SS_{组间}/\nu_{组间}$	$MS_{组间}/MS_{组内}$
组内变异	$SS_{组内}=\sum(X-\overline{X}_i)^2$ 或 $SS_{组内}=SS_{总}-SS_{组间}$	$N-k$	$SS_{组内}/\nu_{组内}$	

(3) 随机区组设计资料的方差分析：随机区组设计是将受试对象按性质相同或相近者组成 b 个区组（配伍组），每个区组中的受试对象分别随机分配到 k 个处理组中。随机区组设计方差分析属于无重复数据的两因素方差分析又称为双因素方差分析。

数据间存在以下四种变异：

①总变异：总变异的量化值用 $MS_{总}$ 来表示。

②处理组变异：

$$SS_{处理}=\sum n_i(\overline{X}_i-\overline{X})^2 \quad \nu_{处理}=k-1 \quad MS_{处理}=\frac{SS_{处理}}{\nu_{处理}}$$

③区组变异：

$$SS_{区组}=\sum n_j(\overline{X}_j-\overline{X})^2 \quad \nu_{区组}=b-1 \quad MS_{区组}=\frac{SS_{区组}}{\nu_{区组}}$$

④误差变异：

$$SS_{误差}=SS_{总}-SS_{处理}-SS_{区组} \quad MS_{误差}=\frac{SS_{误差}}{\nu_{误差}}$$

$$\nu_{误差}=\nu_{总}-\nu_{处理}-\nu_{区组}$$

随机区组设计方差分析的总变异分为处理组变异、区组变异和误差三部分：

$$SS_{总}=SS_{处理}+SS_{区组}+SS_{误差}$$

$$\nu_{总}=\nu_{处理}+\nu_{区组}+\nu_{误差}$$

随机区组设计的方差分析表见表 3-2：

表 3-2 随机区组设计方差分析表

变异来源	SS	ν	MS	F
总变异	$\sum(X-\overline{X})^2$	$N-1$		
处理组	$\sum n_i(\overline{X}_i-\overline{X})^2$	$k-1$	$SS_{处理}/\nu_{处理}$	$MS_{处理}/MS_{误差}$
区 组	$\sum n_j(\overline{X}_j-\overline{X})^2$	$b-1$	$SS_{区组}/\nu_{区组}$	$MS_{区组}/MS_{误差}$
误 差	$SS_{总}-SS_{处理}-SS_{区组}$	$\nu_{总}-\nu_{处理}-\nu_{区组}$	$SS_{误差}/\nu_{误差}$	

*k 为处理组的组数，b 为区组的组数。

(4) 多个样本均数的两两比较：资料经方差分析后得到组间和处理组的 $P<0.05$，按 $\alpha=0.05$ 水准，拒绝 H_0，说明处理组总体均数不全相等，若要说明哪两个总体均数不等需进一步作两两比较。多个样本均数间两两比较，若使用 t 检验进行分析，会使犯 Ⅰ 类错误的概率增大，故不宜采用。

①SNK 法：

$$q=\frac{\overline{X}_A-\overline{X}_B}{S_{\overline{X}_A-\overline{X}_B}}=\frac{\overline{X}_A-\overline{X}_B}{\sqrt{\frac{MS_e}{2}\left(\frac{1}{n_A}+\frac{1}{n_B}\right)}}, \quad \nu=\nu_e$$

MS_e 为方差分析中算得 $MS_{组内}$ 或 $MS_{误差}$。

②Dunnett 法：

$$t_D=\frac{\overline{X}_T-\overline{X}_C}{S_{\overline{X}_T-\overline{X}_C}}=\frac{\overline{X}_T-\overline{X}_C}{\sqrt{MS_e\left(\frac{1}{n_T}+\frac{1}{n_C}\right)}}, \quad \nu=\nu_e$$

式中，T 代表某个处理组，C 为对照组；分子为某处理组与对照组样本均数的差值；分母是差值的标准误；n_T 和 n_C 分别为处理组与对照组的例数。

12. 假设检验的两类错误

Ⅰ类错误：是拒绝实际正确的零假设，如在 t 检验中零假设实际上是成立的，因为得到了一个较大的 t 值零假设被拒绝，误判为有差别，这类错误称为Ⅰ类错误。Ⅰ类错误的概率为 α。

Ⅱ类错误：未拒绝实际错误的零假设，如 t 检验中零假设本不成立，因抽样的偶然性使得检验统计量 t 值没有超过界值而未拒绝零假设，错误地得出没有差别的结论，这类错误称为Ⅱ类错误。Ⅱ类错误的概率用 β 表示。

当样本例数确定时，Ⅰ类错误概率越小，Ⅱ类错误的概率越大；反之，Ⅰ类错误概率越大，Ⅱ类错误的概率越小。

13. 假设检验应注意的问题

（1）作假设检验用的样本资料，进行假设检验前应有严密的研究设计，保证样本是从同质总体中随机抽取的，能代表相应的总体。

（2）根据资料的性质和统计设计要求选择正确的假设检验方法。

（3）正确理解 P 值的意义。P 值越小拒绝零假设的理由越充分，故结论越可靠。所以既不能把 P 值理解为总体均数相同的可能性，也不能认为 P 值越小总体均数的差别越大。

（4）正确理解统计推断的结论，不能绝对化。

测试题

【名词解释】

1. 参考值范围　　2. 标准误　　3. 抽样误差　　4. 区间估计
5. 可信区间　　　6. 统计推断　　7. Ⅰ类错误　　8. Ⅱ类错误

【填空题】

1. 医学研究中，反映一组血清抗体滴度资料的平均水平，常选用_____。
2. 对一组计量资料，应从_____和_____两个方面描述其数据特征。
3. 对于近似正态分布的资料，在理论上_____的区间占总面积的 95%。
4. 某病潜伏期分别为 0.5、2.0、24.6、4.6、5.8、5.0、8.0、35.0 小时，则其平均潜伏期为_____小时。
5. 正态分布曲线下，横轴上从均数 μ 到 $\mu+1.645\sigma$ 的面积为_____。

【选择题】

1. 要减少抽样误差，最切实可行的方法是
   A. 增加观察对象（样本含量）
   B. 控制个体变异
   C. 遵循随机化原则抽样
   D. 严格挑选研究对象

2. 欲从频数表大致了解计量资料的分布情况，可观察各组的
   A. 频数
   B. 组中值
   C. 组距

D. 上、下限

3. 用频数表法计算中位数时，公式：$M = L + \frac{i}{f_x}\left(\frac{n}{2} - \sum f_L\right)$ 中 "f_x" 是指
   A. 中位数所在组段的下限
   B. 中位数所在组段的组中值
   C. 中位数所在组段的频数
   D. 中位数所在组段的组距

4. 根据某个样本数据，计算得到的 S，其含义是表示
   A. 该样本中观察值 X 之间的离散程度
   B. 该样本中观察值 X 之间的集中趋势
   C. 来源于同一总体的 $\overline{X}$ 之间的离散程度
   D. 来源于同一总体的 $\overline{X}$ 之间的集中趋势

5. 将同类高血压病患者若干随机分成两组，一组给予传统医疗方法，另一组给予新医疗方法，以各组治疗前后血压的平均下降值为指标，比较两种医疗方法的效果。作两组 $\overline{X}$ 差别的 t 检验，结果为 $P > 0.05$，则可以表示两组
   A. 疗法相同，疗效相同
   B. 疗法相同，疗效不同
   C. 疗法不同，疗效不同
   D. 疗法不同，疗效相同

6. 抽样误差是指
   A. 个体值和总体参数值之差
   B. 个体值和样本统计值之差
   C. 样本统计值和总体参数之差
   D. 总体测量值和总体参数之差

7. 反映一组偏态分布资料平均水平的指标用
   A. 算术均数
   B. 几何均数
   C. 中位数
   D. 变异系数

8. 标准误越大，则表示此次抽样得到的样本均数
   A. 可靠程度越大
   B. 抽样误差越大
   C. 可比性越差
   D. 可比性越好

9. 关于 $\overline{X} \pm t_{0.05,\nu} \cdot S/\sqrt{n}$，哪项是**错误**的
   A. 表示总体均数在此范围内的可能性是 95%
   B. 这个范围不是固定不变的，用此方法估计总体均数，平均来说每 100 次有 95 次是正确的
   C. 总体中有 95% 的变量值在此范围内
   D. 100 次抽样，平均有 95 个可信区间包括总体均数

10. $\sigma_{\overline{x}}$ 代表
    A. 某一个 $\overline{x}$ 对 μ 的离散度
    B. 所有个体对 μ 的离散度
    C. 某些 $\overline{x}$ 对 μ 的离散度
    D. 所有 $\overline{x}$ 对 μ 的离散度

11. 方差分析常应用于
    A. 检验两个或两个以上来自正态总体的均数间的差异显著性
    B. 比较两个或两个以上样本率间的差异显著性
    C. 比较两个或两个以上样本构成比间的差异显著性
    D. 比较两个或两个以上变量值间的差异显著性

12. 现有 10 岁男孩 200 名，测得体重 $\overline{X} = 28$ kg，$S = 2.4$ kg。其 95% 10 岁男孩体重的理论值范围为
    A. 22.107~31.923
    B. 23.296~32.704
    C. 27.667~28.333
    D. 无法计算

13. 中位数是指
    A. 变量值按从小到大顺排后居中的位次
    B. 变量值按从小到大顺排后居中位次的变量值
    C. 任意排列居中的位次
    D. 任意排列居中的变量值

14. t 检验的前提条件是
    A. n 较大
    B. 小样本来自正态总体且总体方差具有齐性
    C. 总体标准差已知
    D. 以上都不是

15. 变异系数的主要用途是
    A. 比较几组资料的标准差
    B. 比较几组资料的均数
    C. 均数相差悬殊或度量衡单位不同时比较几组资料的变异大小
    D. 比较几组资料的方差

16. 第Ⅰ类错误是指
    A. H_0 属实而被拒绝接受
    B. H_0 不属实而被接受
    C. 两者都是
    D. 两者都不是
17. 第Ⅱ类错误是指
    A. H_0 属实而被拒绝接受
    B. H_0 不属实而被接受
    C. 两者都是
    D. 两者都不是
18. 百分位数 P_x 与中位数 M 的关系为
    A. $P_x = M$
    B. $P_{95} = M$
    C. $P_5 = M$
    D. $P_{50} = M$
19. $n<30$ 时，用样本均数来估计总体均数的95%可信区间的公式为
    A. $\overline{X} \pm 1.96S$
    B. $\overline{X} \pm t_{0.05,\nu} \cdot S/\sqrt{n}$
    C. $\overline{X} \pm 1.96S/\sqrt{n}$
    D. $\overline{X} \pm t_{0.05,\nu} \cdot S$
20. 标准差是反映
    A. 样本均数与总体均数之间的差异
    B. 样本均数与样本均数之间的差异
    C. 各个观测值之间的差异
    D. 抽样误差的大小
21. 几何均数的适用条件是
    A. 变量值的频数分布呈正态分布的资料
    B. 变量值的频数分布呈偏态分布的资料
    C. 变量值间呈倍数或近似倍数关系的资料
    D. 凡不适用于计算算术均数的资料
22. 以下指标表示集中趋势常用的指标有
    A. 标准差
    B. 平均数
    C. 方差
    D. 变异系数
23. 下列哪项**不是**表示计量资料集中趋势的指标
    A. 中位数
    B. 算术均数
    C. 标准差
    D. 几何均数
24. 统计推断的内容是
    A. 用样本指标估计相应总体指标
    B. 假设检验
    C. A 和 B 答案均是
    D. 估计参考值范围
25. 两样本均数的比较，其无效假设可以是
    A. $\mu_1 = \mu_2$
    B. $\mu_1 \neq \mu_2$
    C. $\overline{x}_1 = \overline{x}_2$
    D. $\overline{x}_1 \neq \overline{x}_2$
26. 来自正态总体且方差齐的多个样本均数比较时，可以选择的统计方法是
    A. u 检验
    B. t 检验
    C. q 检验
    D. 方差分析
27. 方差分析中，当 $F > F_{0.05(\nu_1,\nu_2)}$，$P < 0.05$，结果可以认为
    A. 各样本均数均不相等
    B. 各总体均数均不相等
    C. 各样本均数不等或不全相等
    D. 各总体均数不等或不全相等
28. 健康成年女性收缩压的正常值范围一般指
    A. 所有健康成年女性收缩压的波动范围
    B. 绝大多数健康成年女性收缩压的波动范围
    C. 少部分健康成年女性收缩压的波动范围
    D. 所有正常人收缩压的波动范围
29. 完全随机设计方差分析中，组间均方主要反映
    A. 抽样误差的大小
    B. 处理因素的作用
    C. 随机误差的影响
    D. 所有数据的离散程度
30. 均数和标准差的关系是
    A. 均数越大，标准差越小
    B. 均数越大，标准差越大
    C. 标准差越小，均数的代表性越好
    D. 标准差越小，均数的代表性越差

【应用分析题】

1. 200 名健康成年男子进行血钙测定，均数为 10 mg/100 ml，标准差为 2 mg/100 ml，现在一成年男

子血钙值为 7 mg/100 ml，问此人血钙是否正常？
2. 某药厂为了解某一批次的药物的有效成分含量是否符合要求，随机抽取了该药 20 片，得其样本均数为 110.2 mg，标准差为 2.15 mg。试估计该批药物成分的平均含量的 95% 可信区间。
3. 有 12 例志愿者接受降胆固醇试验，受试者在试验前后各测量一次血清胆固醇（mmol/L），问试验前后血清胆固醇有无差别？（已知血清胆固醇分布为正态分布）

表 3-3 血清胆固醇（mmol/L）

配对号	1	2	3	4	5	6	7	8	9	10	11	12
试验前	6.4	6.5	6.1	6.8	7.3	9.2	6.9	7.6	6.9	8.2	5.6	7.7
试验后	6.3	6.4	6.0	6.8	7.0	8.4	6.6	7.3	6.6	6.6	6.2	7.2

4. 某产科医生随机测得新生儿的胸围（cm）数据如下：男婴 23 人，$\bar{x}_1 = 33.51$，$S_1 = 1.73$，女婴 25 人，$\bar{x}_2 = 32.84$，$S_2 = 1.62$，试问该院新生儿男女胸围有无差别？
5. 某研究者随机抽查了某地 150 名健康成年女性的红细胞数（10^{12}/L），均数 $\bar{x} = 4.19$，标准差 $S = 0.29$，已知健康成年女性红细胞计数的标准值 $\mu = 4.33$，该地的健康成年女性红细胞计数是否低于标准值？
6. 某医院对自行制备的三种消毒剂的杀菌效果进行考察，经过使用，以被消毒物品的残余细菌数（cfu/m²）为评价指标。试验结果下所示，试问三种消毒剂的效果是否存在差异？

表 3-4 三种消毒剂使用后物品残余细菌数（cfu/m²）

甲消毒剂	乙消毒剂	丙消毒剂
287	238	204
257	167	235
304	231	233
260	190	201
246	186	198
399	178	211
302	157	191
276		179
279		

参考答案

【填空题】

1. 几何均数
2. 集中趋势　离散趋势
3. $\bar{X} \pm t_{0.05, \nu/2} S$
4. 5.4
5. 45%

【选择题】

1. A　2. A　3. C　4. A　5. D　6. C　7. C　8. B　9. C　10. D　11. A
12. B　13. B　14. B　15. C　16. A　17. B　18. D　19. C　20. C　21. C　22. B
23. C　24. C　25. A　26. D　27. D　28. B　29. B　30. C

【应用分析题】

1. 健康成年男子血钙的 95% 正常值范围为：

$\bar{X} \pm 1.96S = (10 \pm 1.96 \times 2)$ mg/100 ml = (6.08, 13.92) mg/100 ml

该成年男子血钙值为 7 mg/100 ml，在正常值范围内。

2. 本题中 $n=20$，$\bar{x}=110.2$，$S=2.15$，$\nu=20-1=19$，$\alpha=0.05$ 时，查 t 界值表，双侧 $t_{0.05/2,19}=2.093$

$$\bar{x} \pm t_{\alpha/2,\nu}s_{\bar{x}} = 110.2 \pm 2.093 \times \frac{2.15}{\sqrt{20}} = (109.19, 111.21) \text{ mg}$$

3.

表 3-5 血清胆固醇 (mmol/L)

配对号	1	2	3	4	5	6	7	8	9	10	11	12
试验前	6.4	6.5	6.1	6.8	7.3	9.2	6.9	7.6	6.9	8.2	6.6	7.7
试验后	6.3	6.4	6.0	6.8	7.0	8.4	6.6	7.3	6.6	6.6	6.2	7.2
d	0.1	0.1	0.1	0	0.3	0.8	0.3	0.3	0.3	1.6	0.4	0.5

(1) 建立检验假设和确定检验水准

H_0：$\mu_d=0$，即试验前后血清胆固醇水平相同。

H_1：$\mu_d \neq 0$，即试验前后血清胆固醇水平不同。

$\alpha=0.05$（单侧）

(2) 计算统计量：求差值 d 如表 3-5 中所示。

$\bar{d}=0.4$，$S_d=0.435$，$n=12$。

$$t = \frac{\bar{d}}{S_d/\sqrt{n}} = \frac{0.4}{0.435/\sqrt{12}} = 3.185$$

(3) 确定 P 值，推断结论：自由度 $\nu=n-1=11$，单侧 $\alpha=0.05$，查 t 界值表：$t_{0.05,11}=1.796$，$t > t_{0.05,11}$，$P<0.05$。按 $\alpha=0.05$ 水准，拒绝 H_0，接受 H_1，差别有统计学意义，可以认为试验前后血清胆固醇水平不同。

4. (1) 先做方差齐性检验

1) 建立检验假设和确定检验水准：

H_0：$\sigma_1^2=\sigma_2^2$，即该院新生儿男女胸围的总体方差相同。

H_1：$\sigma_1^2 \neq \sigma_2^2$，即该院新生儿男女胸围的总体方差不同。

$\alpha=0.10$

2) 计算检验统计量：本例：$S_1^2=1.73^2=2.993$，$S_2^2=1.62^2=2.624$；$n_1=23$，$n_2=25$。

$$F = \frac{S_1^2}{S_2^2} = \frac{2.993}{2.624} = 1.14$$

3) 确定 P 值，推断结论：自由度 $\nu_1=n_1-1=22$，$\nu_2=n_2-1=24$，查 F 界值表，$F_{0.10(22,24)}=2.03$，$P>0.10$，差别无统计学意义，按 $\alpha=0.10$ 水准不拒绝 H_0，尚不能认为该院新生儿男女胸围的总体方差不同。

(2) 比较该院新生儿男女胸围有无差别，用 t 检验：

1) 建立检验假设和确定检验水准

H_0：$\mu_1=\mu_2$，即该院新生儿男女胸围无差别。

H_1：$\mu_1 \neq \mu_2$，即该院新生儿男女胸围有差别。

$\alpha=0.05$（双侧）

2) 计算统计量

$n_1=23$，$\bar{x}_1=33.51$，$s_1=1.73$；$n_2=25$，$\bar{x}_2=32.84$，$s_2=1.62$。

$$S_c^2 = \frac{(n_1-1)S_1^2 + (n_2-1)S_2^2}{n_1+n_2-2} = \frac{(23-1) \times 1.73^2 + (25-1) \times 1.62^2}{23+25-2} = 2.80$$

$$t=\frac{\bar{x}_1-\bar{x}_2}{\sqrt{S_c^2\,(1/n_1+1/n_2)}}=\frac{33.51-32.84}{\sqrt{2.80\times(1/23+1/25)}}=1.385$$

3) 确定 P 值，推断结论

自由度 $\nu=n_1+n_2-2=46$，双侧 $\alpha=0.05$，查 t 界值表：$t_{0.05/2,46}=2.099$，$P>0.05$。按 $\alpha=0.05$ 水准不拒绝 H_0，差别无统计学意义，尚不能认为该院新生儿男女胸围有差别。

5. (1) 建立假设

   H_0：$\mu=\mu_0$，即该地的健康成年女性红细胞计数与标准值相同，差别仅由抽样误差造成。

   H_1：$\mu<\mu_0$，即该地的健康成年女性红细胞计数低于标准值。

   $\alpha=0.05$（双侧）

   (2) 计算统计量：$\mu_0=4.33$，$\bar{x}=4.19$，$s=0.29$，$n=150$

   $$u=\frac{\bar{x}-\mu_0}{S/\sqrt{n}}=\frac{4.19-4.33}{0.29/\sqrt{150}}=-5.91$$

   (3) 确定 P 值，推断结论：$|u|=5.91>1.64$，所以 $P<0.05$。按 $\alpha=0.05$ 水准拒绝 H_0，接受 H_1。即可以认为该地的健康成年女性红细胞计数低于标准值。

6. (1) 建立检验假设，确定检验水准

   $H_0=$：$\mu_1=\mu_2=\mu_3$，即三种消毒剂的效果无差异。

   H_1：μ_1，μ_2，μ_3 不相等或不全相等，即三种消毒剂的效果有差异。

   $\alpha=0.05$

   (2) 计算检验统计量

   $$SS_{总}=\sum(X-\bar{X})^2=71202.96$$
   $$SS_{组间}=\sum n_i(\bar{X}_i-\bar{X})^2=46369.24$$
   $$\nu_{组间}=k-1=3-1=2$$
   $$MS_{组间}=\frac{SS_{组间}}{\nu_{组间}}=23184.62$$
   $$SS_{组内}=SS_{总}-SS_{组间}=71202.96-46369.24=24833.72$$
   $$\nu_{组内}=N-k=21$$
   $$MS_{组内}=\frac{SS_{组内}}{\nu_{组内}}=1182.56$$
   $$F=\frac{MS_{组间}}{MS_{组内}}=\frac{23184.62}{1182.56}=19.605$$

方差分析结果见表 3-6：

表 3-6 资料的方差分析表

变异来源	SS	ν	MS	F
组间变异	46369.24	2	23184.62	19.605
组内变异	24833.72	21	1182.56	
总 变 异	71202.96	23		

(3) 确定 P 值、推断结论：以分子的自由度 ν_1、分母的自由度 ν_2 查 F 界值表。本例 $\nu_1=2$，$\nu_2=21$，$F_{0.05(2,21)}=3.47$，$P<0.05$。按 $\alpha=0.05$ 水准拒绝 H_0，接受 H_1，差别有统计学意义。可以认为三种消毒剂的效果有差异。

(赵丹丹)

第四章　分类变量资料的统计分析

> 【教学要求】
>
> 1. 熟悉　描述分类变量的常用统计指标；相对数应用中应注意的问题；χ^2 检验应用中应注意的问题。
> 2. 掌握　率的抽样误差；总体率的估计；率的标准化法的意义和方法；χ^2 检验的适用范围和条件。
>
> 【重点难点】
>
> 1. 重点　率的抽样误差；总体率的估计；率的标准化法的意义和方法；χ^2 检验的适用范围和条件。
> 2. 难点　率的标准化法的意义和方法；χ^2 检验的适用范围和条件。

1. 常用的相对数指标

（1）构成比：又称构成指标，它说明某一事物内部各组成部分所占的比重，常以百分数表示，计算公式为：

$$构成比 = \frac{某一组成部分的观察单位数}{同一事物内部各组成部分观察单位总数} \times 100\%$$

构成比有两个特点：①各构成部分的构成比之和为 100%；②事物内部某一部分的构成比发生变化，其他部分的构成比也相应地发生变化。

（2）率：说明某现象发生的频率和强度。计算公式为：

$$率 = \frac{实际发生某现象的观察单位数}{可能发生某现象的观察单位总数} \times K$$

（3）比：指两个有联系的指标之比，说明两者的相对比水平，计算公式为：

$$比 = \frac{甲指标计数}{乙指标计数}（或 \times 100\%）$$

（4）动态数列：按时间顺序排列起来的一系列统计指标（包括绝对数、相对数或平均数），用以说明事物在时间上的变化和发展趋势。常用的分析指标有绝对增长量、发展速度和增长速度、平均发展速度和平均增长速度。绝对增长量说明事物在一定时期内所增减的绝对数量。发展速度和增长速度用来说明事物在一定时期内发展变化的幅度和速度。

2. 应用相对数时应注意的问题

（1）计算相对数的分母不宜过小：如样本量过小，相对数稳定性差，缺乏代表性。例数较少时，用绝对数。

（2）分析时不能以构成比代替率：构成比是比例指标，它用来说明事物内部各组成部分所占的比重或分布，分子仅是分母中同一事物现象的一部分，是概率的估计值。率则与时间有关，它具有速率的概念，也具有概率估计值的意义，是与时间有关的比例。

（3）正确计算平均率：不能将这几个率直接相加求其均值，而应将各个率的分子、分母分别相加后，再求总率即平均率。

（4）相互比较时注意可比性：除研究因素不同外，其他影响研究结果的因素应尽可能相同或相近。包括研究对象同质、方法相同、其他基本条件一致；内部构成要相同，不同则进行率的标化后再比较；同一地区不同时期资料的比较，应注意客观条件的变化。

（5）样本率或构成比的比较应进行假设检验：样本率（或构成比）是通过抽样得到的，存在抽样误差，因此不能只凭数值表面相差的大小作结论，应进行差别的假设检验。

3. 标准化法的基本思想

在两个或多个率（或构成比）进行比较时，为了消除内部构成不同的影响，采用统一标准，分别计算标准化率后再做对比的方法称为标准化法。标准化处理的目的是统一内部构成，使资料具有可比性，经统一标准计算的率称为标准化率，简称为标化率。

4. 标准化率的计算

（1）选择标准人口：①选择有代表性的、较稳定的、数量较大的人群作标准；②可用所比较的两组资料内部各相应小组的观察单位数之和或合并后的构成比作为标准；③选择两组间较稳定一组的人口数或人口构成比作为标准。

（2）选择计算方法：①以人口数作为标准计算标准化率；②以人口构成比作为标准计算标准化率。

（3）计算标准化率：①以人口数为标准：标准化率 $=\dfrac{\text{预期发生总数}}{\text{标准人口总数}} \times K$；②以人口构成比作为标准：标准化率为各组分配率之和。

5. 标准化时应注意的问题

（1）标准化法只适用于某因素两组内部构成不同，并有可能影响两组总率比较的情况。对于因其他条件不同而产生的不具可比性的问题，标准化法不能解决。

（2）由于选择的标准人口不同，算出的标准化率也不同。当比较几个标准化率时，应采用同一标准人口。

（3）标准化率已经不再反映当时当地的实际水平，它只是表示相互比较的资料间在共同标准下的相对水平，用于比较。

（4）两样本标准化率是样本值，存在抽样误差。比较两样本的标准化率，当样本含量较小时，应作假设检验。

6. 率的标准误

样本率（p）和总体率（π）的差异称为率的抽样误差，用率的标准误来度量。计算公式：$S_p = \sqrt{\dfrac{p(1-p)}{n}}$。率的标准误越小，说明率的抽样误差越小，用样本推论总体时，可信程度越高。

7. 总体率的可信区间

（1）查表法：当样本例数较小时，如 $n \leqslant 50$ 时，且 p 或 $(1-p)$ 接近于 0 或 1，np 或 $n(1-p)$ 小于 5 时，可直接查二项分布参数 π 的置信区间表。

（2）正态分布法：当样本例数较大时，且 p 或 $(1-p)$ 均不太小，np 和 $n(1-p)$ 均大于 5 时，可用正态分布法估计总体率的可信区间，公式：$(p - u_\alpha s_p, p + u_\alpha s_p)$。

8. 样本率与总体率比较的 u 检验

目的：推断样本率所代表的未知总体率 π 与已知总体率 π_0 是否相等。

计算公式：$u=\dfrac{p-\pi_0}{\sqrt{\pi_0(1-\pi_0)/n}}$

应用条件：样本率的分布近似服从正态分布。

9. 样本率与样本率比较的 u 检验

目的：推断两个样本率分别代表的未知总体率 π_1 和 π_2 是否相等。

计算公式：$u=\dfrac{|p_1-p_2|}{s_{p_1-p_2}}=\dfrac{|p_1-p_2|}{\sqrt{p_c(1-p_c)(1/n_1+1/n_2)}}$，$P_c=\dfrac{x_1+x_2}{n_1+n_2}$

应用条件：当两个样本分别满足 p 和 $(1-p)$ 均不太小，np 和 $n(1-p)$ 均大于 5 时，可采用正态近似法进行 u 检验。

10. χ^2 检验的基本思想

通过比较理论频数（T）和实际频数（A）的吻合程度，判断假设是否成立。若检验假设 H_0：$\pi_1=\pi_2$ 成立，四个格子的实际频数 A 与理论频数 T 相差不应该很大，即统计量 χ^2 不应该很大。如果 χ^2 值很大，推断 A 与 T 相差太大，从而怀疑 H_0 的正确性，继而拒绝 H_0，接受其对立假设 H_1，即 $\pi_1\neq\pi_2$。

理论频数计算：$T_{RC}=\dfrac{n_R n_C}{n}$，$T_{RC}$ 表示第 R 行、C 列格子对应的理论频数；n_R 表示第 R 行的合计，n_C 表示第 C 列的合计；n 代表总例数。

χ^2 统计量计算：$\chi^2=\sum\dfrac{(A-T)^2}{T}$，$\nu=(R-1)(C-1)$

11. 四格表资料的 χ^2 检验

(1) 目的：推断两个样本率分别代表的未知总体率 π_1 和 π_2 是否相等。

(2) 资料整理形式：

组别	有效数	无效数	合计
甲组	a	b	$a+b$
乙组	c	d	$c+d$
合计	$a+c$	$b+d$	$a+b+c+d$

(3) 公式：

$n\geqslant 40$，且全部 $T\geqslant 5$ 时

$$\chi^2=\sum\dfrac{(A-T)^2}{T}=\dfrac{(ad-bc)^2 n}{(a+b)(c+d)(a+c)(b+d)}$$

当 $n\geqslant 40$，但有任一格子 $1\leqslant T<5$ 时

$$\chi^2=\sum\dfrac{(|A-T|-0.5)^2}{T}=\dfrac{(|ad-bc|-n/2)^2 n}{(a+b)(c+d)(a+c)(b+d)}$$

确切概率法：当 $n\leqslant 40$ 或 $T<1$ 时，用四格表确切概率计算法。

12. 配对资料的 χ^2 检验

(1) 目的：推断两种检验方法是否相同；或同一研究对象处理前后是否相等；或配对设计资料分析。

(2) 资料整理形式：

甲法	乙法		合计
	+	−	
+	a	b	$a+b$
−	c	d	$c+d$
合计	$a+c$	$b+d$	$a+b+c+d$

(3) 计算公式：

当 $b+c \geq 40$ 时，$\chi^2 = \dfrac{(b-c)^2}{b+c}$；当 $b+c < 40$ 时，$\chi^2 = \dfrac{(|b-c|-1)^2}{(b+c)}$

13. 行×列表的 χ^2 检验

(1) 目的：推断多个样本率分别代表的未知总体率是否相等或多个构成比之间的比较。

(2) 计算公式：$\chi^2 = n\left(\sum \dfrac{A^2}{n_R n_C} - 1\right)$，式中 n 为总例数，A 为各实际频数，n_R 和 n_C 为与 A 值相对应的行和列的合计。

(3) 注意事项：①行×列表资料要求表格中不应有 1/5 以上格子的理论频数小于 5，或有一个理论频数小于 1。当理论频数太小可采取下列方法处理：增加样本含量以增大理论频数；删去理论频数太小的行和列；将理论频数太小的行或列与性质相近的邻行或邻列合并，使重新计算的理论频数增大。后两种方法可能会损失资料信息，并且不同的合并方式有可能影响推断结论，故不宜作为常规方法。②当检验结论为拒绝无效假设，只能认为各总体率（或构成比）之间有差别，但不能说明他们彼此之间都有差别，或某两者间有差别。

测试题

【名词解释】

1. 构成比　　2. 率　　3. 比　　4. 率的标准误
5. 标准化法

【填空题】

1. 分类变量资料的统计分析包括_____和_____两部分。
2. 率的标准误越大，说明率的抽样误差越_____。
3. 总体率的估计有_____和_____两种方法。
4. 两个率之间的比较可用_____和_____两种方法。
5. χ^2 值反映了_____和_____吻合的程度，其基本公式为_____。

【选择题】

1. 变异系数 CV 是
   A. 相对比
   B. 构成比
   C. 率
   D. 标准差
2. 某日门诊各科疾病分类统计资料可用来计算
   A. 死亡率
   B. 发病率
   C. 构成比
   D. 患病率
3. 标准化死亡率反映
   A. 实际发生强度，可用于比较
   B. 相互对比水平，可用于比较
   C. 相对发生强度，其值大小因标准组选择而变化
   D. 无需进行假设检验，可直接进行比较
4. 分类变量的统计分析中所计算的 S_p 表示
   A. 总体中数据的变异度

B. 总体率的标准误
C. 样本率的标准误的估计值
D. 样本率

5. 有资料如下表，由于各型疾病的人数在两个医院的内部构成不同，从内部看，乙医院各型治愈率都高于甲医院，但合计栏的结果恰好相反，纠正这种矛盾现象的统计方法是

表4-1 甲、乙两个医院某传染病各型治愈率

病型	患者数 甲	患者数 乙	治愈率（%） 甲	治愈率（%）乙
普通型	300	100	60.0	65.0
重型	100	300	40.0	45.0
暴发型	100	100	20.0	25.0
合计	500	500	48.0	45.0

A. 重新计算，多保留几位小数
B. 对率进行标准化
C. 对各医院分别求平均治愈率
D. 增大样本含量，重新计算

6. 5个样本率作比较，$\chi^2 > \chi^2_{0.01,4}$，则在 $\alpha=0.05$ 检验水准下，可认为
A. 各总体率不全等
B. 各总体率均不等
C. 各样本率均不等
D. 各样本率不全等

(7~16题共用题干)
两个地区不同年龄组死亡人数如下：

年龄（岁）	甲地 总人口数	甲地 死亡人数	乙地 总人口数	乙地 死亡人数
<30	13000	13	4000	3
30~65	15000	45	15000	30
>65	4000	120	13000	145

7. 甲地粗死亡率为
A. 0.005
B. 1.8/10000
C. 5.6/1000
D. 60/100000

8. 根据第7题的答案，以下哪个说法是正确的
A. 所有的死亡均发生在特定期间
B. 所有的死亡均由慢性病导致
C. 死因诊断标准在研究期间制定
D. 死亡率整个研究期间不会发生变化

9. 乙地粗死亡率为
A. 0.005
B. 1.8/10000
C. 5.6/1000
D. 60/100000

10. 人群粗死亡率由哪些因素决定
A. 人群大小和总死亡人数
B. 疾病监测和报告
C. 年龄分布
D. 死亡原因

11. 甲地65岁以上人口年龄别死亡率为
A. 3/1000
B. 120
C. 3%
D. 一定比粗死亡率小

12. 比较甲、乙两地死亡率时需要用直接标化法，原因是
A. 两地年龄分布不同
B. 两地死亡原因不同
C. 两地死亡人数不同
D. 研究时间不确定

13. 采用直接法计算标化死亡率时，以下哪个人群**不能**作为标准人口
A. 所有医院住院人口
B. 中国全国人口
C. 其他国家全国人口
D. 甲地和乙地人口之和

14. 假设以甲地和乙地人口各年龄段人口数之和作为标准人口计算标准人口数，甲地标化死亡率为
A. 0.003
B. 0.034
C. 4.06/1000
D. 9.64/1000

15. 假设以甲地和乙地人口各年龄段人口数之和作为标准人口计算标准人口数，乙地标化死亡率为
A. 0.007
B. 0.023
C. 4.06/1000
D. 9.64/1000

16. 甲地标化死亡率与乙地标化死亡率不同的原因是

A. 甲地人口数少
B. 乙地各年龄组死亡率均低
C. 乙地人口死亡迅速
D. 粗死亡率相同

17. 下列**不能**用 χ^2 检验的是
    A. 成组设计的两样本频率的比较
    B. 配对设计的两样本频率的比较
    C. 频率分布的比较
    D. 等级资料实验效应间的比较

18. 通常分析四格表在哪种情况下需用确切概率法计算
    A. $T<5$
    B. $T<1$ 或 $n<40$
    C. $T<1$ 且 $n<40$
    D. $1≤T<5$ 且 $n<40$

19. χ^2 值的取值范围是
    A. $-\infty<\chi^2<\infty$
    B. $-\infty<\chi^2<0$
    C. $0<\chi^2<\infty$
    D. $-1<\chi^2<1$

20. $R×C$ 表的自由度是
    A. $R-1$
    B. $C-1$
    C. $R×C$
    D. $(R-1)×(C-1)$

【简答题】

1. 什么是标准化法？其基本思想是什么？
2. 行×列表的 χ^2 检验的应用条件是什么？

【应用分析题】

1. 某厂男职工 370 人，女职工 456 人，原发性高血压人数男女分别为 76 人和 84 人。问：
   (1) 男女原发性高血压患病率各为多少？
   (2) 男性患病率是女性的多少倍？
   (3) 该厂所有男女平均患病率为多少？
   (4) 该厂男职工占职工总数的百分比是多少？

2. 某地 1956 年婴儿死亡人数中死于肺炎者占总死亡数的 16%，1976 年则占 18%，某医师认为该地 20 年来对婴儿肺炎的防治效果不明显。你同意他的观点吗？为什么？

3. 某医师用自拟药方治疗肿瘤患者，治疗 5 人，均有明显疗效，该医生报告该配方的显效率为 100%。你认为合适吗？为什么？怎样才能得出可靠的结论？

4. 某县医院 2000—2004 年门诊次均费用变化情况见表 4-2，试分析年平均发展速度和年平均增长速度。

表 4-2 某县医院 2000—2004 年门诊次均费用变化情况

年份	门诊人均医疗费用（元）
2000	7.16
2001	9.25
2002	10.57
2003	12.93
2004	14.28

5. 欲了解某新药治疗心肌梗死的效果，共治疗了 240 例，有效 190 例。试估计该药有效率的 95% 可信区间。

6. 某医生欲了解新药与传统药物对某病的治疗效果，收集资料见表 4-3，试分析两种药物的治疗效果是否相同。

表 4-3 新药与传统药物对某病的治疗效果

	有效	无效	合计
新药	64	21	85
传统药物	51	33	84
合计	115	54	169

7. 某医生欲研究两种疫苗对流感的预防效果，资料见表 4-4，试分析两种疫苗对流感的预防效果是否相同。

表 4-4 两种疫苗对流感的预防效果

药物	发病人数	接种人数
A 疫苗	3	44
B 疫苗	6	24
合计	9	68

8. 用甲、乙两种培养基培养结核杆菌 45 份，资料如表 4-5，问甲、乙两种培养基的培养效果有无差异。

表 4-5 甲、乙两种培养基培养结核杆菌的结果

乙的结果	甲的结果 +	甲的结果 −	合计
+	12	16	28
−	4	13	17
合计	16	29	45

9. 欲了解某单位男女的年龄构成是否不同，资料见表 4-6，试分析该单位男女年龄构成比有无差别。

表 4-6 某单位男女的年龄构成

性别	<35−	35−	45−	≥55	合计
男	30	38	32	12	112
女	19	30	19	9	77
合计	49	68	51	21	189

参考答案

【填空题】

1. 统计描述　统计推断
2. 大
3. 点估计　区间估计
4. u 检验　χ^2 检验
5. 理论频数　实际频数　$\chi^2 = \sum \dfrac{(A-T)^2}{T}$

【选择题】

1. A　2. C　3. B　4. C　5. B　6. A　7. C　8. A　9. C　10. A　11. C
12. A　13. A　14. D　15. C　16. B　17. D　18. B　19. C　20. D

【应用分析题】

1. (1) 20.54%,18.42%;(2) 1.11;(3) 19.37%;(4) 44.79%。
2. 不同意。该医师所用指标为构成比,只能说明事物内部各部分所占的比例,不能说明某现象发生的强度或频率大小,应通过计算死亡率来评价对婴儿肺炎的防治效果。
3. 不合适。该研究样本量太小,结果不稳定且代表性差,不适合用相对数。应通过增加样本量来得出更可靠的结论。
4. 年平均发展速度:1.185;年平均增长速度:18.5%。
5. $p=79.17\%$,$S_p=2.62\%$,95%可信区间为(74.03%,84.31%)。
6. $\chi^2=4.13$,$\nu=1$,$P<0.05$,按 $\alpha=0.05$,拒绝 H_0,接受 H_1,可以认为新药治疗效果好于传统药物。
7. $\chi^2=3.03$,$\nu=1$,$P>0.05$,按 $\alpha=0.05$,不拒绝 H_0,还不能认为差别有统计学意义。
8. $\chi^2=6.05$,$6.05>3.84$,故 $P<0.05$,按 $\alpha=0.05$,拒绝 H_0,接受 H_1,可以认为甲、乙两种培养基的培养结果的差别有统计学意义。
9. $\chi^2=0.695$,$\nu=3$,$P>0.05$,按 $\alpha=0.05$,不拒绝 H_0,还不能认为该单位男性和女性年龄分布构成比不同。

(李 云)

第五章 秩和检验

> 【教学要求】
> 1. 了解 等级资料秩和检验。
> 2. 熟悉 配对资料的符号秩和检验。
> 3. 掌握 非参数统计的适用条件；完全随机设计下两组计量资料的秩和检验（Wilcoxon 秩和检验）；完全随机设计下多组计量资料的秩和检验（Kruskal-Wallis 检验）。
>
> 【重点难点】
> 1. 重点 非参数统计的适用条件；完全随机设计下两组计量资料的秩和检验（Wilcoxon 秩和检验）；完全随机设计下多组计量资料的秩和检验（Kruskal-Wallis 检验）。
> 2. 难点 非参数统计的适用条件。

1. 非参数统计的适用条件

非参数统计分析方法无严格的条件限制，对计量资料、计数资料及等级资料都可适用，且多数非参数统计分析方法较为简便，易于理解和掌握，故应用范围广。非参数统计分析方法对总体分布形式不做任何规定，不依赖于总体的分布类型，对总体的分布或分布位置进行检验，因此，又称为任意分布检验。

2. 配对资料的符号秩检验（Wilcoxon 符号秩检验）

其目的是推断配对资料的差值是否来自中位数为零的总体。基本步骤为：

(1) 建立检验假设，并确定检验水准。

(2) 计算检验统计量 T 值

1) 计算各组数据的差值 d_i。

2) 编秩：依差值的绝对值由小到大编排秩次，再按差值的正负给差值加上正负号。若差值为 0，则省去不进行编秩；若差值的绝对值相等，则取平均秩次。

3) 求秩和：分别计算正、负差值的秩次之和，用 T_+ 和 T_- 表示。

4) 确定统计量 T：任取正差值或负差值的秩和为统计量 T。做双侧检验时，通常以绝对值较小者为统计量 T 值。

(3) 确定 P 值并作出推断结论

1) 查表法（$5 \leqslant n \leqslant 50$）：查配对设计用的 T 界值表。若检验统计量 T 值在上、下界值范围内，其 P 值大于相应的概率水平；若 T 值在上、下界值上或范围外，则 P 值等于或小于相应的概率水平。

2) 正态近似法（$n > 50$）：

$$u = \frac{|T - \mu_T| - 0.5}{\sigma_T} = \frac{|T - n(n+1)/4| - 0.5}{\sqrt{n(n+1)(2n+1)/24}}$$

如果资料中多次出现相持现象（如超过 25%），应计算校正的统计量值 u_c。

$$u_c = \frac{|T - n(n+1)/4| - 0.5}{\sqrt{\dfrac{n(n+1)(2n+1)}{24} - \dfrac{1}{48}\sum(t_j^3 - t_j)}}$$

式中，t_j 为第 j（$j=1, 2\cdots$）个相同秩次的个数。

3. 完全随机设计下两组计量资料的秩和检验（Wilcoxon 秩和检验）

其目的是通过两组样本的观察值来推断两个总体分布的位置是否相同。基本步骤为：
（1）建立检验假设，并确定检验水准。
（2）计算检验统计量 T 值
1）编秩：将两组数据由小到大混合编秩，编秩时若有相同数值，则取平均秩次。
2）求秩和：将两组秩次分别求和。
3）确定统计量 T：若两组的例数相等时，可任取一组的秩和为统计量；若两组例数不等，则以样本例数较小者对应的秩和为统计量。
（3）确定 P 值并作出推断结论
1）查表法：以样本例数较小者为 n_1，当 $n_1 \leq 10$ 且 $n_2 - n_1 \leq 10$ 时，查 T 界值表。若检验统计量 T 值在上、下界值范围内，其 P 值大于相应的概率水平；若 T 值在上、下界值上或范围外，则 P 值等于或小于相应的概率水平。
2）正态近似法：如果 n_1 或 $n_2 - n_1$ 超出了成组设计的 T 界值表的范围，可按正态近似用 u 检验。

$$u = \frac{|T - n_1(n_1 + n_2 + 1)/2| - 0.5}{\sqrt{n_1 n_2 (n_1 + n_2 + 1)/12}}$$

若资料中相持较多（如超过 25%），应按下面公式进行校正：

$$u_c = \frac{u}{\sqrt{c}}$$

其中，$c = 1 - \sum \frac{(t_j^3 - t_j)}{(N^3 - N)}$，$t_j$ 为第 j（$j = 1, 2\cdots$）个相同秩次的个数，$N = n_1 + n_2$。

4. 完全随机设计下多组计量资料的秩和检验（Kruskal-Wallis 检验）

其目的是利用多个样本的秩和来推断各样本分别代表的总体分布有无差别。基本步骤为：
（1）建立检验假设，并确定检验水准。
（2）计算检验统计量 T 值：
1）编秩：将各组数据由小到大混合编秩，编秩时若有相同数据，取平均秩次。
2）求秩和：各组秩次分别相加计算各自的秩和。
3）计算统计量 H 值：

$$H = \frac{12}{N(N+1)} \sum \frac{R_i^2}{n_i} - 3(N+1)$$

式中，R_i 为各组的秩和，n_i 为各组对应的例数，$N = \sum n_i$。
若资料中相持较多（如超过 25%），应按下面公式进行校正：

$$H_c = \frac{H}{c}$$

其中，$c = 1 - \sum (t_j^3 - t_j)/(N^3 - N)$，$t_j$ 为第 j 个相同秩次的个数。
（3）确定 P 值并做出推断结论：
1）查 H 界值表：当组数 $k = 3$，每组的例数 $n_i \leq 5$，可查 H 界值表得到 P 值。
2）查 χ^2 界值表：当组数或各组例数超出 H 界值表时，可查 χ^2 界值表得到 P 值。

测试题

【名词解释】

1. 参数检验　　　2. 非参数统计

【填空题】

1. 非参数检验可用于_____、_____和_____。
2. 对于符合参数检验条件的资料，如果采用非参数检验，可降低_____。
3. Wilcoxon符号秩检验常用于检验_____是否等于零。
4. Wilcoxon符号秩检验按_____编秩；成组设计两个或多个样本比较的秩和检验按_____编秩。
5. 成组设计多个样本比较的秩和检验中，当相同秩次较多需要计算校正H_c时，校正公式中的t_j表示_____。
6. 成组设计多个样本比较的秩和检验，当_____时，可查H界值表；当最小样本例数不小于5时，H近似服从自由度为_____的_____分布。

【选择题】

1. 对两个数值变量资料的小样本进行比较时，首先应考虑
   A. 用秩和检验
   B. 用t检验
   C. t检验和秩和检验均可
   D. 用u检验
   E. 以上都不是

2. 对两数值变量资料的小样本进行比较时，若总体方差不齐且不呈正态分布的资料宜用
   A. t检验
   B. u检验
   C. t'检验
   D. 秩和检验
   E. C和D均可

3. 配对资料秩和检验的基本思想是：当无效假设成立时，样本
   A. 正秩和与负秩和的绝对值相等
   B. 正秩和的绝对值小于负秩和的绝对值
   C. 正秩和与负秩和的绝对值不会相差很大
   D. 正秩和的绝对值大于负秩和的绝对值
   E. 正秩和与负秩和的绝对值相差很大，但大小不确定

4. 以下关于配对资料秩和检验无效假设的说法中，正确的是
   A. 两样本所来自的总体均数相同
   B. 两样本分布的位置相同
   C. 两样本之差来自均数为0的正态分布总体
   D. 两样本的总体分布相同
   E. 两样本之差来自中位数为0的总体

5. 配对资料的秩和检验中，统计量T应取
   A. T_+
   B. T_-
   C. T_+、T_-均可
   D. 绝对值小的秩和
   E. 以上均不对

6. 配对设计差值比较的符号秩检验中，遇到差值为0的情况应
   A. 正常参加编秩，秩次最小
   B. 舍弃不计，同时样本量减去差值为0的个数
   C. 正常参加编秩，秩次最大
   D. 舍弃不计，但样本量不变
   E. 以上都不对

7. 分别用两种方法测定12个样品中某物质的含量，结果其中有1个样品两种方法结果相同，若已知正的秩次和为24.5，则负的秩次和为
   A. 41.5
   B. 53.5
   C. 39
   D. 33
   E. 条件不足，无法计算

8. 设配对设计资料的变量值为X_1和X_2，则配对资料的秩和检验
   A. X_1、X_2所有观察值统一编秩
   B. X_1、X_2所有观察值按绝对值统一编秩
   C. 分别按X_1和X_2编秩
   D. 把X_1与X_2的差值编秩
   E. 把X_1与X_2的差值的绝对值编秩

9. 秩和检验中，关于统计量T与P关系的描述中，正确的是
   A. T落在界值范围外，则P小于相应概率
   B. T落在界值范围外，则P大于相应概率
   C. T落在界值范围内，则P小于相应概率
   D. T等于界值时，则P大于相应概率
   E. 以上都不对

10. 两样本比较,如果符合 t 检验的应用条件,而误用了秩和检验,则会导致
    A. 第Ⅰ类错误增大
    B. 第Ⅱ类错误增大
    C. 检验效能增大
    D. 第Ⅰ类错误和第Ⅱ类错误均增大
    E. 没有任何影响

11. 成组设计两样本比较的秩和检验中,无效假设正确的是
    A. 两样本均数相同
    B. 两样本对应的总体均数相同
    C. 两样本的中位数相同
    D. 两样本对应的总体分布相同
    E. 两样本之差来自中位数为 0 的总体

12. 成组设计两样本比较的 Wilcoxon 秩和检验中,检验统计量的确定是
    A. 以秩和较小的作为 T 值
    B. 以秩和较大的作为 T 值
    C. 以样本量较小组的秩和作为 T 值
    D. 以样本量较大组的秩和作为 T 值
    E. 以两样本秩次的合计作为 T 值

13. 成组设计两样本比较的 Wilcoxon 秩和检验中,出现测定值相同情况的编秩方法为
    A. 相同数据在不同组时必须取平均秩次
    B. 相同数据在同一组时必须取平均秩次
    C. 秩次不必平均,随机分配到两组即可
    D. 舍去不计
    E. 以上均不对

14. 对样本含量分别为 n_1 和 n_2 的两组数值变量资料进行 Wilcoxon 秩和检验,编秩的秩次范围为
    A. 无限个秩次 1,2,…
    B. 要已知相同数据的个数才能确定
    C. 1,2,…,n_1
    D. 1,2,…,n_2
    E. 1,2,…,n_1+n_2

15. 四组比较的秩和检验,每组样本例数均为 5,确定 P 值应查
    A. χ^2 界值表
    B. H 界值表
    C. T 界值表
    D. 三者均可
    E. 以上均不对

16. 成组设计多个样本比较的秩和检验中,如相同秩次过多,应计算校正的 H_c 值,校正结果使
    A. H_c 值增大,P 值减小
    B. H_c 值增大,P 值增大
    C. H_c 值减小,P 值减小
    D. H_c 值减小,P 值增大
    E. 不同资料校正前后大小无法确定

17. 下列哪项**不是**非参数统计的优点
    A. 不受总体分布的限制
    B. 适用于未知分布型资料
    C. 适用于等级资料
    D. 检验效能高于参数检验
    E. 对数据要求不严格

【简答题】

1. 参数检验和非参数检验有何区别?
2. 非参数检验的优点及缺点是什么?
3. Wilcoxon 符号秩检验的基本思想是什么?
4. 对同一资料分别采用参数统计分析方法和非参数统计分析方法进行假设检验,当得到的结论不一致时,应采用参数统计分析方法的结论。这一说法是否正确?为什么?

【应用分析题】

1. 分别用甲、乙两种方法测定 15 份样品的铅含量,结果见表 5-1。试比较两种方法的测定结果是否有差异?

表 5-1 两种方法测定 15 份样品的铅含量 ($\mu g \cdot L^{-1}$)

样品	1	2	3	4	5	6	7	8	9	10	11	12	13	14	15
甲方法	4.2	3.8	3.5	2.7	3.2	3.7	2.8	3.6	4.1	3.1	3.4	4.4	3.4	3.0	3.9
乙方法	4.0	3.4	3.1	2.8	3.2	3.1	2.5	3.3	3.7	3.6	3.0	4.1	3.2	2.9	3.3

2. 测定某工厂铅作业与非铅作业工人的血铅值（μmol/L），结果如下。试分析铅作业工人的血铅值是否高于非铅作业工人？

| 铅作业组 | 2.13 | 0.87 | 1.59 | 1.21 | 1.64 | 2.08 | 0.82 | 0.97 | | |
| 非铅作业组 | 1.01 | 0.24 | 0.72 | 0.33 | 0.44 | 0.58 | 0.63 | 0.29 | 0.87 | 0.24 |

3. 监测四个地区大气中 SO_2 的浓度，结果见表 5-2。问四个地区 SO_2 日平均浓度有无差别？

表 5-2 四个地区 SO_2 日平均浓度（$\mu g \cdot m^{-3}$）

甲地区	乙地区	丙地区	丁地区
10	467	231	338
30	665	501	352
30	709	630	485
40	802	669	511
51	851	677	630

4. 分别用甲、乙两种疗法治疗症状相似的某病病例，治疗结果见表 5-3。试比较两种疗法的疗效有无差别。

表 5-3 常规疗法与新疗法的疗效

组别	治愈	显效	好转	无效	合计
甲法	40	140	160	85	425
乙法	34	50	50	56	190

5. 某医生用造影技术检查了 95 例滑动性食管裂孔疝病人的疝囊直径，结果见表 5-4。试比较老年组和中青年组疝囊大小有无差异。

表 5-4 不同年龄组疝囊直径大小比较

组别	疝囊直径（cm）				合计
	≤4.0	4.1~4.5	4.6~5.0	≥5.1	
老年组	17	19	14	15	65
中青年组	18	6	4	2	30

参考答案

【填空题】

1. 总体分布不明确的计量资料　难以准确测量（或按程度、等级表示）的资料　一端或两端开口的资料
2. 检验效能
3. 差值的总体中位数
4. 差值的绝对值大小　两组或多组数据由小到大混合
5. 第 j 个相同秩次的个数
6. $k=3$ 且 $n_i \leq 5$　$k-1$　χ^2

【选择题】

1. E　2. D　3. C　4. E　5. C　6. B　7. A　8. E　9. A　10. B　11. D

12. C 13. A 14. E 15. A 16. A 17. E

【应用分析题】

1. 采用配对资料的符号秩和检验。

   $T_+ = 13.50$，$T_- = 91.50$，$n = 15 - 1 = 14$。取 $T = T_+ = 13.50$，查 T 界值表得，$P < 0.05$。

2. 本题采用成组设计两样本比较的 Wilcoxon 秩和检验。

   (1) 建立检验假设，确定检验水准：

   H_0：铅作业与非铅作业工人的血铅值总体分布无差异。

   H_1：铅作业工人的血铅值高于非铅作业工人的血铅值。

   单侧 $\alpha = 0.05$

   (2) 计算检验统计量：

   ①编秩结果如下：

铅作业组	2.13	0.87	1.59	1.21	1.64	2.08	0.82	0.97		
秩次	18	10.5	15	14	16	17	9	12		
非铅作业组	1.01	0.24	0.72	0.33	0.44	0.58	0.63	0.29	0.87	0.24
秩次	13	1.5	8	4	5	6	7	3	10.5	1.5

   ②求秩和，$T_{铅} = 111.50$，$T_{非铅} = 59.5$

   以样本例数较少者的秩和作为检验统计量 T，本例 $T = 111.50$。

   (3) 确定 P 值，作出统计推断：

   本例 $n_1 = 8$，$n_2 - n_1 = 2$，查 T 界值表（两样本比较的秩和检验用），得 $P < 0.005$。按 $\alpha = 0.05$ 水准拒绝 H_0，接受 H_1，差别有统计学意义，可以认为铅作业工人的血铅值高于非铅作业工人。

3. 本题采用成组设计多个样本比较秩和检验。

$$H = \frac{12}{N(N+1)} \sum \frac{R_i^2}{n_i} - 3(N+1)$$

$$= \frac{12}{4 \times 5} \left(\frac{15^2 + 81^2 + 63.5^2 + 50.5^2}{5} \right) - 3 \times 21$$

$$= 13.39$$

   以 $\nu = 3$ 查 χ^2 界值表，得 $P < 0.005$。四个地区 SO_2 日平均浓度不全相同。（两两比较略）

4. 本题采用成组设计等级资料的两样本比较的秩和检验。

结果	人数			秩次范围	平均秩次	秩和	
	甲法	乙法	合计			甲法	乙法
治愈	40	34	74	1~74	37.5	1500	1275
显效	140	50	190	75~264	169.5	23730	8475
好转	160	50	210	265~474	369.5	59120	18475
无效	85	56	141	475~615	545	46325	30520
合计	425	190	615			130675	58745

   $T = 58745$

$$u = \frac{|58745 - 190 \times 616/2| - 0.5}{\sqrt{190 \times 425 \times 616/12}} = 0.1103$$

$$C=1-\frac{74^3-74+190^3-190+210^3-210+141^3-141}{615^3-615}=0.916908$$

$u_c=u/\sqrt{C}=0.1152$

$P>0.05$

5. 方法同第 4 题。

   $u_c=3.1355$，$P<0.01$。

（祁艳波）

第六章 直线相关与直线回归

> **【教学要求】**
> 1. 熟悉 相关系数及相关系数假设检验的计算方法；回归方程建立的方法与回归系数假设检验的方法。
> 2. 掌握 直线相关的概念、相关系数的意义、相关系数假设检验的意义；直线回归的概念、回归系数假设检验的意义；直线相关与直线回归的区别；直线相关与直线回归的注意事项。
>
> **【重点难点】**
> 1. 重点 直线相关的概念；相关系数的计算及意义；相关系数假设检验的意义；直线回归的概念；回归系数假设检验的意义；直线相关与直线回归的注意事项。
> 2. 难点 相关系数的意义；相关系数假设检验的意义；回归系数的意义；回归系数假设检验的意义。

1. 直线相关的概念

直线相关用于研究两个随机变量 X 和 Y 之间的线性关系，通过计算直线相关系数来描述两个变量间相关的程度和相关的方向。

2. 直线相关的分析步骤

（1）绘制散点图：通过散点图的绘制可以初步判断两个变量之间是否存在相关关系。

（2）计算样本相关系数 r：

$$r = \frac{\sum(X-\overline{X})(Y-\overline{Y})}{\sqrt{\sum(X-\overline{X})^2 \sum(Y-\overline{Y})^2}} = \frac{l_{xy}}{\sqrt{l_{xx}l_{yy}}}$$

（3）相关系数的假设检验

1) 查表法：以 $\nu = n-2$ 直接查相关系数 r 的界值表。

2) t 检验：计算检验统计量 t_r 值，然后以自由度 $\nu = n-2$ 查 t 界值表来判断。

$$t_r = r\sqrt{\frac{n-2}{1-r^2}} \qquad \nu = n-2$$

（4）估计总体相关系数的可信区间：

$$\left[\frac{1}{2}\ln\frac{(1+r)}{(1-r)} \pm u_\alpha / \sqrt{n-3}\right]$$

$$r = \frac{e^{2z}-1}{e^{2z}+1}$$

3. 直线相关分析的注意事项

（1）相关分析一定要有实际意义；

（2）进行相关分析前，应先绘制散点图；

（3）相关分析时，小样本资料经假设检验只能推断两变量间有无直线关系，而不能推断其相关的密切程度；

(4) 若两变量间相关系数 r 有统计学意义但 r 较小时，下结论要慎重。

4. 直线回归的概念

统计学上将分析某变量随另一变量变化而变化的数量依存关系的方法称为直线回归，它通过拟合线性方程来描述两变量间的回归关系。直线回归是回归分析中最基本、最简单的一种，故又称简单回归。

5. 直线回归方程及其计算

$$\hat{Y}=a+bX$$

其中，X 为自变量，Y 为因变量或应变量，a 是截距；b 是回归系数，即回归直线的斜率，表示 X 每改变一个单位时因变量 Y 平均改变 b 个单位。

$$b=\frac{l_{xy}}{l_{xx}}=\frac{\sum(x-\bar{x})(y-\bar{y})}{\sum(x-\bar{x})^2}=\frac{\sum xy-\dfrac{(\sum x)(\sum y)}{n}}{\sum x^2-\dfrac{(\sum x)^2}{n}}$$

$$a=\bar{y}-b\bar{x}$$

6. 回归系数的假设检验

(1) t 检验：计算检验统计量 t_b 值，然后以自由度 $\nu=n-2$ 查 t 界值表来判断。

$$t_b=\frac{b-0}{S_b} \quad \nu=n-2$$

$$S_b=\frac{S_{y\cdot x}}{\sqrt{l_{xx}}}$$

$$S_{y\cdot x}=\sqrt{\frac{\sum(y-\hat{y})^2}{n-2}}$$

$$\sum(y-\hat{y})^2=l_{yy}-\frac{l_{xy}^2}{l_{xx}}$$

(2) 方差分析

$$F=\frac{MS_{回}}{MS_{残}}=\frac{SS_{回}/\nu_{回}}{SS_{残}/\nu_{残}}$$

$$SS_{回}=bl_{xy}=l_{xy}^2/l_{xx} \quad \nu_{回}=1$$

$$SS_{残}=SS_{总}-SS_{回} \quad \nu_{残}=n-2$$

方差分析的检验结果与 t 检验的结果完全相同。实际上，对同一回归系数的假设检验，方差分析的统计量 F 值是 t 检验的统计量 t 值的平方，即 $F=t^2$。

7. 估计总体回归系数的可信区间

通常可以采用近似正态的方法计算。

$$b\pm t_{\alpha,\nu}\cdot s_b$$

8. 回归系数的应用

(1) 用以描述两个随机变量的数量依存关系；
(2) 利用回归方程进行预测；
(3) 利用回归方程进行控制。

9. 直线相关与直线回归的区别与联系

(1) 区别：①在资料要求上：回归分析要求因变量 Y 服从正态分布，X 是可以精确测量和严格控制的变量；相关分析要求两个变量 X、Y 服从双变量正态分布。②在应用上：说明两个变量间依存变化的数量关系用回归分析，说明变量间的相关关系用相关分析。

(2) 联系：①对同一组数据若同时计算 r 和 b，它们的正负号是一致的；②r 和 b 的假设检验是等价的；③用回归解释相关。

测试题

【名词解释】

1. 直线相关
2. 直线相关系数
3. 回归系数
4. 剩余标准差
5. 残差平方和
6. 回归平方和

【填空题】

1. 两变量 X、Y 为正相关，则 X 增大，Y _____；若两变量 X、Y 为负相关，X 增大，则 Y _____。
2. 相关系数 r 的取值范围为_____。两变量相关的方向用 r 的_____表示，即_____表示正相关，_____表示负相关，_____表示零相关。
3. 两变量相关的密切程度用 r 的_____表示，_____表示完全相关，_____表示无直线关系。

【选择题】

1. 样本相关系数 $r=0$ 说明
   A. 两变量 X、Y 的关系不确定
   B. 两变量存在相互关系的可能性很小
   C. 两变量不存在任何关系
   D. 两变量间必然存在某种曲线关系
   E. 两变量间不存在直线关系，但不排除存在某种曲线关系

2. 相关系数的假设检验，其检验假设 H_0 是
   A. $r=0$
   B. $\rho=0$
   C. $r=1$
   D. $\rho=1$
   E. $\rho\neq 1$

3. 相关系数 r 的检验假设，其自由度为
   A. $n-1$
   B. n
   C. $n-2$
   D. $2n-1$
   E. 1

4. 相关系数的假设检验可用
   A. 散点图直接观察法即可
   B. F 检验
   C. χ^2 检验
   D. t 检验
   E. 以上均可

5. 以下对于回归系数 b 的描述正确的是
   A. $|b|$ 越小，回归直线越陡峭
   B. X 每变化一个单位，Y 相应变化 b 个单位
   C. $-1\leqslant b\leqslant 1$
   D. $b=0$，回归直线与 Y 轴平行
   E. b 没有单位

6. 以下关于回归方程 $\hat{Y}=a+bX$ 的描述中**错误**的是
   A. $a>0$ 表示回归直线与 Y 轴的交点在原点上方
   B. 回归直线未必过点 $(\overline{X},\overline{Y})$
   C. $a=0$，$b=0$ 表示回归直线与 X 轴重叠
   D. a 表示 $x=0$ 时的 $\hat{y}$ 值
   E. $b<0$ 表示回归直线从左上方走向右下方

7. 直线回归分析中，对回归系数做假设检验的目的是
   A. 检验回归系数 b 是否等于 0

B. 检验两总体回归系数是否相等
C. 检验回归方程的拟合优度
D. 推断两变量是否存在直线依存关系
E. 判断回归方程代表性的好坏

8. 两组资料中，回归系数 b 较大的一组
   A. r 也较大
   B. r 较小
   C. 两变量关系密切
   D. 两变量关系不密切
   E. 直线更陡

9. 将原始数据中某一点的 x 值代入线性回归方程，发现 $\hat{y} \neq y$，可以认为
   A. 回归方程计算有误
   B. X 与 Y 之间不是线性关系
   C. 此现象无法解释
   D. 此现象正常
   E. X 与 Y 之间无相关关系

10. 双变量正态分布的相关回归分析中，r 和 b 的关系错误的是
    A. r 值和 b 值的大小可由公式推导得出
    B. 二者没有数量关系
    C. 二者符号相同
    D. r 和 b 的假设检验等价
    E. 二者的取值范围不同

11. 以下导致相关系数和回归系数可能为负值的是
    A. $\sum Y^2 - (\sum Y)^2/n$
    B. $\sum (X-\bar{X})(Y-\bar{Y})$
    C. $\sum (X-\bar{X})^2$
    D. $\sum (Y-\bar{Y})^2$
    E. 以上都不是

12. 以下关于直线相关与回归的说法中，错误的是
    A. 直线相关分析前，应先绘制散点图
    B. 样本回归系数 $b<0$，且有统计学意义，可以认为两变量呈负相关

C. 回归系数越大，则说明两变量 x 与 y 间的关系越密切
D. 同一样本的 b 和 r 的假设检验结果相同
E. 相关系数 $r=1$，必然有 $S_{y,x}=0$

13. 对某样本的相关系数进行假设检验，结果 $t_r < t_{0.05,(n-2)}$，则
    A. 两变量一定存在直线关系
    B. 若建立回归方程，回归系数无统计学意义
    C. 两变量间一定存在相关关系
    D. 两变量存在直线相关的可能性小于 5%
    E. 两变量间一定不存在相关关系

14. $\hat{Y}=14.1+4.2X$ 是 1~7 岁儿童以年龄（岁）估计体重（市斤）的回归方程，若将体重换算成国际单位 kg，则回归方程中
    A. 回归系数改变
    B. 截距改变
    C. 两者都改变
    D. 两者都不改变
    E. 以上均可

15. 已知两样本 $r_1=r_2$，$n_1 \neq n_2$，下列等式中成立的是
    A. $b_1=b_2$
    B. $t_{b_1}=t_{b_2}$
    C. $t_{r_1}=t_{r_2}$
    D. $a_1=a_2$
    E. $t_{r_1}=t_{b_1}$

16. 实验小鼠注射某药物后，测得 10 个时间点上动物体内的药物浓度。计算相关系数 r 并作假设检验得，$P>0.05$，由此认为两变量间无相关关系，这一结论
    A. 错误，样本量过小
    B. 错误，应绘制散点图
    C. 错误，应计算等级相关系数
    D. 错误，有可能存在非线性相关
    E. 正确

【简答题】

1. 试述直线相关与回归的区别与联系。
2. 直线相关分析中应注意的问题有哪些？
3. 回归系数的用途是什么？

【应用分析题】

1. 从某地男大学生中随机抽取 12 名作为研究对象，分别测量其身高和体重，测量结果见表 6-1。试计算身高与体重之间的相关系数。

表6-1 12名男大学生的身高与体重

编号	1	2	3	4	5	6	7	8	9	10	11	12
身高（cm）	165	168	177	182	172	176	190	187	182	182	166	174
体重（kg）	61	56	65	70	65	66	75	76	78	70	66	65

2. 10名健康儿童头发和全血中硒含量（单位：1000 ppm）的测定结果如下，试做直线回归分析。

表6-2 10名健康儿童头发和全血中硒含量（单位：1000 ppm）

发硒	70	66	88	69	91	73	66	96	58	73
血硒	17	10	13	11	16	9	7	14	5	10

参考答案

【填空题】

1. 增大 减小
2. $-1 \leqslant r \leqslant 1$ 正负号 $r>0$ $r<0$ $r=0$
3. 绝对值大小 $r=\pm 1$ $r=0$

【选择题】

1. E 2. B 3. C 4. D 5. B 6. B 7. D 8. E 9. D 10. A 11. B
12. C 13. B 14. C 15. E 16. D

【应用分析题】

1. 散点图略。

   $r=0.843$，$\nu=12-2=10$

   $t_r = \dfrac{r}{\sqrt{\dfrac{1-r^2}{n-2}}} = 4.956$，$P<0.01$，按 $\alpha=0.05$ 水准，拒绝 H_0，接受 H_1，可以认为该地男大学生身高与体重之间存在直线相关关系。

2. 散点图略。

   $\sum x = 750, \sum y = 112, \sum x^2 = 57636, \sum y^2 = 1386, \sum xy = 8692$

   $\bar{x}=75, \bar{y}=11.2$

   $l_{xx}=1386$，$l_{yy}=131.6$，$l_{xy}=292$

   $b=\dfrac{l_{xy}}{l_{xx}}=\dfrac{292}{1386}=0.211$，$a=\bar{y}-b\bar{x}=11.2-0.211\times 75=-4.625$

   回归方程为：$\hat{y}=-4.625+0.211x$

   对回归系数进行假设检验：

   $S_{yx}=\sqrt{l_{yy}-\dfrac{l_{xy}^2}{l_{xx}}}=\sqrt{131.6-\dfrac{292^2}{1386}}=70.082$

   $S_b=\dfrac{S_{yx}}{\sqrt{l_{xx}}}=\dfrac{70.082}{\sqrt{1386}}=1.882$

   $t=2.650$（$F=7.022$），$P=0.029$

（祁艳波）

第七章 多变量分析

【教学要求】

1. 了解 logistic 回归模型的建立及其假设检验；其他多元分析方法。
2. 熟悉 多元线性回归方程的建立及其假设检验。
3. 掌握 多元线性回归及 logistic 回归分析的应用。

【重点难点】

1. 重点 多元线性回归及 logistic 回归分析的应用。
2. 难点 多元线性回归方程的建立及其假设检验，多元线性回归及 logistic 回归分析的应用。

1. 多元线性回归

多元线性回归是研究一个因变量与多个自变量之间线性依存关系的统计方法，可以对自变量的作用进行评价，也可以用作预测和判别。

（1）多元线性回归方程

1）多元线性回归方程：描述因变量为 Y 与 m 个自变量 X_1，X_2，$\cdots$，X_m 之间的线性关系可以用下列的多元线性回归方程：

$$\hat{Y} = b_0 + b_1 X_1 + b_2 X_2 + \cdots + b_m X_m$$

b_0 是 β_0 的估计值，b_1，b_2，$\cdots$，b_m 是 β_1，β_2，$\cdots$，β_m 的估计值，亦称样本偏回归系数，简称偏回归系数。偏回归系数 b_i 表示在其他自变量固定的条件下，X_i 每改变（增或减）一个单位时，单独引起因变量 Y 的平均改变量；$\hat{Y}$ 表示因变量 Y 的估计值，即在 X_i 取一组定值条件下因变量 Y 的平均估计值或平均预测值。

2）多元线性回归方程的建立：建立多元线性回归方程的过程，就是求解方程中的偏回归系数 b_1，b_2，$\cdots$，b_m 和计算常数项 b_0 的过程。可以根据最小二乘法（method of least square）原理，求出使残差平方和（即实际观察值 Y 与估计值 $\hat{Y}$ 之差的平方和）$SS_{残差}$ 最小的 b_1，b_2，$\cdots$，b_m。

多元线性回归方程建立的方法与简单回归分析相同，随着自变量个数的增加其计算量相当大，很难手工计算，一般都依靠统计软件完成。

3）多元线性回归方程的假设检验：由样本资料建立的回归方程是否有统计意义需要进行假设检验，多元线性回归方程的假设检验包括两个部分：首先要检验所有自变量 X_1，X_2，$\cdots$，X_m 作为一个整体与因变量 Y 之间是否具有线性关系，即回归方程的假设检验；如果回归方程有统计意义，还要对每个偏回归系数进行检验。

①回归方程的假设检验：回归方程的检验可用方差分析法，进行因变量 Y 的离差平方和分解：

$$SS_{总} = SS_{回} + SS_{残差}$$

$$SS_{回} = b_1 l_{1Y} + b_2 l_{2Y} + \cdots + b_m l_{mY} = \sum b_j l_{jY}$$

$$F = \frac{SS_{回}/m}{SS_{残差}/(n-m-1)} = \frac{MS_{回}}{MS_{残差}}$$

如果 $F \geq F_{\alpha(m, n-m-1)}$，$P \leq \alpha$，在 α 水准上认为 m 个自变量 X_1，X_2，$\cdots$，X_m 与因变量 Y 之间存在线性回归关系。

②偏回归系数的假设检验：回归系数的假设检验是对每一个自变量作用的检验，可以通过对偏回

归平方和的 F 检验或偏回归系数的 t 检验说明各变量的重要性。无论是哪种方法，计算量都很大，都需要用统计软件完成。

a. F 检验：

$$F_j = \frac{SS_{回}(X_j)/1}{SS_{残}/(n-m-1)}$$

如果 $F_j \geq F_{\alpha(1, n-m-1)}$，$P \leq \alpha$，在 α 水准上认为 X_j 与 Y 有线性关系。

b. t 检验：t 检验法是一种与偏回归平方和检验法完全等价的一种方法，计算公式为：

$$t_j = \frac{b_j}{S_{b_j}}$$

b_j 为相应的偏回归系数，S_{b_j} 是 b_j 的标准误，S_{b_j} 的计算比较复杂，一般是用统计软件完成。如果 $t_j \geq t_{\alpha,\nu}$，$P \leq \alpha$，在 α 水准上认为 X_j 与 Y 有线性关系。

(2) 回归分析中自变量的筛选：自变量的筛选，可使回归方程中只包含对因变量有影响的自变量，从而确保回归方程是所谓的"最优"方程。

常用的筛选自变量的方法有以下几种：①前进法；②后退法；③逐步回归法。目前，回归分析中自变量的筛选计算较繁琐，通常使用计算机进行处理。

(3) 多元线性回归方程的评价

1) 决定系数 R^2：利用回归方程的方差分析表计算决定系数 R^2，计算公式为：

$$R^2 = \frac{SS_{回}}{SS_{总}}$$

决定系数的范围是：$0 \leq R^2 \leq 1$。R^2 说明自变量 X_1，X_2，…，X_m 能够解释 Y 变化的百分比，这是一个评价回归效果的重要指标。R^2 越接近 1，说明回归方程越有意义，即 Y 的总变异中可由自变量所解释的部分越多，Y 的估计越准确。

2) 复相关系数：$R = \sqrt{R^2}$ 称为复相关系数，说明所有自变量 X_1，X_2，…，X_m 与因变量 Y 之间的线性回归关系的密切程度。R 的值介于 0 和 1 之间，R 值越接近 1，因变量 Y 与各自变量间相关越密切。

3) 标准化回归系数：在比较各自变量对因变量的作用大小时，由于偏回归系数受各自变量度量衡单位不同的影响，直接比较各偏回归系数的绝对值大小不能得出正确的结论，需要对偏回归系数进行标准化处理，即用标准化偏回归系数（standardized partial regression coefficient）反映各自变量对因变量的作用大小。

(4) 多元线性回归的应用

1) 多元线性回归分析的用途

①影响因素分析：在众多可疑的因素中，可用多元线性回归分析影响因素是否有意义，哪些因素影响较大，哪些因素影响较小，还可以考虑因素间的交互作用。

②估计与预测：利用回归方程确定各自变量和因变量的数量关系，由多个自变量对因变量进行估计或预测。

2) 多元线性回归分析的注意事项

①多元线性回归分析应用的前提条件：各自变量取某确定值时，因变量的预测值与实际观测值的差值（即残差）服从正态分布；各自变量取不同值时，因变量 Y 的分布均服从正态分布且满足方差齐性；各自变量相互独立，不存在高度密切的统计相关性。

②多元线性回归分析的资料类型：因变量原则上要求是相互独立的连续型变量；自变量通常可以是数值变量，也可以是无序分类变量和等级变量，对于后者作多元线性回归分析时必须进行数量化或哑元化处理，其方法可以参考相关书籍。

③多元线性回归分析样本含量：样本含量应满足统计分析的要求，一般要求观察例数不低于变量个数的 5 倍。

2. logistic 回归

医学上常遇到因变量的结果为二分类情况，如生存与死亡、有效与无效、患病与非患病等，可以概括为阳性与阴性两种互斥的结果。logistic 回归是用来分析阳性或阴性的发生与哪些因素有关的统计方法。

(1) logistic 回归模型

1) logistic 回归模型：X_1，X_2，…，X_m 为一组自变量，Y 为二分类因变量，其观察结果为阳性或阴性。当出现阳性结果时，$Y=1$；当出现阴性结果时，$Y=0$。用 P 表示出现阳性结果的概率，则 $1-P$ 表示出现阴性结果的概率。

logistic 回归模型为：

$$P = \frac{\exp(\beta_0 + \beta_1 X_1 + \beta_2 X_2 + \cdots + \beta_m X_m)}{1 + \exp(\beta_0 + \beta_1 X_1 + \beta_2 X_2 + \cdots + \beta_m X_m)}$$

β_0 是常数项，β_1，β_2，…，β_m 称为 logistic 回归模型的回归系数。通过阳性概率与阴性概率之比 $\frac{P}{1-P}$（比数比）的自然对数，logistic 回归模型可以变换成下列线性形式，即 logit 变换：

$$\log\left(\frac{P}{1-P}\right) = \text{logit}(P) = \beta_0 + \beta_1 X_1 + \beta_2 X_2 + \cdots + \beta_m X_m$$

P 表示发生某病的概率，自变量 X_1，X_2，…，X_m 表示 m 个危险因素，上式中的常数项 β_0 表示在无危险因素时的发病概率对不发病概率之比的自然对数；β_j 表示自变量 X_j 变化一个单位所引起 logit(P) 的改变量。

2) logistic 回归模型的参数估计：通常用最大似然法，根据一组实际观察资料估计 logistic 回归模型的参数。

①回归模型的检验：回归模型的检验，即检验因变量与自变量之间的关系能否用所建立的回归模型来表示。最常用的检验方法是似然比检验（likelihood ratio test）。

②各自变量的假设检验：回归模型检验有无统计意义，说明多个自变量的组合对发生与不发生某事件是否有影响。对各自变量的假设检验，说明每个自变量对因变量是否有影响，常用的检验方法是 Wald 检验。

(2) logistic 回归的应用

1) logistic 回归分析的用途：①logistic 回归分析既可解释影响因素的作用，也可对因变量的发生进行预测。②logistic 回归分析特点之一是参数意义清楚，即得到某一因素的回归系数 b_j 后，可以很快估计出这一因素的相对危险度 OR_j，因此非常适合流行病学研究。

2) logistic 回归分析的注意事项

①样本含量：logistic 回归的所有统计推断建立在大样本基础上，因此应用的一个基本条件是要求有足够的样本含量，样本含量愈大分析结果愈可靠。实际中病例和对照的人数应至少各有 20~30 例，方程中的变量个数愈多需要的例数也就愈大。

②自变量的初筛问题：如果自变量个数太多，逐步拟合 logistic 回归方程的计算量很大，可先进行自变量的初筛。

③资料的类型：logistic 回归分析的自变量可以是数值变量，也可以是分类变量。

3. 其他多元分析方法

(1) Cox 回归分析：常用于生存资料的多因素分析、预后因素的研究等。

(2) 判别分析和聚类分析：多用于对事物的分类。

(3) 主成分分析和因子分析：是将多变量简化的技术，即通过一定的方法减少指标的个数。

测试题

【名词解释】

1. 偏回归系数　　2. 决定系数 R^2　　3. 复相关系数　　4. 标准化回归系数

【填空题】

1. 偏回归系数的假设检验方法有_____和_____。
2. logistic 回归模型的参数估计通常用_____，logistic 回归模型的假设检验通常用_____。
3. 决定系数的范围是_____。
4. 常用的筛选自变量的方法有以下几种：_____、_____和_____。
5. 建立多元线性回归方程的过程，就是求解方程中的_____和_____的过程。
6. 多元线性回归是研究_____与_____之间线性依存关系的统计方法。
7. 多元线性回归方程的建立，可以根据_____原理，求出使_____最小的 $b_1, b_2, \cdots, b_m$。
8. 多元线性回归方程的假设检验包括两个部分，即_____和_____。
9. 回归方程和偏回归系数的假设检验都可以用_____。
10. 复相关系数的取值范围是_____。

【选择题】

1. 偏回归系数 b_i 表示在其他自变量固定的条件下，X_i 每_____时，单独引起因变量 Y 的平均改变量
   A. 增加一个单位
   B. 减少一个单位
   C. 增或减一个单位
   D. 增加若干单位
   E. 减少若干单位

2. 建立多元线性回归方程的过程，就是
   A. 求解方程中的偏回归系数 $b_1, b_2, \cdots, b_m$ 和计算常数项 b_0 的过程
   B. 求解方程中的偏回归系数 $b_1, b_2, \cdots, b_m$ 的过程
   C. 计算常数项 b_0 的过程
   D. 以上都对
   E. 以上都不对

3. 多元线性回归方程建立的理论依据是
   A. 回归平方和最小原理
   B. 最小二乘法原理
   C. 总平方和最小原理
   D. 剩余平方和最小原理
   E. 残差均方最小原理

4. 回归方程的假设检验可选用
   A. t 检验
   B. 秩和检验
   C. 卡方检验
   D. u 检验
   E. F 检验

5. 决定系数的取值范围是
   A. $0 \leqslant R^2$
   B. $-1 \leqslant R^2 \leqslant 1$
   C. $0 \leqslant R^2 \leqslant 1$
   D. $0 \leqslant R^2 \leqslant 1$
   E. $-\infty \leqslant R^2 \leqslant 1$

6. 复相关系数的计算为
   A. $R = \sqrt{R^2}$
   B. $R = R^2$
   C. $R = \sqrt{R}$
   D. $R = 2R$
   E. $R = \dfrac{R}{2}$

7. 多元线性回归分析应用中，各自变量取某确定值时，因变量的预测值与实际观测值的差值（即残差）服从
   A. 正态分布
   B. 偏态分布
   C. 二项分布
   D. 泊松分布
   E. 任何分布

8. 多元线性回归分析应用中，各自变量取不同

值时，因变量 Y 的分布服从
A. 正态分布
B. 方差齐性
C. 正态分布与方差齐性
D. 偏态分布
E. 偏态分布与方差齐性

9. logistic 回归模型的参数估计通常用
A. 最小二乘法
B. 最大二乘法
C. 最小似然法
D. 最大似然法
E. 以上都不对

10. logistic 回归模型的假设检验最常用
A. F 检验
B. t 检验
C. 似然比检验
D. 秩和检验
E. 卡方检验

【简答题】

1. 试述多元线性回归分析的用途。
2. 多元线性回归分析的应用有哪些前提条件？
3. 多元线性回归分析对资料有哪些要求？

参考答案

【填空题】

1. F 检验　t 检验
2. 最大似然法　似然比检验
3. $0 \leqslant R^2 \leqslant 1$
4. 前进法　后退法　逐步回归法
5. 偏回归系数　计算常数项
6. 一个因变量　多个自变量
7. 最小二乘法　残差平方和
8. 回归方程的假设检验　偏回归系数的假设检验
9. 方差分析
10. 0 和 1 之间

【选择题】

1. C　2. A　3. B　4. E　5. D　6. A　7. A　8. C　9. D　10. C

（周玲玲）

第八章 实验设计

【教学要求】

1. 了解　交叉设计；析因设计。
2. 熟悉　实验设计的基本步骤；样本量的估计；常用的实验设计方案。
3. 掌握　实验研究三要素；实验设计的基本原则。

【重点难点】

1. 重点　实验研究三要素；实验设计的基本原则。
2. 难点　实验设计的基本原则；样本量的估计；常用的实验设计方案。

1. 实验研究的基本要素

实验研究包括三个基本要素：即研究因素、研究对象和实验效应。

（1）研究因素：研究因素亦叫处理因素，是指研究者根据研究目的而施加给研究对象的特定实验措施。研究因素的性质可以是物理性、化学性、生物性的，也可以是综合性的，有时研究对象本身的某些特征也可能是研究的因素。根据研究因素的多少，可分为单因素研究、两因素研究或者是多因素的研究。通常在一个实验中，处理因素不宜安排过多，而应该突出主要的研究因素。此外研究因素的不同状态或等级称为水平。

与处理因素相对应的是非处理因素，某些非处理因素伴随着研究因素存在并干扰研究因素与实验效应的关系，影响实验效应的观察和分析，称之为混杂因素（confounder）。在安排研究因素时，需要注意以下几点：①明确研究的主要问题，分清研究因素与非研究因素，突出重点研究因素，采取措施控制混杂因素；②合理地划分研究因素水平数，水平数太少，往往难以观察到剂量-效应关系；但分组太多，会导致研究对象的增加，实验成本的增大；③研究因素的强度应适宜；④研究因素应当标准化，有明确、细致、具体的规定。

（2）研究对象：研究对象又称受试对象，是处理因素作用的客体。根据研究目的的不同，选择不同的研究对象。研究对象的选择必须满足两个基本的条件：一是对处理因素敏感；二是反应稳定。动物实验研究要注意所选动物的种属、品系、生长年龄、性别甚至窝别。而在临床试验中，选择受试对象必须要制定明确的纳入标准和排除标准。

（3）实验效应：实验效应是指处理因素作用于受试对象后出现的反应或结局，通过各种指标进行测量和评价。选择观察指标应注意以下问题：

1) 关联性：指选用的指标与科研题目有本质上的联系，并能确切地反映出研究因素的效应。

2) 客观性：指能客观记录，不易受主观因素影响的指标，如心电图、X光片、血管造影、体重、身高、病理切片和大多数化验数据等。

3) 准确性：指研究结果与相应测定事物真实情况符合或接近的程度。愈接近真实情况准确性愈高。

4) 精确性：指反复测量一种相对稳定现象时，所获结果彼此接近或符合的程度。

5) 灵敏性：指能如实反映研究对象体内出现微量效应变化的指标。提高指标的灵敏性主要靠改进检测方法，提高检测手段。

6) 特异性：指不易受其他因素干扰、专一性很强的指标。

2. 实验设计的基本原则

实验设计必须遵循对照、随机、重复三个基本原则。

(1) 对照原则：对照原则是三大原则中的首要原则。设立对照的意义：一是通过对比，将处理因素的效应显示出来；其次，通过设立对照，可以平衡非处理因素在实验中的影响，消除或减少实验误差。对照的形式常见的有空白对照、安慰剂对照、实验对照、标准对照、自身对照、历史对照，使用时需要根据研究目的和研究内容进行选择。

1) 空白对照 (blank control)：指对照组不加任何处理因素，使其处于空白状态。

2) 安慰剂对照 (placebo control)：安慰剂是一种剂型、颜色、大小、气味等外观与试验药物完全相似、但不含任何药理作用的制剂。

3) 实验对照 (experimental control)：指对照组采取与实验组相同的实验操作，但并不施加任何处理因素或干预因素。

4) 标准对照 (standard control)：以现有标准或正常值作对照，而不专门设立对照。

5) 自身对照 (self control)：指实验和对照在同一受试对象身上进行。

(2) 随机原则：随机就是通过随机方法使每一个受试对象有同等的机会被抽取，或者是受试对象有相等的机会被分配到各实验组和对照组中。随机原则应该贯穿到实验设计和实验实施的全过程，包括从研究对象的抽取、实验对象的分组和处理因素的实施顺序。随机化的方法包括传统的抽签方式、采用随机数字表和随机排列表，或者采用计算机程序实现随机化。

(3) 重复原则：重复是指必须有足够的样本含量，保证在相同的条件下进行多次实验或多次观察能获得类似的研究结果。重复包含两个方面：一次实验在不同受试对象的重复，即实验样本量足够；另一方面是一批可靠的实验结果，经得起多次重复实验的考验。

3. 实验设计的基本步骤

(1) 建立研究假设：根据研究的题目，提出要解决的问题，并拟定研究假设。提出的问题应该具体而明确。通常问题不止一个，但应分清主要问题和次要问题。主要问题是研究的主要内容，而次要问题是对主要问题的完善和补充。

(2) 明确研究范围：在研究假设的基础上，明确研究的范围，确定受试对象，制定受试对象的纳入标准与排除标准，并根据前人的实验参数来估计样本含量。

(3) 确立处理因素：根据研究目的来确定实验的处理因素，同时分析哪些非处理因素可能会影响实验的结果，由此设计对照形式，使处理因素的效应能充分显现出来。

(4) 明确观察指标：实验的效应是通过观察指标来测量的，因此选择客观、敏感、且灵敏度高的指标。一般来说，能够通过化验检查、血清学试验所得到的指标比单纯的临床诊断更为客观可靠，并能够量化，便于进行统计分析。

(5) 控制误差和偏倚：任何实验结果除了处理因素的效应以外，还可能受到非处理因素的影响而产生各种误差和偏倚。在实验之前，需要仔细分析可能产生误差的原因，分析偏倚的来源，并设计相应的措施和方案进行消除或控制。

4. 样本量的估计

(1) 影响样本量的因素

1) 研究的效应：研究效应主要体现为效应的指标，处理的效应越明显，指标越灵敏，所需的样本量越小。一般来说，对同一效应的测量，定量的指标比定性的指标所需要的样本量更小。

2) 总体标准差：总体标准差越小，所需要的样本量越少；反之，总体标准差大，所需样本量较多。

3) 实验设计的类型：越是严密的设计，所需样本量越小。

4) 实验结果的可能性：双向结果所需样本量较大，而单向结果所需样本量较小。
5) 第Ⅰ类错误的概率：一般规定为0.05，显著性检验水准越小，所需要的样本量越大。

(2) 估算样本量所需要的条件

1) Ⅰ型错误的概率 α（type Ⅰ error）：即假设检验中的检验水准（significance level）。通常取0.05或0.01，在规定检验水准时，还需要规定单侧还是双侧检验。

2) 检验效能（power of test）：又称把握度（power），用 $1-\beta$ 表示，通常规定 $\beta=0.1$ 或 0.2。

3) 容许误差或总体参数的差值 δ：即两总体均数之差 $\delta=\mu_1-\mu_2$，或两总体率之差 $\delta=\pi_1-\pi_2$。

4) 总体标准差 σ 或总体率 π：同样可以通过查阅文献或进行预实验得到。

(3) 常用的估计样本量的方法

1) 观察指标为计量指标

①估计总体均数：

$$n=\frac{u_\alpha^2 \sigma^2}{\delta^2}$$

②样本均数与总体均数的比较：

$$n=\frac{(u_\alpha+u_\beta)^2 \sigma^2}{\delta^2}$$

③两个样本均数的比较：

$$n=\left[\frac{2(u_\alpha+u_\beta)\sigma}{\delta^2}\right]^2$$

④配对设计均数的比较：

$$n=\frac{(u_\alpha+u_\beta)^2 \sigma_d^2}{\delta^2}$$

2) 观察指标为计数资料（分类变量）

①总体率的估计：

$$n=\frac{u_\alpha^2 p_0 (1-p_0)}{(p-p_0)}$$

②两样本率的比较：

$$n=\frac{2(u_\alpha+u_\beta)^2 p_c (1-p_c)}{(p_1-p_2)^2}$$

$$p_c=\frac{p_1+p_2}{2}$$

③配对计数资料：

$$n=\left[\frac{u_\alpha \sqrt{2\bar{p}}+u_\beta \sqrt{2(p_1-p_c)(p_2-p_c)/\bar{p}}}{p_1-p_2}\right]^2$$

$$\bar{p}=\frac{(p_1+p_2)-2p_c}{2}$$

(4) 估计样本量时应注意的问题：①在设计样本量时，最好使各组样本例数相等。各组样本量相等可以提高检验效能；②在估计样本量时，需要先确定观察指标，并查阅指标的相关参数，这些参数通过查阅文献或通过预实验得到；对于参考文献，应该先进行客观的评价；③如果设计了多个观察指标，需要对每个指标分别计算样本量，然后选择最大的结果作为本实验的样本量；④通过公式估算的样本量是"最小样本量"，实际应用时，应该考虑15%~20%的损失，以避免由于动物死亡或受试者中途退出、失访等原因导致样本量的不足。

5. 常用的实验设计方案

(1) 完全随机设计：又称为随机对照实验，是医学研究中最常使用的一种考察单因素实验设计方案，应用广泛。其具体的做法是将受试对象按照随机原则分配到各实验组和对照组中，实施不同的处理，再对各组的效应进行同期平行观察，以比较各组的观察指标有无差别。

（2）配对设计：是将受试对象按规定的条件配成对子，再将对子中的受试对象按照随机的原则分配到实验组与对照组中。配对设计可以使非处理因素在实验组和对照组间均衡分布，使实验因素的效应更容易显示出来，以提高实验设计的效率。配对设计包括实验前后的配对、左右配对以及异体配对三种。

（3）随机区组设计：又称为配伍设计，它是配对设计的扩大，或者说配对设计是配伍设计的最简单形式。

随机区组设计属于两因素设计方案，它不仅可以分析处理因素（Ⅰ因素）不同水平间的实验效应有无统计学意义，同时可分析区组（Ⅱ因素）不同水平间的实验效应有无统计学意义。由于随机区组设计中各组间的均衡性较好，因而误差较小，实验效率较高。

测试题

【名词解释】

1. 研究因素   2. 实验效应   3. 空白对照   4. 安慰剂对照
5. 实验对照   6. 标准对照   7. 自身对照   8. 完全随机设计
9. 配对设计

【填空题】

1. 实验研究包括三个基本要素：即_____、_____和_____。
2. 实验研究中，选择受试对象必须要制定明确的_____标准和_____标准。
3. 实验设计必须遵循_____、_____和_____三个基本原则。
4. 研究因素的不同状态或等级称为_____。
5. 某些非处理因素伴随着研究因素存在并干扰研究因素与实验效应的关系，影响实验效应的观察和分析，称之为_____。
6. 研究对象的选择必须满足两个基本的条件：一是_____；二是_____。
7. _____是三大原则中的首要原则。
8. 实验和对照在同一受试对象身上进行的对照称_____。
9. 以现有标准或正常值作对照称_____。
10. _____是医学研究中最常使用的一种考察单因素实验设计方案，应用广泛。

【选择题】

1. 下列**不属于**实验研究的是
   A. 观察性试验
   B. 社区试验
   C. 现场试验
   D. 临床试验
   E. 干预试验
2. 下列哪项**不是**实验研究的特点
   A. 研究对象来自一个总体的抽象人群并随机化分组
   B. 有平行可比的对照组
   C. 有危险度分析和评价
   D. 有干预措施
   E. 前瞻性研究，必须直接跟踪研究对象
3. 实验研究在选择研究对象时下列哪条是**错误**的
   A. 选择干预措施对其无害的人群
   B. 选择能将实验坚持到底的人群
   C. 选择预期发病率较低的人群
   D. 选择的对象应能够从实验中受益
   E. 选择依从性较好的人群
4. 流行病学实验研究的人群来自
   A. 同一总体的患病人群
   B. 同一总体的健康人
   C. 同一总体的暴露和非暴露人群

D. 同一总体的干预和非干预人群
E. 同一总体的病例和非病例人群
5. 下列有关研究因素的说法**错误**的是
   A. 又称处理因素
   B. 指研究者根据研究目的而施加给研究对象的特定实验措施
   C. 根究因素的性质可以是物理性、化学性、生物性的，也可以是综合性的
   D. 据研究因素的多少，可分为单因素研究、两因素研究或者是多因素的研究
   E. 在一次实验中，研究因素越多越好
6. 研究因素的不同状态或等级称
   A. 水平
   B. 级别
   C. 剂量
   D. 层次
   E. 处理因素
7. 下列有关混杂因素的说法正确的是
   A. 混杂因素即是非处理因素
   B. 混杂因素是研究因素的一部分
   C. 混杂因素不影响实验效应的观察分析
   D. 混杂因素伴随着研究因素存在并干扰研究因素与实验效应的关系
   E. 以上说法都不对
8. 选择观察指标应注意
   A. 关联性
   B. 客观性
   C. 准确性和精确性
   D. 灵敏性和特异性
   E. 以上都对
9. 对照组不加任何处理因素，使其处于空白状态称
   A. 安慰剂对照
   B. 空白对照
   C. 标准对照
   D. 自身对照
   E. 实验对照
10. 对照组采取与实验组相同的实验操作，但并不施加任何处理因素或干预因素称
    A. 安慰剂对照
    B. 空白对照
    C. 标准对照
    D. 自身对照
    E. 实验对照
11. 实验设计三大原则中的首要原则是
    A. 对照原则
    B. 随机原则
    C. 盲法原则
    D. 重复原则
    E. 均衡原则
12. 下列有关完全随机设计的说法**错误**的是
    A. 又称随机对照实验
    B. 是一种多因素实验设计
    C. 应用广泛
    D. 实验对象随机分为实验组与对照组
    E. 除处理因素外的组间其他因素应具有可比性
13. 下列有关样本量的估计**错误**的是
    A. 总体标准差越小，所需要的样本量越少
    B. 对同一效应的测量，定量的指标比定性的指标所需要的样本量更小
    C. 越是严密的设计，所需样本量越小
    D. 双向结果所需样本量较大，而单向结果所需样本量较小
    E. 显著性检验水准越小，所需要的样本量越小
14. 以下哪个**不是**估计样本量所需的条件
    A. 检验水准
    B. 检验效能
    C. 容许误差
    D. 总体标准差或总体率
    E. 总体均数或总体率
15. 以下有关随机区组设计的说法**错误**的是
    A. 随机区组设计属于单因素设计方案
    B. 随机区组设计是配对设计的扩大
    C. 又称配伍组设计
    D. 组间均衡性较好
    E. 检验效率较高

【简答题】

1. 实验研究中，选择观察指标时应注意哪些问题？
2. 实验研究中，影响样本量的因素有哪些？
3. 估计样本量所需的条件有哪些？

【应用分析题】

1. 调查血吸虫病人血中血红蛋白含量（g/L），据以往经验标准差 $s=25$，这次希望允许误差不超过 5（$\delta=5$），并规定 $\alpha=0.05$，$\beta=0.1$，问需调查多少人？
2. 上题中如果已知血吸虫病人平均血红蛋白含量为 90（g/L），要研究呋喃丙胺治疗后能否使血红蛋白含量增高（疗效判定）。据临床经验，治疗后血红蛋白增高 10 以上方为有效（$\delta=10$），问需观察治疗多少病人？
3. 假定呋喃丙胺治疗前后病人血红蛋白含量的标准差相等（$s_1=s_2=25$），现要研究治疗后能否使血红蛋白含量升高 20 或更多些。问需调查治疗前、后病人各多少？
4. 某医师研究某药对产后宫缩痛、外阴创伤痛的镇痛效果，预实验新药镇痛率为 75%，旧药镇痛率为 55%，当 α 取 0.05，β 取 0.1 时，需观察多少例，能说明新药镇痛效果优于旧药？
5. 某医师观察甲、乙两药治疗过敏性鼻炎效果，采用配对交叉设计，预试验甲药有效率为 60%，乙药有效率为 50%，两药一致阳性率为 43%，试估算两药疗效有差别时样本含量（$\alpha=0.05$，$\beta=0.1$）。

参考答案

【填空题】

1. 研究因素　研究对象　实验效应
2. 纳入　排除
3. 对照　随机　重复
4. 水平
5. 混杂因素
6. 对处理因素敏感　反应稳定
7. 对照原则
8. 自身对照
9. 标准对照
10. 完全随机设计

【选择题】

1. A　2. C　3. C　4. D　5. E　6. A　7. D　8. E　9. B　10. E　11. A
12. B　13. E　14. E　15. A

【应用分析题】

1. 97
2. 55
3. 28
4. 98
5. 235

(周玲玲)

第九章　常用统计软件的应用

略。

第十章　流行病学概述

> 【教学要求】
> 1. 了解　流行病学简史、流行病学研究领域以及流行病学研究和应用的进展。
> 2. 熟悉　流行病学研究的重要观点以及学习流行病学应当注意的几个问题。
> 3. 掌握　流行病学的定义及其解析、流行病学的研究方法。
>
> 【重点难点】
> 1. 重点　流行病学的基本概念，流行病学的研究方法。
> 2. 难点　流行病学的研究方法。

1. 流行病学的定义

流行病学是研究人群中健康有关状况和事件的分布及其影响因素，并把这些研究的成果用于卫生学问题控制的学科。我国学者凝练的流行病学定义为"流行病学是研究疾病和健康状态在人群中的分布及其影响因素，以制定和评价预防、控制和消灭疾病及促进健康的策略和措施的科学"。

2. 流行病学定义的解析

（1）所有研究都在人群中进行，必须建立人群的概念。

（2）应从"疾病、伤害、健康"三个层次的内容来理解流行病学的概念。

（3）流行病学的研究总是要遵循揭示现象、找出原因、提供措施三个阶段的逻辑关系，辅以描述、分析、试验三个范畴的研究方法。

（4）重点仍然是研究疾病和健康状况的分布及影响因素。

3. 流行病学的发展史分为三个阶段

（1）形成前期：人类有文明史以来至18世纪的一个漫长时期。在这一时期，人类初步认识到疾病可能由外界物质所引起，并可能在人群中传播。

（2）形成期：18世纪末至20世纪初。在这一时期，流行病学以防治传染病为总任务，以独特的调查分析方法为特点，并结合具体措施形成一门独立科学，称为传统流行病学。

（3）发展期：二十世纪四五十年代起至今。流行病学的总任务由防治局限的传染病扩大为防治人群的一切疾病和促进健康状态。研究方法由传统的调查分析扩展为充分利用多种资料来源进行一整套完整的分析研究，尤其与计算机的结合，促进了流行病学的快速发展。流行病学成为医学中当之无愧的重要学科。

4. 流行病学的研究方法

流行病学研究的基本原理是群体中某种疾病或健康状况发生的概率是否高于理论概率，流行病学的思维逻辑是描述疾病或健康状况的分布情况，进而提出问题，建立研究的假设。目前多数学者接受的流行病学研究方法大致可分为如下类别。

（1）观察性研究：观察性研究是描述疾病在哪些人群发生，在什么时间发生，在什么地点发生，进而比较不同人群、不同时间和不同地点疾病发生发展状况的差异，找出原因，为下一步采取人为干预，预防和控制疾病的发生，促进人群的健康提供依据。主要特点是没有人为的干预。观察性研究是检查结局与危险性之间的联系，包括描述性研究和分析性研究。观察性研究是流行病学研究的基本方法，常用方法包括以下几种：

1）横断面研究：为一个时间断面上的研究，研究对象包括确定的人群中所有的个体或这个人群的一个代表性的样本，通常暴露信息和疾病信息同时确定，是一个时间点上人群疾病与暴露情况的快照。如在不同的时间点进行相同的研究则称为重复横断面研究。根据暴露和疾病情况将人群同时分类是横断面研究方法的本质。

2）生态学研究：如果研究分析单位不是个人而是一组人，这样的研究称为生态学研究。根据研究目的的不同，包括生态比较研究和生态趋势研究。前者是比较不同人群中某种疾病或健康状况的差别，了解某疾病或健康状态在不同人群中的分布有无异同点，找到研究的线索。后者是指连续观察不同人群中某种疾病或健康状态的发生率或死亡率，了解其变动趋势，为卫生决策和病因学研究提供依据。

3）病例对照研究：是选择一定数量的某疾病患者为病例组，另选一定数量的非患者为对照组，调查病例组与对照组中某可疑因素出现的频率并进行比较，来分析该因素与疾病的联系。根据病例与对照的匹配方式，分为三种类型，即病例与对照不匹配、病例与对照匹配和巢式病例对照研究。病例与对照不匹配的病例对照研究中，在设计所规定的病例和对照人群中分别抽取一定的研究对象，一般对照多于或等于病例人数。匹配的病例对照研究中，根据匹配的方式不同，分为组匹配和个体匹配两种。而巢式病例对照研究是将队列研究与病例研究相结合的一种研究方法。

4）队列研究：是将研究对象按可致病因素的有无或暴露程度分为若干组，前瞻性地追踪观察一定期限，比较各组某病发病率或死亡率有无明显差别，从而判断暴露因素与疾病的关系的研究方法，也称为随访研究或前瞻性研究。根据队列研究的观察起点分为三种类型：前瞻性队列研究、回顾性队列研究和双向队列研究。

（2）实验性研究：实验性研究是研究者在一定程度上掌握着实验条件，在控制一定条件的基础上，主动给予研究对象某种人为的干预，也称为干预研究。根据实验研究的目的和对象，实验性研究包括以下几种类型：

1）随机对照临床试验：也称临床试验，是以病人为研究对象，要求病人已经确诊为所研究的疾病，确诊后马上能够进行研究，目的是评价某种疾病的疗法或发现某种预防疾病结局的方法。随机对照临床试验必须遵循随机、对照和双盲的原则。随机分组能保证每一个研究对象有同等的机会进入实验组或对照组；设立对照是临床试验的一个必备因素；盲法能最大限度地克服观察偏倚，一般采用双盲法。

2）现场试验：是以未患病的健康人或高危人群为研究对象进行干预试验，也称为人群预防试验。现场试验研究中接受处理措施的单位是个人，由于研究对象不是病人，因此需要的研究对象数量大，耗资大。

3）社区干预和整群随机试验：是以社区为基础的现场干预试验的扩展，二者的区别是干预的单位是个人还是群组，社区干预试验干预的是群组。

4）类实验：一个完整的现场研究应具备实验性研究的四个基本特点，即设立对照、随机分组、人为干预、前瞻追踪。如果一项实验研究缺少其中一个或几个特征，这类实验称为类实验。

（3）理论性研究：理论流行病学是利用流行病学调查所得到的资料，根据疾病流行的规律和已经掌握的生物学知识，建立有关的数学模型或用电子计算机仿真，进行理论研究。

5. 流行病学的研究领域

流行病学的主要研究内容包括以下几个方面：①描述人群中疾病和健康状况的分布；②探讨影响人群中疾病发生、发展和转归的因素并提出防治策略；③完整揭示疾病的自然史；④探讨原因不明疾病的病因及其防治措施；⑤疾病预防、流行病学研究的最终目的是减少或消灭疾病，促进健康；⑥预防措施和防治策略效果的评价。

6. 流行病学研究和应用的进展

当代流行病学的研究和应用主要包括以下十个重点领域：①注意应用分子生物学的先进理论和技术；②不能只停留在探讨危险因素，而是同时考虑如何改变它；③重视因素与疾病之间存在微弱联系的研究；④对卫生保健的质量和结果进行评估；⑤确定卫生工作的重点并跟踪进展；⑥突发公共卫生事件调查；⑦慢性病和当代流行病的预防；⑧基于社区的危险因素及其干预的评价；⑨制定公共卫生政策；⑩在预防工作实践中发挥流行病学作用。

7. 流行病学研究的重要观点

流行病学研究范围不断扩大，研究方法与技术不断发展与完善，因此学习和运用流行病学应当树立以下几个基本观点：

（1）群体观点：流行病学研究结果是群体诊断，是人群疾病和健康状态的概括。群体是指一个国家或地区的全体居民，在抽样研究中，群体的单位可以不是个体，可以是一个学校或一个工厂内的所有人。

（2）社会医学和生态学观点：人不仅具有生物属性，同时还具有社会属性，人类的疾病和健康状态不仅是人体自身的问题，同时还与生态环境有关。

（3）比较的观点：在科学上，交流信息和达成共识最根本的环节是观察测量和定量描述，对多组观察值进行比较是科学方法的精髓，而流行病学分析的核心是比较。

（4）多病因论观点：任何疾病的病因都不是单一的，而是多种因素综合作用的结果，是遗传因素与环境因素及其相互作用的结果，只不过对于不同的疾病二者的作用大小不同而已，但二者缺一不可。

（5）概率论的观点：流行病学尤其重视定量描述和数字分析，常常关注各种率的计算和计算时分母的含义，流行病学中得到的危险程度及各种率，实际上是对相应问题的概率参数的估计值，而不是决定值。

8. 学习流行病学应当注意的几个问题

①关注流行病学现场和人群研究的结果；②学习流行病学要深刻理解"健康"的概念；③树立大预防医学观的观念；④掌握循证医学的知识。

测试题

【名词解释】

1. 流行病学　　2. 观察性研究　　3. 类实验　　4. 理论流行病学
5. 群体

【填空题】

1. 流行病学研究的方法包括_____、_____和_____。
2. 观察性研究包括_____、_____、_____和_____四种研究方法。
3. 流行病学研究总是遵循三个阶段的逻辑关系，分别是_____、_____和_____。
4. 实验性研究中，随机对照临床试验是以_____为研究对象，现场试验是以_____或_____为研究对象。
5. 流行病学研究的重要观点包括_____、_____、_____、_____和_____。

【单项选择题】

1. 流行病学与临床医学的区别在于
   A. 在群体水平上研究疾病现象
   B. 研究疾病的病因学
   C. 提供诊断依据
   D. 不涉及药物治疗
   E. 不研究疾病预后
2. 关于流行病学，下列哪种说法正确
   A. 从个体的角度研究疾病和健康状况及其影响因素
   B. 只研究传染病的流行和防治
   C. 只研究慢性病的危险因素
   D. 研究人群中疾病和健康状况的分布及其影响因素
   E. 只研究疾病的防制措施
3. 流行病学研究的观察性研究与实验性研究的根本区别在于
   A. 设立对照组
   B. 不设立对照组
   C. 是否人为控制研究的条件
   D. 盲法
   E. 统计学检验
4. 以下哪一个**不是**流行病学的特征
   A. 群体特征
   B. 以分布为起点的特征
   C. 预防为主的特征
   D. 对比的特征
   E. 以治疗疾病为主的特征
5. 流行病学研究的主要用途是
   A. 进行统计学检验
   B. 探讨病因与影响流行的因素及确定预防方法
   C. 研究疾病发生概率
   D. 研究疾病的死亡情况
   E. 研究疾病的临床表现
6. 下列哪一点**不是**流行病学定义中的内涵
   A. 研究对象是人群
   B. 不仅研究疾病，而且研究健康状态
   C. 重点研究疾病的症状及体征
   D. 重点研究疾病及健康状态的分布及影响因素，并提出控制消灭疾病促进健康的策略及措施
7. 现代流行病学的形成与发展**不包括**下面哪个部分
   A. 对传染病及慢性病流行因素的研究
   B. 流行病学研究方法的发展
   C. 对疾病防治措施的研究
   D. 对疾病临床治疗的研究
8. 关于流行病学，下列哪种说法是正确的
   A. 流行病学从分子水平认识疾病
   B. 流行病学从细胞水平认识疾病
   C. 流行病学从群体水平认识疾病
   D. 流行病学从个体水平认识疾病
9. 流行病学的研究范围是
   A. 传染病
   B. 疾病和健康状况
   C. 传染病和地方病
   D. 传染病和非传染病
10. 关于流行病学，下列哪种说法正确
    A. 从个体的角度研究疾病和健康状况及其影响因素
    B. 只研究传染病的流行特征和防治措施
    C. 只研究慢性病的危险因素
    D. 研究人群中疾病和健康状况的分布及其影响因素
11. 流行病学工作的三个阶段是
    A. 描述分布、提出假设、验证假设
    B. 揭示现象、找出原因、提供措施
    C. 整理资料、分析资料、得出结论

D. 观察性研究、实验性研究、理论性研究
B. 它以个体为研究对象
12. 关于流行病学下列哪条是**不正确**的
   A. 它是医学的基础学科
   C. 它能为卫生决策提供依据
   D. 它可以研究疾病的自然史

【多项选择题】

1. 流行病学任务的三个阶段是
   A. 揭示流行
   B. 揭示现象
   C. 找出原因
   D. 提供措施
   E. 确定病因
2. 流行病学观察性研究方法包括
   A. 描述性研究
   B. 病例对照研究
   C. 队列研究
   D. 干预性研究
   E. 临床试验研究
3. 流行病学主要应用于
   A. 考核疾病的防制效果
   B. 评价人群的健康状况
   C. 研究疾病预防和控制
   D. 研究疾病的病因
   E. 以上均不是
4. 流行病学和临床医学的区别在于
   A. 流行病学以群体为研究对象，而临床医学以个体为研究对象
   B. 流行病学研究以描述疾病和健康的分布为起点并分析决定分布的因素，而临床医学从个体的症状、体征和各种理化检查入手以作出临床诊断
   C. 流行病学以预防疾病和促进健康为目的，而临床医学以治疗疾病为目的
   D. 从学科特征上讲，流行病学具有宏观性，而临床医学属于微观范畴
   E. 流行病学主要研究传染病的特征，而临床医学的重心在非传染病
5. 流行病学在病因未明疾病研究中的一般程序是
   A. 描述疾病的分布
   B. 分析影响分布的因素
   C. 提出病因假设
   D. 检验或验证病因假设
   E. 制定针对病因的预防策略和措施
6. 流行病学的主要观点是
   A. 群体观点
   B. 多病因论的观点
   C. 社会医学和生态学的观点
   D. 对比的观点
   E. 概率论的观点

【简答题】

1. 简单叙述流行病学各种研究方法之间的关系。
2. 请简述对流行病学学科的认识。
3. 流行病学研究的重要观点有哪些？
4. 如何理解流行病学的"群体观点"？

参考答案

【填空题】

1. 观察性研究　实验性研究　理论性研究
2. 横断面研究　生态学研究　病例对照研究　队列研究
3. 揭示现象　找出原因　提供措施
4. 病人　未患病的健康人　高危人群
5. 群体观点　社会医学和生态学的观点　比较的观点　多病因论观点　概率论的观点

【单项选择题】

1. A 2. D 3. C 4. E 5. B 6. C 7. D 8. C 9. B 10. D 11. B
12. B

【多项选择题】

1. BCD 2. ABC 3. ABCD 4. ABC 5. ABCD 6. ABCDE

(戚永孝)

第十一章 描述性研究

【教学要求】

1. 了解 疾病分布的综合描述与流行强度。
2. 熟悉 疾病的分布及描述疾病分布的常用指标。
3. 掌握 现况调查、暴发调查及筛查。

【重点难点】

1. 重点 现况调查、暴发调查及筛查。
2. 难点 现况调查。

1. 疾病的分布

（1）疾病的地区分布：疾病的发生往往受某一地区的自然环境和社会生活条件的影响。所以研究疾病的地区分布可为疾病的病因、流行因素等提供线索，以便进一步研究和制定防制对策。①疾病在国家间的分布；②疾病在国家内的分布；③疾病的城乡分布；④地理区域的划分：按行政区划分是在一个国家内可按该国的行政区划分，可以取得较完整的人口数字和发病及死亡资料；按自然环境划分可依山区、平原、湖泊、河流、草原及森林等划分或其他自然环境因素划分，以显示自然环境对疾病地区分布的影响；⑤关于地区分布的几个术语：a. 地方性：有些疾病经常存在于某一地区或某一人群时，称为地方性。疾病呈地方性存在的情况主要有以下两种：自然地方性、自然疫源性。b. 输入性传染病：输入性传染病又称外来性疾病。凡本国不存在或已经消灭的传染病，由国外传入时，称为输入性传染病；⑥判断地方性疾病的依据：判断地方性疾病的依据主要有如下几点：该病在当地居住的各类人群中的发病率均高，并可随年龄的增长而上升；在其他地区居住的相似的人群组，该病的发病率均低，甚至不发病；外来健康人，到达当地一定时间后发病，其发病率和当地居民相似；迁出该地区的居民，该病发病率下降，患者症状减轻或呈自愈趋向；当地对该病易感的动物可能发生类似疾病。

（2）疾病的时间分布：探讨人群与地区对疾病的影响，不能离开时间因素。当考虑流行病学各种指标时，都必须结合时间。离开时间这一前提，就无法判断每项指标的现实意义。疾病在时间上的分布分为下列四类：短期波动、季节性、周期性、长期变异。

（3）疾病的人群分布：人群可依据不同的特征，如年龄、性别、职业、种族、婚姻状况、宗教信仰、行为等来分组。

2. 疾病分布的综合描述与流行强度

在实际工作中对一种疾病的描述往往是综合性的。只有对某一疾病进行综合描述，才能获得有关病因线索或流行因素的综合信息。移民流行学是一种典型的综合性描述方法。

（1）移民流行病学：移民流行病学是将本土居民与移民以及移居后各年各代发病情况进行比较，从而分析某病发病率之高是由于环境因素造成，还是由于遗传因素所造成。

（2）疾病的流行强度：疾病的流行强度是指某病在某人群中一定时间内发病数量的变化以及各病例之间的联系程度。常用术语有散发、暴发、流行、大流行等。①散发：指某病在人群中散在发生，零星出现，发病数量上维持历年的发病水平，各病例之间无明显的相互联系；②流行：当一个地区

（或单位）某病的发病率显著超过该病历年的（散发）发病水平时，称为流行；③暴发：在一个局部地区或集体单位中，短时间内突然有很多同类的病例出现，称为暴发；④大流行：大流行指某病传播迅速，涉及地域广，人口比例大，在短时间内可越过省界、国界。

3. 描述疾病分布的常用指标

（1）发病率：发病率表示一定期间（通常为一年）内特定人群中某病新病例出现的频率。发病率是用来衡量某时期一个地区人群发生某种疾病危险性大小的指标。其变化意味着致病因素的变化，因此可应用于探讨发病因素、提出病因假说、评价防治措施效果以及作为前瞻性调查的基点等。

（2）患病率：患病率也称现患率或流行率。表示某一特定时间内被观察总人口中某病新旧病例所占的比值。患病率受两个因素的影响：发病率与病程。用途：①为医疗设备的规划，医院经费的投入，卫生人力的需求，医疗质量的评价提供依据；②研究某一疾病及其预后与各种因素的关系；③指导医生是否采用某种诊断试验或在得到某一诊断试验结果时可作为作出确实诊断的参考依据。

（3）死亡率：死亡率是指某人群在一定期间（一般为一年）内的死亡人数与该人群同期人口数之比。按其分子的构成情况，又分为粗死亡率和死亡专率（某病死亡率）。死亡率是一个相对稳定的指标。它不仅反映一个地区在不同时期的居民健康状况和卫生保健工作水平，而且为当地卫生保健工作的需求和规划提供科学依据。

（4）病死率：病死率表示一定时期内（一般为一年），患某种疾病的人群中因该病而死亡的频率。病死率表示某病确诊后发生死亡的概率，它受疾病严重程度、早期诊断和治疗水平的影响。因此，常用来说明疾病的严重程度、医院对某病的诊断能力和医疗水平。

4. 现况调查

（1）概述

1）定义：现况研究又称横断面研究，是研究在特定时间与特定范围内人群中的有关特征（或因素）与疾病或健康状况的关系，其特点是在特定时间同时调查每个人是否患病和某些因素或特征的情况。

2）现况调查的目的：①描述疾病或健康状况的分布；②了解人群的某些特征与疾病或健康状态之间的联系，以逐步建立病因假设；③考核防治措施的效果；④了解人群的健康水平，找出某病的高危人群；⑤为疾病监测或其他类型流行病学研究的常用方法之一。

3）现况调查的特点：①根据研究目的来确定研究人群，其研究对象包括人群整体，不需要将人群分组或设立对照；②在某一特定时间调查人群中各个个体暴露与疾病的状态，调查的内容不是回顾和随访追踪所得，它包括所有新旧病例；③重点关心的是在某一特定时点，某人群中暴露与疾病的联系；④现况研究不能直接推断因果关系；⑤现况调查也称患病率调查，其适用于病程长，且较为稳定的疾病；⑥就致病因素特点而言，现况调查适用于对那些长期的、慢性累积作用的暴露因素的研究。

4）现况调查的种类：根据调查的特定范围，现况调查分为普查和抽样调查。

（2）普查

1）概念：普查指为了了解某病的患病率或某人群的健康状况，于一定时间内对一定范围的人群中每一成员作调查或检查。

2）优点：能发现人群中的全部病例，使其能及早得到治疗；通过普查可以普及医学知识；普查的材料虽然比较粗糙，但能制成相应的图、表，较全面地描述疾病的分布与特征，有时还可揭示明显的规律性，为病因分析提供线索。

3）缺点：普查的对象多，常难免漏查；工作量大不易细致，诊断亦不够准确；仪器往往不够用而影响检查的速度与精确度；普查方法不适用于患病率很低而无简单易行诊断手段的疾病。

（3）抽样调查

1）概念：抽样调查指在研究人群中随机抽取一部分个体进行调查。

2) 抽样方法：目前在流行病学调查中所使用的抽样方法有单纯随机抽样、系统抽样、分层抽样和整群抽样。在现况调查中，以后两种方法较常用。

3) 样本大小：样本过大或过小都是不恰当的。样本过大不单是浪费人力、物力，而且工作量过大，容易因调查不够细致而造成偏性。样本过小时可能所抽出的样本的代表性不够。

4) 优缺点：①优点：较普查人力、物力、时间要节省得多。且调查范围小，调查工作易做得细致等；②缺点：抽样调查的设计、实施与资料分析比较复杂；重复和遗漏不易发现；不适用于变异过大的材料。当某病的发病率很低时，小样本不能供给所需的资料，而样本大到总体的75%时则不如直接普查。

(4) 资料的收集方法：现况调查资料的收集可采用电话、信函和现场询问等方式。也可采用体格检查或实验检查等方式。

(5) 误差与偏倚及其控制

1) 误差与偏倚的来源：现况调查中常见的误差有随机误差、系统误差。现况研究中常见的偏倚有无应答偏倚、回忆偏倚和报告偏倚、测量偏倚、调查人员偏倚。

2) 常见偏倚的控制：偏倚是错误，在研究设计时应预先考虑，通过科学合理的科研设计予以防止。

5. 暴发（流行）调查

暴发（流行）调查指疾病发生暴发或流行时所进行的调查。

(1) 调查目的：①查明暴发的原因，制定并实施预防控制措施，控制疾病的蔓延；②针对卫生防病工作中存在的问题，制定防止今后类似事件重演的预防性措施；③对病因不明的疾病，探讨其发病原因。

(2) 步骤及方法：①初步调查：核实诊断，了解疫情概况，证实暴发（流行），对疫区进行初步紧急处置；②初步分析，提出假设；③进一步调查，验证假设；④进一步完善控制暴发的措施；⑤写出调查总结。

(3) 资料分析：①人群分布：可依据人群的不同特征分组，比较不同年龄、性别、职业等人群的罹患率，从而分析导致暴发的因素；②时间分布：以发病时间为横坐标、发病例数为纵坐标，绘制流行曲线；③地区分布；④推算暴露时间；⑤暴露（流行）因素的分析。

(4) 调查注意事项：①迅速到达现场，边调查边防治；②要做好预防控制疾病的宣传教育工作；③初步流行因素或暴发原因的假设可能不止一个，在调查中根据积累起来的资料不断对假设进行检验和修正，建立新的假设；④病因不明的疾病不一定通过一次调查就作结论，可能仅提供一些线索。

6. 筛检

(1) 筛检的概念：筛检是通过快速的筛检试验和其他检验措施，在健康的人群中去发现那些未被识别的病人或有缺陷的人。

(2) 筛检的分类：①按筛检的范围可分为整群筛检和选择性筛检；②按筛检所用的方法分为单项筛检和多项筛检。

(3) 筛检的目的：①早期发现病人；②确定高危人群；③帮助了解疾病的自然史。

(4) 筛检工作的标准：基本内容包括三方面：合适的疾病、合适的筛检试验、合适的筛检计划。

(5) 筛检试验评价：筛检试验的评价指标同诊断试验，详见第十五章。

(6) 筛检效果的评价：①死亡率的比较；②发病率的比较；③生存率的比较；④经济学评价。

(7) 筛检中常见的偏倚：筛检中除可能发生选择偏倚、信息偏倚、混杂偏倚外，最常见的是领先时间偏倚和病程长短偏倚。

测试题

【名词解释】

1. 死亡率　　2. 移民流行病学　　3. 大流行　　4. 现况研究
5. 普查

【填空题】

1. 疾病流行的强度常用的术语包括_____、_____、_____和_____等
2. 现况调查的抽样方法包括_____、_____、_____和_____。
3. 筛查的目的是_____、_____和_____。
4. 流行病学研究的基本内容、起始点是_____。
5. 暴发调查是_____时所进行的调查。

【单项选择题】

1. 现况研究所收集的资料具有哪方面特点
   A. 需要通过追踪观察将来的暴露与疾病情况
   B. 特定时点或时期和特定人群的有关因素与疾病或健康状况的关系
   C. 过去的暴露史或疾病情况
   D. A 或 C
   E. 以上都不对
2. 对于病因未明的疾病，现况研究的主要任务是
   A. 确定病因
   B. 验证病因
   C. 寻找病因线索
   D. 进行病因推断
   E. 否定病因
3. 下面哪一点**不属于**现况研究的特点
   A. 现况研究开始时一般不设有对照组
   B. 现况研究有特定的时点或期间
   C. 现况研究在确定因果联系时受到限制
   D. 可以用现在的暴露（特征）来替代
   E. 不可以作因果推论
4. 抽样误差的定义为
   A. 个体值与样本统计量间的差异
   B. 样本统计量之间的差异
   C. 样本统计量与总体参数间的差异
   D. 总体参数间的差异
   E. 个体值与样本统计量间的差异
5. 抽样的目的是
   A. 研究总体统计量
   B. 研究样本统计量
   C. 研究误差
   D. 研究典型案例
   E. 样本推断总体参数
6. 欲调查某地 HBsAg 携带情况，可采用
   A. 前瞻性调查
   B. 抽样调查
   C. 暴发调查
   D. 回顾性调查
7. 下列哪种情况适用于抽样调查
   A. 为发现某病全部病例并提供治疗
   B. 为早期发现癌症患者以降低其死亡率
   C. 欲知道某地一定时间内某病的患病情况
   D. 要了解各种疾病的常年发病情况
8. 某乡 5000 户约 2 万人，欲抽其 1/5 人口进行某病调查，随机抽取 1 户开始后，每隔 5 户抽取 1 户，抽到的户其每个成员均进行调查，这种抽样方法为
   A. 分层抽样
   B. 系统抽样
   C. 整群抽样
   D. 简单抽样
9. 在抽样调查中，下列哪种抽样方法的抽样误差最大
   A. 单纯随机抽样
   B. 系统抽样
   C. 分层抽样
   D. 整群抽样
10. 在流行病学研究中，使用较多的一类方法是
    A. 观察法
    B. 临床试验法

C. 病例询问法
D. 干预试验法

11. 现患研究主要分析指标是
    A. 患病率
    B. 发病率
    C. 死亡率
    D. 二代发病率

12. 关于暴露时间的推算，下列哪项是**不恰当**的
    A. 同源暴发暴露时间的推算，可从流行曲线的高峰处向前推一个常见潜伏期
    B. 同源暴发暴露时间的推算，可以从流行曲线的高峰处向前推一个最短潜伏期
    C. 同源暴发暴露时间的推算，可从流行曲线的高峰处向前推一个平均潜伏期
    D. 同源暴发暴露时间的推算，可从第一例发病日期向前推一个最短潜伏期，从最后一个病例的发病日期向前推一个最长潜伏期，这两点之间的时间即为暴露时间

【多项选择题】

1. 现况调查的目的和用途有
   A. 描述疾病的分布特点
   B. 早期发现病人
   C. 直接验证病因假设
   D. 评价疾病的防治效果
   E. 治疗病人

2. 抽样调查的基本原则**不是**
   A. 抽样必须随机化
   B. 选好研究因素
   C. 样本必须足够大
   D. 尽量选择发病率低的疾病
   E. 所选择的目标人群总人数不很多

3. 调查设计必须包括的基本内容有
   A. 研究目的明确
   B. 研究对象明确具体
   C. 拟定适宜的调查表
   D. 对调查员进行培训
   E. 选定可靠的研究方法

4. 在流行病学研究中，对调查员培训的内容有
   A. 统一调查方法和标准
   B. 实事求是的工作态度
   C. 正确的记录方法
   D. 正确的调查步骤和方法
   E. 高度的工作责任心

5. 关于现况调查的叙述，下列哪些是正确的
   A. 整群抽样调查对于总体是抽查
   B. 普查结果绝对比抽查可靠
   C. 当样本量接近总体时宜用普查
   D. 抽样调查的基本原则是抽样必须随机化，样本足够大
   E. 抽查比普查更容易设计

6. 单纯随机抽样的特点是
   A. 方法简便易行
   B. 样本代表性较差
   C. 每个抽样单位均有同等的机会被抽中
   D. 要求每隔一定的数量的单位抽一个样本
   E. 不适于抽样范围及工作量大的研究

7. 暴发终止的条件包括
   A. 污染源或致病源消除或改变
   B. 传递环节中断或消除
   C. 暴露者或易感者明显减少或已没有
   D. 发病率降低
   E. 病死率下降

8. 同源暴发的暴露时间推算方法有
   A. 从位于中位数的病例的发病日期向前推一个平均潜伏期，即为暴露的近似日期
   B. 最短潜伏期加最长潜伏期被2除
   C. 从第一例发病日期向前推一个最短潜伏期，再从最后一个病例发病日期向前推一个最长潜伏期，这两个时点之间为暴露的近似日期
   D. 第一个病例发病的最短潜伏期
   E. 最后一个病例发病前的一个潜伏期

9. 一般说来，有下列哪些特征的疾病可进行筛检
   A. 对该疾病可采用有效的一级预防措施
   B. 某人群有较高患病率
   C. 易于诊断但无治疗方法的一些疾病
   D. 借助医学干预能改变其自然史的一些疾病
   E. 在人群中有较高的患病率

10. 要保证抽样调查的结果能够反映总体的真实情况，关键在于
    A. 样本有代表性
    B. 样本量足够大
    C. 调查和测量的方法可靠
    D. 以上都对

E. 以上都不对
11. 现况调查的目的是
    A. 描述疾病或健康状况的三间分布
    B. 描述某些因素或特征与疾病的联系
    C. 确定某因素与疾病之间的因果关系
    D. 为评价防治措施效果提供科学依据
    E. 调查某地区某病的人群以达到"三早"的目的
12. 抽样调查的目的在于
    A. 了解人群疾病或健康的分布
    B. 用简便的方法，最大范围内发现病人
    C. 考核预防措施效果
    D. 了解人群健康水平
    E. 进行疾病监测
13. 下列哪些研究方法属描述性研究
    A. 生态学研究
    B. 现况调查
    C. 暴发调查
    D. 筛检
    E. 普查
14. 现况调查的研究对象可以是
    A. 高危人群
    B. 职业人群
    C. 健康人
    D. 暴露人群
    E. 给予了治疗或预防措施的人
15. 下列哪些疾病适合筛检
    A. 糖尿病
    B. 乙肝
    C. 艾滋病
    D. 乳腺癌
    E. 慢性苯中毒

【简答题】

1. 现况调查的目的是什么？
2. 现况调查的特点有哪些？
3. 普查的优缺点分别是什么？
4. 简述暴发调查的步骤和方法。
5. 筛检工作的标准包括哪些内容？

参考答案

【填空题】

1. 散发　暴发　流行　大流行
2. 单纯随机抽样　系统抽样　分层抽样　整群抽样
3. 早期发现病人　确定高危人群　帮助了解疾病的自然史
4. 疾病的分布
5. 疾病发生暴发

【单项选择题】

1. B　2. C　3. E　4. C　5. E　6. B　7. C　8. B　9. D　10. A　11. A
12. B

【多项选择题】

1. ABD　2. BDE　3. ABCDE　4. ABCDE　5. ACD　6. ABCE　7. ABC
8. ACD　9. BDE　10. ABCD　11. ABDE　12. ACDE　13. ABCDE　14. ABCDE
15. AD

（戚永孝）

第十二章 队列研究

【教学要求】
1. 了解 队列研究的设计及实施步骤。
2. 熟悉 队列研究方法的特点、优缺点。
3. 掌握 队列研究的定义及基本原理、常用危险度指标的计算及应用。

【重点难点】
1. 重点 队列研究的原理、特点，RR 和 AR 的计算和应用。
2. 难点 队列研究工作的具体实施步骤、研究对象的选择。

1. 概述

队列研究是观察性研究方法的一种，可以直接观察人群暴露于病因的情况及结局，从而确定危险因素与疾病的因果关系。大多数慢性病都是历时多年而形成，在此期间所发生的许多事件都可能起致病作用。在人群中若某种疾病尚未明显发生前，利用队列研究对影响该疾病的某个（或某些）因素进行随访监测，是一种从因观果的研究方法。

（1）概念

1）队列研究：选定一个范围明确的人群，按是否暴露于某种因素分为两组，追踪其各自的结局，比较两组结局的差异，从而判断暴露因素与结局有无关联及关联大小的一种观察性研究方法。

2）队列：流行病学指具有某种共同特征的人群。如果特指暴露于某事物或某种因素，具有共同特征的称为暴露队列；若指特定时间内出生并按出生时期确定的一组人群，称为出生队列。

3）暴露：研究过程中所关心的任何因素都可以称为暴露。例如研究对象具有的某种特征或行为（性别、吸烟）、在环境中所接触的物质（职业接触铅）都可以是暴露因素。流行病学研究中的暴露因素对人体可以是有害的，也可以是积极有益的。

（2）特点

1）属于观察性研究方法：队列研究在整个研究过程中没有施加人为干预的措施，研究对象暴露与否是客观存在的。研究在自然状态下进行。

2）设立对照：队列研究选择与暴露人群具有可比性的、未暴露于研究因素的人群作为对照，观察各自发生的结局。

3）研究方向由"因"至"果"：在研究过程中，首先确认研究对象暴露与否，再分别追踪其是否出现结局，研究方向是纵向的、前瞻性的。

4）证实暴露与结局的因果关系：队列研究是前瞻性的研究方法，能发现暴露对结局发生的作用，可以证实暴露与结局之间的因果关系。

（3）类型

1）前瞻性队列研究

①定义：研究对象的确定和分组是根据研究开始时研究对象的暴露状况而决定，观察开始时结局并没有出现，需要追踪观察一定时间才能获得。

②优缺点：可以直接获得暴露与结局的第一手资料，因而产生的偏倚较小，结果可信；但是该研究所需观察的人群样本大，观察时间长，花费人力物力大，影响实际应用的可行性。

2) 历史性队列研究

①定义：研究对象的分组是根据研究开始时研究者已掌握的有关研究对象在过去某个时点暴露状况的历史资料做出的；研究开始时结局已经出现，资料搜集及分析可以在短时间内完成，整个研究过程仍属于前瞻性的，是由因到果的研究。

②优缺点：该方法可以在短时间内完成需要数年或数十年的观察和资料收集工作，研究时间短，节省人力和物力；但是该方法往往因资料积累时未受到研究者的控制，而不能实施。

3) 双向性队列研究：在历史性队列研究结束之后，继续前瞻性观察研究对象一段时间。这种方法将前瞻性队列研究和历史性队列研究结合起来，从而发挥两者的优点，在一定程度上弥补它们的不足。

(4) 用途

1) 检验病因假设：队列研究可以验证一个暴露因素与一种疾病的关联，或研究一个暴露因素与多种疾病之间的病因假设。例如观察吸烟与肺癌关系的队列研究，也可同时研究吸烟与其他疾病或健康状态的关系。

2) 评价自发的预防效果：在现实生活中，有时人群会自动发生由暴露状态改为非暴露状态，由于这种预防作用不是人为因素控制而是自发出现的，在队列研究中能观察到这种现象，并可以评价其预防效果。

3) 描述疾病自然史：队列研究可以观察暴露于某种病因的人群从发病、发展至结局的自然发展过程，描述疾病自然史。

2. 设计和实施

队列研究的设计过程应包括确定研究因素及选定观察结局、选择研究对象、估计样本含量、资料的收集和分析。

(1) 确定研究因素：队列研究中研究因素常称为暴露因素或暴露变量，该因素通常是在描述性研究或病例对照研究的基础上确定的。研究因素在调查研究前就应该做出明确的规定，尽可能采用国内外统一的标准。

(2) 确定研究结局：结局变量，简称结局，是观察人群中出现的预期结果事件。结局不仅限于发病，还可以是死亡或各种检查指标、生理特征的变化，如血清抗体滴度阳转等。若一个研究对象在研究过程中出现了研究结局就可以结束对其的观察，如研究吸烟与发生冠心病的关联时，冠心病的发生即为该研究对象出现了结局。

(3) 研究方法的选择

1) 前瞻性队列研究的选择指征：①研究目的明确，暴露因素经过病因假设验证；②待研究的疾病发病率或死亡率一般不低于5‰；③明确规定了暴露因素和结局变量，并可以获得完整可靠的结局资料；④有足够数量的观察人群可以分为暴露组和非暴露组；⑤有足够的经费、人力、物力和时间支持队列研究的顺利进行。

2) 历史性队列研究的选择指征：足够数量的完整可靠的医学记录或档案资料，是实施历史性队列研究最重要的前提。另外要充分考虑上述前瞻性队列研究的内容，只是资料收集和分析可以在短时间内完成。

(4) 研究对象的选择

1) 暴露人群的选择：暴露人群指的是那些处在某种暴露因素中或已经具有某种特殊暴露经历，能提供可靠的暴露资料，并且方便研究者追踪观察。

①特殊暴露人群：选择由于特殊原因暴露于特殊因素的人群作为研究对象。例如，暴露于核爆炸的人群，职业人群，暴露于污染饮用水的居民，暴露于病毒感染的婴幼儿。

②一般人群：选择一般人作为研究对象出于两个方面的考虑：首先所研究的因素与疾病是人群中常见的；其次研究目的是希望观察一般人群该疾病的发病情况，特别是关心环境因素与疾病的关系，从而对一般人群进行防治。

③有组织的人群团体：可以看作一般人群的特殊形式。如学生、工会会员、部队士兵等中的暴露

者作为研究对象。这样的研究对象配合程度高,失访率较低;还可节省人力、物力,提高结果的真实性和可靠性。

2)非暴露人群的选择:非暴露人群是指没有受到暴露因素影响的人群。它的设立是为了与暴露人群进行比较。非暴露人群作为对照组,要注意与暴露人群的可比性,即对照人群除未暴露于所研究的因素外,其他各种因素或人群特征如年龄、性别、职业、民族、文化程度等应尽可能地与暴露人群相似。非暴露人群的选择通常有以下几种方式:

①内对照:在特定研究人群中,选择暴露于研究因素的作为暴露组,非暴露的或暴露水平最低的人群作为非暴露组(或对照组)。

②外对照:在某一人群中选择有暴露的人群作为暴露组,在另外一人群中选择对照组,要求对照组与暴露组成员除研究因素外,其他方面(年龄、性别、住址、民族)尽可能保持可比性。

③总人口对照:这种对照可以认为是外对照的一种,也可以认为不设对照,即以全人口率作为对照。例如利用全国或某省(区)、市的人口统计资料作比较。

④多重对照:或叫多种对照。即用上述两种或两种以上的形式同时作对照,从而减少只用一种对照带来的偏倚。

(5)样本量的计算

$$n=\frac{(u_\alpha\sqrt{2\overline{pq}}+u_\beta\sqrt{p_1q_1+p_0q_0})^2}{(p_1-p_0)^2}$$

式中 p_0 和 p_1 分别为非暴露组和暴露组的结局发生率,$\overline{p}=(p_1+p_0)/2$,$\overline{q}=1-\overline{p}$。

样本量的大小与一般人群中的疾病发病率(p_0)、暴露组与对照组的发病率之差($d=p_1-p_0$)、显著性水平即假设检验的第Ⅰ类错误(假阳性错误)α 值、效力(power)即 $1-\beta$ 四个因素有关。

(6)资料的收集

1)基线资料的收集:获取基线资料的方式一般有下列四种:①查阅常规登记和报告系统如医院病历、传染病报告、公安部门的死亡登记、职工人事档案等;②访问调查对象或知情人,进行定期随访或定期体检;③对研究对象进行体格检查和实验室检查;④收集环境调查及检测资料,以确定研究对象的暴露情况。

收集的基线资料应该保证客观真实,尽量做到有据可查。同时,对照组资料的收集标准、方式、内容、过程等同暴露组的完全一样。

2)随访:研究对象的随访是队列研究中十分复杂又至关重要的工作。

①观察终点指研究对象出现了预期的结局,到此为止就不再对该研究对象继续随访。

②终止时间指全部观察工作的截止时间。也可以说此时整个研究工作到达了终点,收集的资料可以获得预期的结论。

3. 资料的整理和分析

队列研究资料的整理和分析包括统计描述和统计推断。

(1)统计描述:描述研究对象的人口学特征如研究对象的年龄、性别、职业、暴露类型、观察结局的确定等,阐明研究人群的代表性和比较两组之间的均衡性及资料的可靠性,随访时间,介绍研究对象的失访情况等。

(2)统计推断:队列研究的资料整理表格见表 12-1。

表 12-1 队列研究资料整理表

	病例	非病例	合计	发病率
暴露组	a	b	$a+b=n_1$	a/n_1
非暴露组	c	d	$c+d=n_2$	c/n_0
合计	$a+c=m_1$	$b+d=m_0$	$a+b+c+d=T$	

队列研究常用的指标:

1) 累积发病率:当队列研究资料比较整齐,观察对象数量比较稳定,并且在较长一段时间内变动不大,以观察开始时的人口数为分母,整个观察期间内某病发病例数作为分子计算累计发病率。也就是一般所说的发病率。计算公式如下:

$$累计发病率 = \frac{观察期间发病例数}{观察开始时的人数}$$

2) 发病密度:若队列研究过程中,观察对象人口不稳定,人群变动较大(迁移、死于他病、中途加入、失访等)时,应将变动的人群转变为观察人时数代替观察人数作分母,分子为观察期间发病人数,这种发病率叫发病密度。计算公式如下:

$$发病密度 = \frac{观察期间发病例数}{观察人时数}$$

计算人时常用的观察单位是观察人年(暴露人年)。例如,1人观察了5年为5人年。

3) 标准化死亡比(SMR):当队列研究观察对象数目较少,结局事件的发生率比较低时,无论观察期长短都不宜直接计算率,而应该以全人口发病率(死亡率)作为标准,计算该观察人群的理论发病(死亡)数即预期发病(死亡)人数,再统计该观察人群的实际发病(死亡)人数,标准化死亡比(简称标化比)实际不是率,是实际死亡人数与预期死亡人数之比,是一个率的替代指标,以该指标衡量发病的强度。

4) 相对危险度(RR):又叫率比。指暴露组的发病率(或死亡率)与非暴露组发病率(或死亡率)的比值,反映暴露与发病或死亡关联强度的指标。

$$RR = \frac{a/n_1}{c/n_0}$$

RR 表示暴露组发病或死亡是非暴露组的多少倍。其意义为:RR>1,说明暴露因素与疾病有"正"关联,暴露越多,发病的危险性越大,暴露因素是致病的危险因素;RR=1,说明暴露因素与疾病无关联;RR<1,说明暴露因素与疾病有"负"关联,暴露越多,发病的危险性越小,暴露因素是结局的保护因素。相对危险度与关联强度的判断标准见表12-2。

表 12-2 相对危险度与关联的强度

RR		关联的强度
0.9~1.0	1.0~1.1	无
0.7~0.8	1.2~1.4	弱
0.4~0.6	1.5~2.9	中
0.1~0.3	3.0~9.9	强
<0.1	10~	很强

5) 归因危险度(AR):又叫特异危险度或率差。指暴露组与非暴露组发病率(或死亡率)的差值。

$$AR = (a/n_1) - (c/n_0)$$

AR 表示在暴露人群中因为暴露于该因素而增加或减少的发病率(或死亡率),对暴露人群而言,消除这个暴露因素即可减少该数量的发病(或死亡)人数。

相对危险度和归因危险度的意义:RR 和 AR 都是表示关联强度的指标,彼此联系紧密,但其公共卫生学意义不同。RR 针对个体来说,说明个体在暴露情况下,比非暴露情况下增加暴露因素所致相应疾病的危险程度的倍数,具有病因学意义;AR 是对人群来说,在暴露情况下比非暴露情况下所增加的疾病发生数量,如果消除暴露因素,就可以减少这一数量的疾病,具有疾病预防和公共卫生学意义。

6) 人群归因危险度(PAR):是全人群中某病发病率(或死亡率)与非暴露组人群该病发病率(或死亡率)的差值即全人群中因暴露于某因素而增加(或减少)的发病率(或死亡率),PAR 指在全人群中疾病危险特异地归因于暴露因素的率。
$$PAR = I_t - I_0$$
式中 I_t 为全人群的率，I_0 为非暴露组的率。

7）全人群归因危险度百分比（$PAR\%$）：也叫病因分值（population etiologic fraction，PEF），指总人群因暴露于某因素而导致的某病发病或死亡占总人群该病全部发病或死亡的百分比。
$$PAR\% = \frac{I_t - I_0}{I_t} \times 100\%$$
用估计的人群暴露率和已知的 RR，也可计算 $PAR\%$：
$$PAR\% = \frac{P_e(RR-1)}{P_e(RR-1)+1} \times 100\%$$
式中 P_e 是总人群对某因素的暴露率。

4. 队列研究的优缺点

（1）队列研究的优点：①比较适用于常见病；②可以直接获得暴露组与非暴露组的发病率（或死亡率），能计算相对危险度和特异危险度，可以直接估计暴露因素与发病的关联强度；③研究是由"因"至"果"的观察，收集的资料偏倚小，符合因果关系的时间顺序，论证因果关系的能力较强，所得结果比较可信；④一次调查可观察多种结局，如调查吸烟与肺癌的关系时，可同时调查吸烟与支气管炎、冠心病等的关系。

（2）队列研究的缺点：①队列研究不适用于研究人群中发病率很低的疾病，否则需要较大数量的研究对象，现实工作中难以实施；②长期的观察与随访难于避免失访，不易收集到完整可靠的资料；③研究的设计要求高，实施复杂，花费时间、人力、物力多；④每次研究只能研究一个或一组暴露因素。

测试题

【名词解释】

1. 队列研究　　2. 队列　　3. 暴露　　4. 前瞻性队列研究
5. 历史性队列研究　　6. 结局　　7. 终止时间　　8. 观察终点
9. 发病密度　　10. 相对危险度　　11. 特异危险度　　12. 人群归因危险度（PAR）
13. 全人群归因危险度百分比（$PAR\%$）

【填空题】

1. 队列研究依据研究对象进入队列的时间及观察终止的时间不同分为_____、_____和_____。
2. 队列研究的对照人群的选择可以包括_____、_____、_____和_____。
3. 队列研究暴露人群的选择包括_____、_____和_____。
4. 队列研究中如果计算得到 $RR=1$，表明_____；$RR>1$，表明_____；$RR<1$，表明_____。

【选择题】

1. 在一份有关膀胱癌与吸烟关系的前瞻性队列研究中，发现男性吸烟者膀胱癌发病率为 48.0/10 万，不吸烟者为 25.4/10 万，其归因危险度百分比为
   A. 0.5292
   B. 0.8898
   C. 0.4708
   D. 0.4304

E. 无法计算
2. 队列研究的最大优点是
   A. 对较多的人进行较长时间的随访
   B. 较直接地验证病因与疾病的因果关系
   C. 研究的结果常能代表全人群
   D. 控制混淆因子的作用易实现
   E. 对较少的人进行较短时间的随访
3. 在一份有关膀胱癌与吸烟关系的前瞻性队列研究中, 发现男性吸烟者膀胱癌发病率为48.0/10 万, 不吸烟者为 25.4/10 万, 其相对危险度为
   A. 23.8/10 万
   B. 1.89
   C. 0.048
   D. 48
   E. 无法计算
4. 在检验某因素与某疾病的因果联系时, 下列哪种观察法最有效
   A. 现况调查
   B. 生态学研究
   C. 病例对照研究
   D. 队列研究
   E. 抽样调查
5. 在进行队列研究时, 队列必须
   A. 有相同的出生年代
   B. 有共同的疾病史
   C. 经过相同的观察期限
   D. 暴露于同种疾病
   E. 居住在共同地区
6. 前瞻性队列研究最初选择的队列应由下列哪种人员组成
   A. 患该病的病人
   B. 未患该病的人
   C. 具有欲研究因素的人
   D. 具有该病家族史的人
   E. 不具有欲研究因素的人
7. 评价一个致病因子的公共卫生意义, 宜选用
   A. 绝对危险度
   B. 归因危险度百分比
   C. 人群归因危险度
   D. 特异度
   E. 相对危险度
8. 某因素和某疾病间联系强度的测量可借助于
   A. 整个人群的发病率
   B. 潜伏期
   C. 相对危险度
   D. 特异度
   E. 以上都不是
9. 在对 20~25 岁所有妇女进行的一项调查中发现, 应用口服避孕药的妇女, 子宫颈癌的年发病率为 5/10 万, 未服用口服避孕药的妇女为 2/10 万。据此作出的口服避孕药引起子宫颈癌的推论是
   A. 正确
   B. 不正确, 因为没有区分发病率和流行率
   C. 不正确, 因为需要用率而不是比率来支持这一推论
   D. 不正确, 因为没有对应用者和不应用者年龄分布方面可能存在的差异进行调整
   E. 不正确, 因为在其他有关因素方面, 这两组可能有差异
10. 吸烟者肺癌死亡率为 0.96‰, 不吸烟者为 0.07‰, 一般人群为 0.56‰, 人群中吸烟率为 55‰, 则完全由吸烟引起的肺癌死亡率占吸烟者肺癌死亡率的比重是多少
    A. 13.7%
    B. 0.89‰
    C. 92.7%
    D. 87.5%
    E. 0.49‰
11. 队列研究的基本特征是
    A. 调查者必须在研究人群发病或发生死亡前开始研究, 并同时确定暴露状况
    B. 调查者必须根据疾病或死亡发生前就已经存在的暴露因素对研究人群分组, 并追踪该人群中的新发病例或死亡者
    C. 调查者必须在研究开始就分清人群队列
    D. 调查者必须选择病例和合适的对照, 并确定暴露组发病的危险是否大于非暴露组
    E. 以上均不是
12. 相对危险度是指
    A. 病例组有某因素的比例与对照组无某因素的比例之差
    B. 暴露组发病率与死亡率与非暴露组发病率或死亡率之比
    C. 病例组有某因素的比例与对照组无某因素的比例之比

D. 暴露组发病率与死亡率与非暴露组发病率或死亡率之差

E. 以上均不是

13. 队列研究中最重要的偏倚是
   A. 住院偏倚
   B. 混杂偏倚
   C. 转诊偏倚
   D. 失访偏倚
   E. 回忆偏倚

14. 以人年为单位计算的率称为
   A. 发病密度
   B. 发病率
   C. 病死率
   D. 患病率
   E. 死亡率

15. 流行病学研究发现：某种暴露因素与两种不同的疾病有关。与疾病甲的相对危险度为6.0，特异危险度为5%；与疾病乙的相对危险度为3.0，特异危险度为20%。由此可以得出的结论是
   A. 暴露与疾病甲的联系强度是与疾病乙的联系强度的4倍
   B. 在未暴露者中，发生疾病乙的人数将是发生疾病甲的人数的4倍
   C. 在暴露者中，发生疾病甲的人数将是发生疾病乙的人数的2倍
   D. 消除暴露后，减少的疾病乙的发病人数和减少的疾病甲发病人数将不同
   E. 以上都不是

【简答题】

1. 简述队列研究的优缺点。
2. 队列研究的特点有哪些？
3. 前瞻性队列研究的优缺点分别有哪些？
4. 历史性队列研究的优缺点分别有哪些？
5. 失访偏倚是队列研究难以避免的一种偏倚，特别是较大型及较长时间的研究。为了将失访偏倚的影响减到最低，应当采取哪些措施？

参考答案

【填空题】

1. 前瞻性队列研究　历史性队列研究　双向性队列研究
2. 内对照　外对照　全人群对照　多重对照
3. 暴露人群　一般人群　社会团体
4. 说明暴露因素与疾病无关联　说明暴露因素与疾病有"正"关联，暴露越多，发病的危险性越大，暴露因素是致病的危险因素　说明暴露因素与疾病有"负"关联，暴露越多，发病的危险性越小，暴露因素是结局的保护因素

【选择题】

1. C　2. B　3. B　4. D　5. B　6. B　7. B　8. C　9. E　10. C　11. B　12. B　13. D　14. A　15. D

(武　英)

第十三章 病例对照研究

【教学要求】

1. 了解 病例对照研究的实施步骤。
2. 熟悉 病例对照研究的优点、局限性、常见偏倚和控制方法。
3. 掌握 病例对照研究的基本原理、研究类型和 OR 值的计算及意义。

【重点难点】

1. 重点 病例对照研究的定义、研究类型、OR 值计算及含义和优缺点。
2. 难点 病例对照研究的基本原理和 OR 值计算及含义。

1. 病例对照研究的定义

病例对照研究是选择一组患某特定疾病的人作为病例组,并选一组没有患该病的人作为对照组,追溯两组人群既往暴露于某个(些)因素的暴露情况及暴露程度,以判断暴露于某个(些)因素与该病有无关联及关联程度大小的一种观察性研究方法。

2. 病例对照研究的特点

①在疾病发生之后进行,已经有一批可供选择的病例;②研究对象按患病与否分为病例组与对照组;③被研究因素的暴露情况是由研究对象从现在对过去的回顾;④通过两组暴露率或暴露水平的比较来分析暴露与疾病关联的程度。

3. 病例对照研究用途

①病因研究;②疾病预后因素的研究;③治疗效果的研究。

4. 病例对照研究类型

(1) 非匹配的病例对照研究:又称成组病例对照研究,就是在设计所规定的病例和对照人群中,随机选取一定数量的病例和对照,要求两组要有可比性。病例与对照的数量可以相等,也可以不等。但对照的数量不能少于病例。

(2) 匹配的病例对照研究:匹配也称配比,是以对研究结果有干扰作用的某些变量为匹配因素,要求对照组与病例组在匹配变量上保持一致的一种限制方法。

5. 匹配的目的

一是为提高研究效率,即每位研究对象提供的信息量增加,所需样本含量减少;二是为控制混杂因素,以避免研究中存在混杂偏倚。

6. 匹配过度

把不必要的项目列入匹配,可能徒然丢失信息,同时增加工作难度,降低了研究效率,这种情况称为匹配过度,在研究中应注意避免。

7. 匹配的方式

（1）成组匹配：也叫频数匹配，要求对照组匹配的因素或特征所占的比例与病例组一致或接近。如病例组中男女各半，对照组的性别构成比也应如此。

（2）个体匹配：病例和对照以个体为单位进行匹配叫个体匹配，使其在某因素或某特征方面相同或接近。一个病例可以匹配1个或1个以上的对照，表示为1∶1、1∶2、1∶3、1∶4、……、1∶M。1∶1匹配也称配对。随着M值的增加，研究效率也在增加，但增加的越来越少，而工作量却增大了，因此，M值不宜超过4。

8. 病例的选择

（1）病例选择的基本原则：一是代表性，所选的病例组应代表人群中患病的总体；二是可比性，病例组和对照组在年龄、性别等主要特征方面应具有可比性。

（2）病例的类型：病例一般包括新发病例、现患病例和死亡病例三种类型，其中理想的选择是新发病例。

（3）病例的来源：可来源于一般人群或医院。

来源于一般人群：①优点：选择偏倚小，代表性较好；②缺点：病例选择难度较大，工作量大。

来自医院：①优点：患者易合作，资料较完整可靠；②缺点：容易发生选择偏倚。

9. 对照的选择

（1）对照的确定：对照应是产生病例的人群中（源人群）未患所研究疾病的一个有代表性的随机样本。

（2）对照来源

1）人群对照：可显著减少选择偏倚，研究结果有较高外推性。但费时费钱，研究对象常不合作，较难进行。

2）医院对照：简便易行，研究对象合作，病例和对照有类似生活环境，增加可比性。但容易产生选择偏倚。

3）病例的亲属、朋友等为对照：以朋友为对照可能有助于控制社会经济地位的混杂作用，亲属为对照可以控制多种因素的混杂作用。

（3）对照的形式：匹配和非匹配。

10. 影响样本量大小的因素

（1）所研究因素在一般人群（对照组）中估计的暴露率（p_0）。

（2）所研究因素与疾病关联强度的估计值，相对危险度（RR）或暴露的比值比（OR）。

（3）统计学检验所允许的第Ⅰ类错误（假阳性）的概率（α）和第Ⅱ类错误（假阴性）的概率（β）。

11. 研究因素确定

根据工作实际或者文献报道选择适当的研究因素。对研究因素要有准确的定义，尽量采用国际或国内统一的标准进行定义。

12. 统计分析

（1）描述性分析

描述研究对象的一般特征：如病例和对照的性别、年龄、职业、出生地、居住地、疾病类型等的频数分布。匹配资料还要描述匹配情况。

均衡性检验：比较研究因素以外的某些主要混杂因素或特征是否齐同，也即研究因素以外的某些因素或特征在两组分布是否均衡。

(2) 推断性分析：判断暴露于某个（些）因素与该病有无关联及关联程度大小。

13. 非匹配或成组匹配资料的分析

(1) 资料整理形式

表 13-1 病例对照研究资料整理表

暴露或特征	病例	对照	合计
有	a	b	$a+b=n_1$
无	c	d	$c+d=n_0$
合计	$a+c=m_1$	$b+d=m_0$	$a+b+c+d=T$

(2) 判断暴露和疾病之间有无关联

四格表 χ^2 检验基本公式为：$\chi^2 = \dfrac{(ad-bc)^2 T}{m_1 m_0 n_1 n_0}$

当四格表中一个格子的理论数 >1 但 <5，总例数 >40 时，用校正 χ^2 检验，公式：$\chi^2 = \dfrac{(|ad-bc|-T/2)^2 T}{m_1 m_0 n_1 n_0}$

(3) 关联强度评价：用比值比（odds ratio, OR）来估计相对危险度。OR 是指病例组某因素的暴露比值与对照组该因素的暴露比值之比。所谓比值（odds）是指某事物发生的可能性与不发生的可能性之比。

$$OR = \dfrac{a/c}{b/d} = \dfrac{ad}{bc}$$

OR 的含义与 RR 相同，指暴露组的疾病危险性为非暴露组的多少倍。OR 的不同数值范围表示不同程度的危险性。OR=1，表明研究因素与疾病之间无关联；OR>1，表明研究因素与疾病呈"正"关联，暴露可增加疾病的危险性；OR<1，表明研究因素与疾病呈"负"关联，暴露可减少疾病发生的危险性。

(4) 计算 OR 的可信区间

Miettinen 法： $OR95\% CI = OR^{(1\pm 1.96/\sqrt{\chi^2})}$

根据可信区间是否包括"1"可推断暴露因素与疾病间关联强度的可靠性。如果可信区间不包括"1"，可以认为研究因素是研究疾病的危险因素或保护因素；如果可信区间包括"1"，说明该因素与疾病的关联没有统计学意义。

14. 1∶1 匹配资料的分析

(1) 资料整理形式

表 13-2 1∶1 配对病例对照研究资料整理表

对照	病例		合计
	暴露	非暴露	
暴露	a	b	$a+b$
非暴露	c	d	$c+d$
合计	$a+c$	$b+d$	$a+b+c+d=T$

(2) 判断暴露和疾病之间有无关联

用 McNemar 公式计算：$\chi^2 = \dfrac{(b-c)^2}{(b+c)}$

当 $b+c<40$ 时用校正公式：$\chi^2 = \dfrac{(|b-c|-1)^2}{b+c}$

(3) 关联强度评价

$$OR = \dfrac{c}{b}$$

(4) 可信区间计算

Miettinen 法： $OR\,95\%\,CI = OR^{(1\pm 1.96/\sqrt{\chi^2})}$

15. 暴露分级资料的分析

(1) 资料整理形式

表 13-3　病例对照研究分级资料整理表

	暴露分级						合计
	x_0	x_1	x_2	x_3	……	x_i	
病例	$a_0\ (=c)$	a_1	a_2	a_3	……	a_i	n_1
对照	$b_0\ (=d)$	b_1	b_2	b_3	……	b_i	n_0
合计	m_0	m_1	m_2	m_3	……	m_i	t

(2) 判断暴露和疾病之间有无关联

$$\chi^2 = \sum \dfrac{(A-T)^2}{T}$$

(3) 关联强度评价：通常以未暴露或最低水平暴露组为参照组，其余各组分别与参照组进行比较，计算各暴露水平组的 OR 值。

(4) 可信区间计算

Miettinen 法： $OR\,95\%\,CI = OR^{(1\pm 1.96/\sqrt{\chi^2})}$

16. 分层分析

分层分析指把病例组和对照组按可疑的混杂因素分为不同层次，再分别在每一层内分析暴露与疾病的关联强度，从而可以在一定程度上控制混杂因素对研究结果的影响，是控制混杂因素最基本的分析方法。

(1) 资料整理形式

表 13-4　病例对照研究分层资料整理表

暴露因素	第 1 层发病情况			……	第 i 层发病情况		
	病例	对照	合计		病例	对照	合计
有	a_1	b_1	m_{11}		a_i	b_i	m_{1i}
无	c_1	d_1	m_{01}		c_i	d_i	m_{0i}
合计	n_{11}	n_{01}	t_1		n_{1i}	n_{0i}	t_i

(2) 计算总的 χ^2 值

根据 Mantel-Haenszel 提出的公式：$\chi^2_{MH} = \left[\sum a_i - \sum E(a_i)\right]^2 / \sum V(a_i)$

式中 $\sum E(a_i)$ 为 $\sum a_i$ 的理论值：$\sum E(a_i) = \sum m_{1i}n_{1i}/t_i$ ；

式中 $\sum V(a_i)$ 为 $\sum a_i$ 的方差：$\sum V(a_i) = \dfrac{\sum\limits_{i=1}^{i} m_{1i}m_{0i}n_{1i}n_{0i}}{t_i^2(t_i-1)}$

(3) 计算总的 OR 值

根据 Mantel-Haenszel 提出的公式：$OR_{MH} = \dfrac{\sum(a_i d_i / t_i)}{\sum(b_i c_i / t_i)}$

(4) 估计总 OR 值的 95%可信区间

Miettinen 法： $OR95\% CI = OR^{(1 \pm 1.96/\sqrt{\chi^2})}$

17. 常见偏倚

(1) 选择偏倚：从样本研究对象中获取的有关研究因素与疾病之间的联系系统地偏离了源人群中该因素与疾病之间的真实联系。病例对照研究常见的选择偏倚包括入院率偏倚、现患病例-新病例偏倚、检出症候偏倚和无应答偏倚。

(2) 信息偏倚：指在资料收集过程中，两组收集资料的方法不统一或有缺陷，导致两组结果系统地偏离了实际情况。病例对照研究常见的信息偏倚包括回忆偏倚和调查偏倚。信息偏倚常发生于研究的实施阶段。

(3) 混杂偏倚：指在研究暴露因素与疾病之间的关系时，由于一个或多个外部混杂因素的影响，歪曲了研究因素与疾病之间的真正联系。混杂偏倚常发生于研究的设计阶段和资料的分析阶段。

18. 病例对照研究的优点

①适用于罕见病的研究；②相对更省力、省钱、省时间，并且较易于组织实施；③该方法不仅应用于病因的探讨，而且广泛应用于许多方面；④可以同时研究多个因素与一种疾病的关系。

19. 病例对照研究的局限性

①不适于研究人群中暴露比例很低的因素，因为需要很大的样本量；②选择研究对象时，难以避免选择偏倚；③获取既往信息时，难以避免回忆偏倚；④不能测定暴露组和非暴露组的疾病率，因而不能直接计算 RR；⑤暴露与疾病的时间先后顺序难以判断。

测试题

【名词解释】

1. 病例对照研究　　2. 匹配　　3. 匹配过度　　4. OR
5. 成组匹配　　6. 个体匹配

【填空题】

1. 病例对照研究的用途包括_____、_____和_____。
2. 病例对照研究的类型分为_____和_____。
3. 病例对照研究中病例类型分为_____、_____和_____，来源分为_____和_____。
4. 病例对照研究中对照的来源有_____、_____和_____。

【选择题】

1. 病例对照研究之所以需要对照是因为
   A. 使某些研究因素在两组可比
   B. 可追踪观察以确定是否发生所研究的疾病
   C. 可增加样本量，以达到统计学要求
   D. 以对照组的暴露作为人群暴露的估计
2. 关于匹配的目的，下列叙述**错误**的是
   A. 平衡配比因素对病例组和对照组的影响
   B. 平衡混杂因素对病例组和对照组的影响
   C. 提高研究效率
   D. 消除已知混杂因素对研究结果的影响
3. 在选择匹配因素时的主要原则是
   A. 对所研究疾病有影响的项目均应列为匹配因素
   B. 对所研究疾病有较大的直接影响的项目均

应列为匹配因素

C. 对所研究疾病有较大的直接影响的变量，但又不是本研究的研究因素应列为匹配因素

D. 年龄和性别必须作为匹配因素

4. 关于病例对照研究，下述哪项是**错误**的
   A. 属于描述性研究
   B. 设立对照组
   C. 特别适合罕见病的研究
   D. 研究方向由果及因

5. 病例对照研究中采用哪个指标评价暴露与疾病之间的关系
   A. 相对危险度
   B. 比值
   C. 比值比
   D. 归因危险度

6. 病例对照研究中，比值比的含义是
   A. 病例组的发病率与对照组的发病率之比
   B. 病例组的发病率与对照组的发病率之差
   C. 病例组的暴露比值与对照组的暴露比值之比
   D. 病例组的暴露比值与对照组的暴露比值之差

7. 病例对照研究中关于病例选择，正确的是
   A. 应符合统一的明确的诊断标准
   B. 为保证病例诊断一致，应从同一医院选择全部研究对象
   C. 最好是现患病例
   D. 应尽量选择具有某种可疑危险因素的病例

8. 病例对照研究中，估计样本大小时，与下列哪一因素**无关**
   A. 研究因素在对照人群中的估计暴露率
   B. 研究因素估计比值比
   C. 研究疾病的发病率
   D. 希望达到的检验显著性水平

9. 病例对照研究中，下列哪种匹配效率最高
   A. 1∶1 匹配
   B. 1∶2 匹配
   C. 1∶4 匹配
   D. 1∶5 匹配

10. 病例对照研究的**缺点**是
    A. 易产生医德问题
    B. 需要样本量大
    C. 研究需要时间长
    D. 易发生回忆偏倚

11. 病例对照研究方法最大的优点是
    A. 设立对照
    B. 属于观察法
    C. 可研究一种疾病与多种因素的关系
    D. 随机分组

12. 在一项病例对照研究中，计算出某研究因素的 OR 值的 95% 可信区间为 0.35~0.75，请问该因素可能为
    A. 混杂因素
    B. 危险因素
    C. 保护因素
    D. 无关因素

13. 以医院为基础的病例对照研究，最易出现的偏倚是
    A. 信息偏倚
    B. 选择偏倚
    C. 失访偏倚
    D. 混杂偏倚

14. 在进行宫颈癌病因的病例对照研究时，下列哪一组病例最为理想
    A. 一所肿瘤专科医院收治的所有宫颈癌病人
    B. 一个地区多所医院诊断的所有宫颈癌病人
    C. 一个地区肿瘤发病监测系统登记的所有宫颈癌病人
    D. 一个地区肿瘤死亡监测系统登记的所有宫颈癌病人

15. 在病例对照研究中选择对照的最佳条件是
    A. 未患所研究疾病的人
    B. 产生病例人群中的非病者，其他非研究因素特征与病例组相同
    C. 产生病例人群中非病者，其他非研究因素特征与病例组有可比性
    D. 产生病例人群的非病者

16. 在吸烟与肺癌的病例对照研究中，如果对照组中选入过多的慢性支气管炎病人，可能会
    A. 高估 RR 值
    B. 高估 OR 值
    C. 低估 RR 值
    D. 低估 OR 值

17. 选择 100 例新诊断的结肠癌病例和 200 例需做整形手术的病人进行饮酒史的比较，探讨

饮酒与结肠癌的关系，这样的研究设计属于
A. 病例对照研究
B. 临床试验
C. 筛检试验
D. 现况调查

(18~20题共用题干)
选择最合适的计算式
A. 80/150
B. 20/280
C. 20/300
D. (80×280)/(20×70)

18. 一项食管腺癌发病危险因素的成组病例对照研究结果表明，在150例病例组中有80例慢性胃灼热，而300例对照组中20例有慢性胃灼热，请问病例组慢性胃灼热的暴露率为
19. 对照组慢性胃灼热的暴露比值为
20. 慢性胃灼热的 OR 值为
21. 假如某因素与某病关系的病例对照研究结果的 OR 值为 0.3（$P<0.01$），最可能的解释是
A. 该因素与该病无关联
B. 该因素可能是该病的保护因素
C. 该因素可能是该病的致病因素
D. 该因素可能是该病的致病因素，但作用不大

【简答题】

1. 病例对照研究的基本原理是什么？
2. 病例对照研究有什么特点？
3. 病例对照研究中选择病例时应注意什么问题？
4. 病例对照研究中选择对照时应注意什么问题？
5. 病例对照研究中常见的偏倚有什么？
6. 病例对照研究的优点与局限性是什么？

参考答案

【填空题】

1. 病因研究　疾病预后因素的研究　治疗效果的研究
2. 非匹配的病例对照研究　匹配病例对照研究
3. 新发病例　现患病例　死亡病例　一般人群　医院
4. 人群对照　医院对照　病例的朋友、亲属等为对照

【选择题】

1. A　2. D　3. C　4. A　5. C　6. C　7. A　8. C　9. C　10. D　11. C
12. C　13. B　14. C　15. C　16. D　17. A　18. A　19. B　20. D　21. B

(李　云)

第十四章 实验性研究

【教学要求】

1. 了解 实验性研究的概念与实验性研究的种类。
2. 熟悉 临床试验的基本特征、设计类型及评价试验效果的主要指标。
3. 掌握 临床试验设计的基本要素与基本原则。

【重点难点】

1. 重点 临床试验的基本特征、设计类型及评价试验效果的主要指标。
2. 难点 临床试验设计的基本要素与基本原则。

1. 实验性研究的概念

实验性研究也称干预性研究,是根据研究目的,在研究者的控制下,对病人或健康人施加或去除某种因素(干预措施),然后追踪随访观察对疾病的发生或对健康状态的影响,并判断干预措施效果的一种前瞻性研究。

2. 实验性研究的种类

根据不同研究目的和研究对象的特点,可分为临床试验、现场试验及社区试验。

(1) 临床试验:又称治疗试验,是以病人为研究对象,将研究对象随机分为试验组和对照组,通过比较两组的结果,对某种药物或治疗方法的效果进行检验和评价的一种前瞻性研究。

(2) 现场试验和社区试验:是指研究者在严格控制的现场条件下,以自然人群为研究对象,针对疾病发生的病因采取的某种干预措施进行效果评价的试验。现场试验接受干预措施的基本单位是个体,社区试验接受干预措施的基本单位是群体。

3. 临床试验的基本特征

①临床试验是一种特殊的前瞻性研究,需要随访一段时间才能获得结局指标;②临床试验需要施加干预措施,包括治疗或预防措施;③临床试验必须设立与干预组可比的对照组,即对照组除干预措施外,必须与干预组具有相似的基本特征;④临床试验必须遵从患者的意愿,不能强迫病人。

4. 临床试验的设计类型

(1) 同期随机对照试验,即随机对照试验是目前评估干预措施效果最严谨、最可靠的科学方法,是检验临床试验效果的金标准。

(2) 交叉对照设计试验。

(3) 序贯试验。

(4) 非随机对照试验。

(5) 历史对照试验。

5. 临床试验设计的基本要素

(1) 处理因素:是指根据不同的研究目的施加给研究对象的各种干预措施,包括生物因素、化学因素、物理因素。处理因素必须标准化，否则将影响试验结果的评价。

(2) 研究对象：是指符合研究条件的人群，包括试验组和对照组。

1) 选择研究对象的原则（见教科书）。

2) 确定样本量：样本含量大小估计时要根据不同的统计资料类型（计量资料或是计数资料），采用不同的方法，具体方法参照教材第一篇有关章节。

(3) 试验效应：处理因素产生的效应大小是通过具体指标反映出来的，在具体选用效应指标时要充分考虑其真实性、可靠性及可行性，包括关联性、特异性、客观性、灵敏性、精确性。

6. 临床试验设计的基本原则

(1) 对照原则："有比较才有鉴别"，设立对照是临床试验设计的重要原则。要求除了试验组接受的干预措施外，两组在其他方面都必须是均衡可比的。其主要目的是消除非处理因素的干扰。

1) 影响临床试验效应的因素（见教科书）。

2) 对照的类型：常用的有：①标准疗法对照（有效对照）；②安慰剂对照；③自身对照；④交叉对照。此外，尚有历史对照、空白对照等非均衡对照，由于这类对照缺乏可比性，除某种特殊情况外，一般不宜采用。

(2) 随机原则

1) 随机化分组目的：随机分组即使每一个研究对象都有同等的机会被分配到实验组和对照组。其目的是保证两组具有相似的临床特征和预后因素（包括已知和未知的），具有充分的可比性，减少非研究因素的干扰，从而消除混杂偏倚及选择偏倚，提高试验结果真实性和可靠性。

2) 随机分组的方法：单纯随机分组、区组随机分组、分层随机分组。

(3) 盲法原则：为了控制信息偏倚，使研究对象和（或）研究者在不知道研究对象分组及所施加的处理因素情况下进行试验，即盲法试验。根据盲法的程度，又可分单盲、双盲、三盲。与盲法相对应的是非盲法，又称开放试验，即研究对象和研究者均知道试验组和对照组的分组情况，试验公开进行。

7. 资料的收集和分析

(1) 资料的整理：首先对收集到的原始记录要进行核查、整理，剔除不合格的调查表。在资料的收集和整理过程中还要注意研究对象因不合格、不依从、失访这三种原因而退出的问题。退出会使原定的样本量不足、破坏原来的随机化分组，使研究工作效力降低。如退出在试验组和对照组分配不均衡，更会对研究结果的真实性产生影响。

(2) 资料的分析

1) 描述性分析：主要是描述研究对象的一般特征，进行两组间的均衡性检验。

2) 推断性分析：进行推断性分析时不同的设计方案和不同性质的资料要用不同的统计方法。具体分析方法参考教材相关章节。

3) 多因素分析：为明确治疗措施和其他因素对疾病的影响，应在单因素分析的基础上，选择具有显著意义的有关变量做多因素分析，进一步评价疗效。

4) 意向治疗分析（intention-to-treat analysis，ITT）：如果在试验过程中出现了退出和失访者，应该进行 ITT 分析。ITT 分析是将所有纳入随机分配的病人，不管最终是否接受到分配的治疗，在最后资料分析中都应被包括在内。该方法可以保证结论更真实可靠。

(3) 评价试验效果的主要指标：除了有效率、治愈率、病死率、存活率常用指标外，还有：①绝对危险降低率（absolute risk reduction，ARR）；②相对危险降低率（relative risk reduction，RRR）；③需治疗人数（number needed to treat，NNT）指在评价治疗或预防疾病的措施效果的实验研究中，为了防止发生 1 例某种不良临床事件或获得 1 例某种有利结局，用某种干预措施处理所需要的人数。用绝对危险降低率的倒数表示，NNT 是治疗性试验效果的良好量化指标，有重要的临床价值及经济价值。

8. 影响临床试验的因素及处理方法

（1）偏倚及其控制

1）选择偏倚（selection bias）：指在选择研究对象和分组时，由于人为的干预而导致的偏倚，使研究结果偏离真实情况。防止的方法就是严格掌握研究对象的入选标准，并使用随机抽样和随机分组法。

2）测量偏倚（measurement bias）：指在收集资料过程中，因仪器或试剂的问题而产生的误差，以及观察者操作的误差和观察者主观的误差均可导致测量偏倚的发生。防止的方法主要在于仪器和试剂标准化和操作的规范化。

（2）干扰和沾染问题：干扰和沾染都可歪曲研究结果的真实性，其控制办法就是使用盲法，并严格按治疗方案进行，不要随意增加和减少药物种类。

1）干扰（co-intervention）：是指试验组的对象额外地接受了与实验效应一致的其他处理措施，它可能会扩大试验组与对照组差异。

2）沾染（contamination）：沾染是指对照组的患者额外地接受了试验组的药物，使对照组疗效提高，人为地夸大了对照组疗效的现象。

（3）依从性（compliance）：是指研究对象按照研究设计要求执行医嘱的程度。为了保证研究质量，不依从率应控制在10%范围内。

9. 临床试验的优缺点

（1）优点：①研究者根据试验目的，预先制订试验设计，能够对选择的研究对象、干预因素和结果的分析判断进行标准化；②将研究对象随机分为试验组和对照组，提高了可比性，减少了偏倚；③试验为前瞻性研究，通过随访将每个研究对象的反应和结局自始至终观察到底，试验组和对照组同步进行比较，最终能作出肯定性的结论。

（2）缺点：①整个试验设计和实施条件要求高、控制严、难度较大，在实际工作中有时难以做到；②受干预措施适用范围的约束，所选择的研究对象代表性不够，以致会不同程度地影响试验结果推论到总体；③研究人群数量较大，试验计划实施要求严格，随访时间长，依从性不易保证，影响试验效应的评价；④有时可涉及医德问题。

10. 临床试验的伦理问题

（1）所使用的试验药品或措施，都必须具有充分的科学依据。

（2）对于接受试验的患者，坚持自愿的原则，要尊重病人的人格，不能欺骗研究对象。在一般情况下，研究者应将试验目的、方法、预期效果以及危险告知受试者及其家属，征得他们的同意。

（3）设置对照时，必须以不损害受试者身心健康为前提。另外当疾病在目前已有有效的标准治疗方法时，不能用安慰剂对照，应采用标准疗法（有效）对照。

11. 现场试验和社区试验的设计类型

①随机对照试验；②群组随机对照试验；③类实验。

12. 现场试验和社区试验的设计和实施中应注意的问题

（1）研究对象的选择原则：①选择预期发病率高的人群；②选择基础条件较好的人群；③选择能从干预措施中获利最大的人群；④应排除对干预措施有较大风险的人群。

（2）结局变量的确定：现场试验和社区试验的主要结局变量为发病率或死亡率的下降，但也包括中间结局变量，如疫苗抗体反应、危险行为改变等。

(3) 避免组间沾染。

(4) 混杂因素控制：现场试验和社区试验如果不能随机分组，两组间的特征可能差异很大。控制的方法包括在设计时尽可能做到平衡两组人群的基本特征，对自身前后对照的类实验资料要注意可能存在的时间效应偏倚。

13. 现场试验和社区试验中的主要评价指标

现场试验和社区试验常用于评价在健康人群中推行预防接种、药物预防以及通过健康教育改变不良行为等措施的效果，考核的是预防疾病发生的效果。

(1) 保护率（protective rate，PR）。

(2) 效果指数（index of effectiveness，IE）。

(3) 慢性非传染性疾病还可用中间变量作为评价指标，包括：①人群知识、态度、行为的改变；②行为危险因素的变化：如控烟、合理膳食、体育运动、高危人群的生活指标等；③生存质量的变化：包括生理（身体）功能、心理功能、社会功能。疾病的症状体征、对健康总的感受和满意程度等主要方面；④干预投入、产出效果评价。

14. 社区试验的伦理问题

(1) 首先必须要保证干预措施要有充分的依据。

(2) 社区试验也要获得社区知情同意。

(3) 任何新的干预措施，一般应与目前有效的标准措施进行比较。只有在不存在确实有效干预措施时，或不采取干预措施而不产生"延误"的问题时，可以考虑安慰剂对照或空白对照（自然状态）。当干预措施被证实有效后，则应对安慰剂或空白组参与者给予"善后"处理，即给予与试验组相同的干预措施，这样还可以进一步证实干预措施的有效性。

测试题

【名词解释】

1. 实验性研究　　2. RCT　　3. 双盲　　4. 随机分组
5. ITT　　6. NNT

【填空题】

1. 根据不同研究目的和研究对象的特点，实验性研究一般可分为_____、_____、和_____。
2. 准确度指测量值与真值的接近程度，主要受_____的影响，精密度指重复观察时测量值的波动范围的大小，主要与_____有关。
3. 在实验性研究中退出的原因包括_____、_____和_____三种。
4. 在现场试验中接受干预措施的基本单位是_____，而社区试验接受干预措施的基本单位是_____。
5. 预防措施效果考核的主要评价指标有_____和效果指数。
6. 临床试验是以_____为研究对象，而现场试验和社区试验多以_____为研究对象。
7. 设置对照组的目的是消除_____的干扰。

【选择题】

1. 病因学研究中，实验性和观察性研究的主要区别是

A. 研究是前瞻性的
B. 根据患病与否选择研究组与对照组

C. 研究组与对照组样本大小相同
D. 根据可疑的暴露史选择研究组与对照组
E. 实验性研究的因素是人为控制的，而观察性研究不是

2. 随机对照实验的主要特点是
   A. 可计算有效率
   B. 有对照组
   C. 可对研究对象进行随机分组
   D. 可计算危险度
   E. 采用盲法

3. 评价预防接种流行病学效果的指标是
   A. 患病率
   B. 有效率
   C. 二代传染率
   D. 保护率
   E. 感染率

4. 在流行病学实验中能保证受试者基本特征分布相似的措施是
   A. 双盲法
   B. 单盲法
   C. 匹配
   D. 随机化
   E. 标准化

5. 用某种新药治疗小儿上呼吸道感染，90%在72小时内症状消失，认为此药有效的结论
   A. 不正确，因无对照组
   B. 不正确，因上感可自愈
   C. 正确
   D. 90%的治愈率还不够高
   E. 不正确，没有对照组，未经统计学检验

6. 流行病学的实验性研究**不包括**
   A. 临床试验
   B. 干预试验
   C. 人群现场试验
   D. 病例对照研究
   E. 防治实验研究

7. 在流行病学研究中，使用较多的一类方法是
   A. 观察法
   B. 临床试验法
   C. 病例询问法
   D. 流行病学数学模型
   E. 干预试验法

8. 前瞻性队列研究与流行病学实验的根本区别是

A. 是否人为控制研究条件
B. 是否设立对照组
C. 是否进行显著性检验
D. 是否在现场人群中进行
E. 是否检验病因假设

9. 下列哪一点是流行病实验研究**不具备**的
   A. 须随机化分组
   B. 实验组和对照组是自然形成的
   C. 必须有干预措施
   D. 有严格的平行可比的对照
   E. 是前瞻性研究，必须随访观察实验结果

10. 对儿童接种乙肝疫苗后，评价效果可选用指标
    A. 罹患率、患病率
    B. 病死率、死亡率
    C. 相对危险度、特异危险度
    D. 有效率、治愈率
    E. 抗体阳转率、保护率

11. 下列哪项试验**不属于**流行病学实验研究
    A. 观察性试验
    B. 社区试验
    C. 现场试验
    D. 临床试验
    E. 干预试验

12. 流行病学实验研究在选择研究对象时下列哪条是**错误**的
    A. 选择干预措施对其无害的人群
    B. 选择能将实验坚持到底的人群
    C. 选择预期发病率较低的人群
    D. 选择的对象应能够从实验研究中受益
    E. 选择依从性较好的人群

13. 流行病学实验具有以下特点
    A. 在动物群中进行实验研究，随机分干预组和对照组
    B. 同一总体实验人群，随机分干预组和对照组
    C. 同一总体中的病例组和对照组，有干预措施
    D. 同一总体的暴露人群和非暴露人群，有干预措施
    E. 同一总体的随机抽样人群，分干预组和对照组

14. 流行病学现场试验中实验组和对照组人群最大的不同点是

A. 观察指标不同
B. 目标人群不同
C. 入选标准不同
D. 干预措施不同
E. 随访方式不同

15. 下列哪项指标**不能**用于流行病学实验研究评价
A. 患病率
B. 治愈率
C. 效果指数
D. 保护率
E. 有效率

【判断题】

1. 在类实验中可以不设对照组或设未经随机分配的对照组。
2. "单盲"指研究者不知被研究者所接受的处理。
3. 在实验研究中ITT分析往往会低估干预措施效果。
4. 在评价治疗或预防疾病措施效果的实验研究中NNT值越大越好。
5. 干扰是指对照组成员额外接受治疗措施，沾染是指实验组成员额外接受与实验效应一致的其他处理措施，两者都可能歪曲研究结果的真实性。
6. 流行病学研究的观察法与实验法的根本区别点在于是否人为控制研究的条件。

【简答题】

1. 与描述性和分析性研究比较，实验性研究的特点是什么？
2. 临床试验的特征是什么？
3. 临床试验设计的基本要素与基本原则是什么？

参考答案

【填空题】

1. 临床试验　现场试验　社区试验
2. 系统误差　随机误差
3. 不合格　不依从　失访
4. 个体　群体
5. 保护率
6. 病人　自然人群
7. 非处理因素

【选择题】

1. E　2. C　3. D　4. D　5. E　6. D　7. A　8. A　9. B　10. E　11. A
12. C　13. B　14. D　15. A

【判断题】

1. √　2. ×　3. √　4. ×　5. ×　6. √

【简答题】

1. ①是实验法而非观察法；②它可以对研究对象施加干预措施；③研究人群的分组按随机化原则确定，并有严格的平行对照。

（张天哲）

第十五章 诊断试验评价和疾病筛检

【教学要求】

1. 掌握 诊断试验和筛检试验的基本概念；诊断试验和筛检试验的评价方法和常用指标；试验的联合应用。
2. 熟悉 筛检的目的及截断值的确定。
3. 了解 筛检中的常见偏倚。

【重点难点】

1. 重点 诊断试验和筛检试验的评价。
2. 难点 试验的联合应用。

1. 筛检试验与诊断试验

筛检是运用快速、简便的试验、检查或其他方法，从表面健康的人群中发现那些未被识别的可疑病人或有缺陷的人。筛检用于早期发现病人和高危人群及了解疾病的自然史。

筛检试验是用于识别表面健康的人群中可能患有某疾病的个体或未来发病危险性高的个体的方法。筛检试验应具备的条件：①安全可靠；②有较高的灵敏度和特异度；③快速、简单、易进行、价廉，易为群众所接受。

诊断试验是指应用各种实验、医疗仪器等手段对病人进行检查，以确定或排除疾病的试验方法。

诊断试验和筛检试验都是通过一些试验、检查等手段确定受试者的健康状况，但两者在受试对象、试验目的、要求、费用和受试对象的处理上都是不同的。

2. 诊断试验评价的方法

（1）确定金标准：金标准是指当前医学界公认的诊断或排除某病最可靠、最权威的诊断方法。金标准能正确地将有病和无病区分开来。

（2）选择研究对象：选择研究对象应该能代表诊断试验可能应用的目标人群，因此病例应包括各种临床类型、不同病程阶段和不同病情严重程度的病例，非病例一般不宜选择正常人，应选用金标准证实没有目标疾病的其他病例，特别是与该病容易混淆的病例以期考核待评诊断试验的鉴别诊断价值。

（3）样本量的估计：诊断试验的评价需要选择适宜的、足够的样本量。计算公式见教材。

（4）同步测试，整理出评价诊断试验的结果：诊断试验的评价就是将待评试验与诊断目标疾病的金标准诊断的结果进行同步盲法比较，并用一系列指标来评价该试验对某病的诊断价值。经金标准确诊的目标疾病患者和非患者，接受待评价的试验检测后，可出现四种情况：真阳性、假阳性、假阴性、真阴性。把测试的结果整理成四格表，如表 15-1：

表 15-1 诊断试验评价

诊断试验	金标准		合计
	病人	非病人	
阳性	a（真阳性）	b（假阳性）	$a+b$ (r_1)
阴性	c（假阴性）	d（真阴性）	$c+d$ (r_2)
合计	$a+c$ (c_1)	$b+d$ (c_2)	N

3. 诊断试验的评价指标

诊断试验的评价主要从真实性、可靠性和预测值三个方面进行评价。

(1) 真实性：又称效度，指诊断试验所获得的测量与实际值的符合程度。是评价诊断试验对有病者和无病者的识别能力。

①灵敏度：也称真阳性率，即实际有病被该诊断试验被正确地判为有病的百分比。它反映了该诊断试验发现病人的能力。

$$灵敏度（Se）=\frac{a}{a+c}\times100\%$$

②假阴性率：也称漏诊率，即实际有病但根据该诊断试验被错误地判为无病的百分比。

$$假阴性率=\frac{c}{a+c}\times100\%=1-灵敏度$$

③特异度：也称真阴性率，即实际无病而被该诊断试验被正确地判为无病的百分比，它反映了该诊断试验检出非病例的能力。

$$特异度=\frac{d}{b+d}\times100\%$$

④假阳性率：也称误诊率，即实际无病但根据该诊断试验被错误地判为有病的百分比。假阳性率反映该诊断试验误诊病例的情况。

$$假阳性率=\frac{b}{b+d}\times100\%$$

⑤粗一致率：也称符合率，是指诊断试验中的真阳性和真阴性之和占受检对象的比例。即诊断试验结果与金标准结果的符合程度。

$$粗一致率=\frac{a+d}{a+b+c+d}\times100\%$$

⑥约登指数：也称正确指数，是指灵敏度和特异度之和减去1。它反映了该诊断试验检出真正病例和非病例的能力。约登指数越接近1，该试验的真实性越好。

$$约登指数=（灵敏度+特异度）-1=1-（假阳性率+假阴性率）$$

⑦似然比：病人中出现某种试验结果的概率与非病人中出现相应结果的概率之比，说明病人出现该结果的机会是非病人的多少倍。是可以同时反应灵敏度和特异度的复合指标。

阳性似然比：指真阳性率与假阳性率之比，说明病人中某种试验出现阳性结果的机会是非病人的多少倍；比值越大说明患病的概率越大，试验结果的诊断价值越高。

$$阳性似然比=\frac{真阳性率}{假阳性率}=\frac{灵敏度}{1-特异度}$$

阴性似然比：是假阴性率与真阴性率之比，说明病人中某种试验出现阴性结果的机会是非病人的多少倍；比值越小，试验诊断的价值越高。

$$阴性似然比=\frac{假阴性率}{真阴性率}=\frac{1-灵敏度}{特异度}$$

阳性似然比越大，阴性似然比越小，试验的真实性越好。

(2) 可靠性：指相同条件下同一试验对相同人群重复试验获得相同结果的稳定程度。实际工作中，影响试验可靠性的因素有：受试对象生物学变异、观察者和实验室条件。评价可靠性的常用评价指标如下：

①变异系数：当某试验是做定量测定时，可用变异系数来表示可靠性。比值越小，可靠性越好。

$$变异系数（CV）=测定值均数的标准差/测定值均数\times100\%$$

②符合率：当某试验做定性测定时，同一批研究对象两次诊断结果均为阳性与均为阴性的人数之和占所有进行诊断试验人数的比率。符合率还可进行调整，即计算调整一致率。

$$符合率 = \frac{a+d}{a+b+c+d} \times 100\%$$

$$调整一致率 = \frac{1}{4}\left(\frac{a}{a+b} + \frac{a}{a+c} + \frac{d}{c+d} + \frac{d}{b+d}\right) \times 100\%$$

(3) 预测值：试验结果的实际临床意义。它表示应用试验结果来估计受试对象真正患病和不患病可能性大小的指标。

阳性预测值：试验为阳性者真正患有该病的可能性。即由诊断试验检出的全部阳性者中，真正有病者所占比例。

$$阳性预测值 = \frac{a}{a+b} \times 100\%$$

$$阳性预测值 = \frac{患病率 \times 灵敏度}{患病率 \times 灵敏度 + (1-患病率)(1-特异度)}$$

阴性预测值：试验为阴性者真正没有患该病的可能性。即由诊断试验检出的全部阴性者中，真正没有患该病者所占比例。

$$阴性预测值 = \frac{d}{c+d} \times 100\%$$

$$阴性预测值 = \frac{(1-患病率) \times 特异度}{(1-患病率) \times 特异度 + 患病率 \times (1-灵敏度)}$$

预测值的大小与灵敏度、特异度和患病率有关。患病率相同时，诊断试验的灵敏度越高，阴性预测值越高；特异度越高，阳性预测值越高。当患病率升高时，阳性预测值升高，阴性预测值下降，患病率降低时，阳性预测值下降，阴性预测值升高。

4. 诊断试验的指标判断标准

试验指标确定之后，就要确定一个区别阳性与阴性的标准，即截断值。灵敏度和特异度随着诊断试验标准的改变而改变，两者的关系此消彼长，即随着阳性界限的增高，试验的灵敏度下降，特异度升高。如果要提高试验的灵敏度就要降低特异度，要提高特异度就会损失灵敏度。

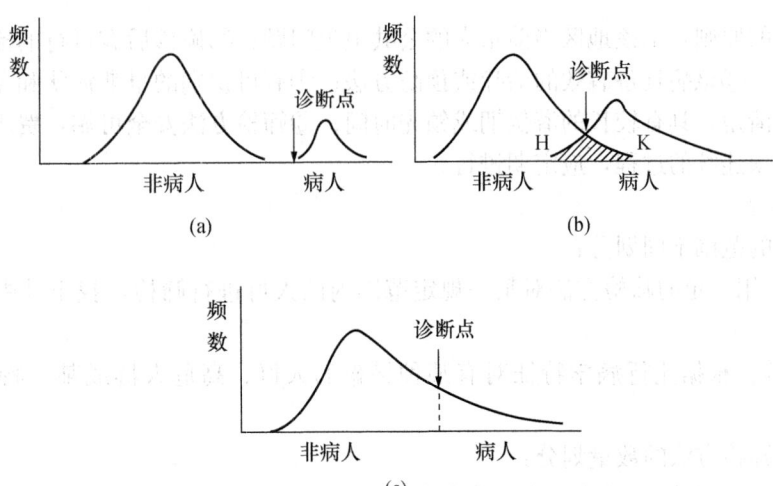

图 15-1　病人与非病人观察值分布类型

摘自：曾光主编. 现代流行病学方法与应用. 1994

如图 15-1 (a) 所示，病人和非病人的测量值呈两个独立的分布曲线，无重叠处。可将截断值选在病人中的最小值，试验的灵敏度和特异度均可达到 100%。图 15-1 (c) 所示，病人和非病人的测量值呈一连续分布曲线，同图 15-1 (a) 情况一样，如果将截断值选在病人中的最小值，试验的灵敏度和特异度均可达到 100%。图 15-1 (b) 所示病人和非病人的测量值呈两条相交的分布曲线，两条曲线下有一重叠区域，这种情况下，无论截断值取在何处，试验的灵敏度和特异度不可能同时达到100%。在 H 和 K 两点之间，当截断值的取值向右移时，灵敏度降低，特异度升高；当截断值的取值向左移时，灵敏度升高，特异度降低。难以做到灵敏度和特异度同时提高。

（1）如果疾病的预后差，漏诊将会造成严重后果，目前又有可靠的治疗方法，此时应选择灵敏度高的诊断标准。

（2）如果疾病的预后不严重，现有治疗效果不理想的疾病，且治疗费用又较昂贵时，或者误诊一个非病人为病人时后果严重，造成严重的精神负担，则可选择特异度较高的诊断标准。

（3）当漏诊和误诊的重要性相等时，应该将诊断试验的诊断标准确定在灵敏度和特异度均较高的位置，一般可把诊断标准定在非病人的分布曲线与病人的分布曲线的交界线处，或定在正确指数最大的分界值作为判断标准。

确定判断标准的方法有：均数加减标准差法；百分位数法；临床判断法；受试者工作特征曲线（ROC 曲线）。

5. 提高诊断试验效率的方法

（1）选择患病率高的人群：预测值的大小受诊断试验的灵敏度、特异度和待诊疾病的患病率的影响，但受患病率的影响更大。患病率高的人群则可明显提高阳性预测值，可有效提高诊断的质量和效率。

（2）联合试验：平行（并联）试验：任何一个诊断试验结果为阳性即判断为平行试验阳性，只有全部试验结果为阴性才判断为平行试验阴性。

平行试验灵敏度增加，不易漏诊，阴性预测值提高，有利于排除其他诊断。但其代价是特异度降低，假阳性率升高，容易造成误诊。

系列（串联）试验：全部试验阳性时才判断为系列试验阳性。

系列试验特异度和阳性预测值增加，其代价是灵敏度降低，漏诊率增加。

6. 疾病筛检

（1）实施筛检的原则：①该地区当前重大的公共卫生问题；②确诊后有可行的治疗方法经有效的治疗能恢复健康的；③该病具备有效的治疗或预防方法；④有可识别的早期症状和体征；⑤对所筛检疾病的自然史了解清楚，具有较长的潜伏期或领先时间；⑥筛检方法安全可靠，费用低廉，易为群众接受；⑦筛检是一项连续的过程，应定期进行。

（2）筛检的类型

①按筛检对象的范围不同划分：

a. 整群筛检：用一定的筛检方法对某一规定范围内的人群进行筛检，找出其中患该病可能性较大的人。

b. 选择性筛检：根据流行病学特征对有某种暴露的人群、高危人群或某一特殊单位人群进行筛检。

②根据所用的筛检方法的数量划分：

a. 单项筛检：用一种筛检试验筛检一种疾病。

b. 多项筛检：同时应用多种筛检试验筛检同一种疾病，然后再进一步确诊。

（3）筛检的偏倚：①领先时间偏倚；②病程长短引起的偏倚；③病人自我选择性偏倚。

测试题

【名词解释】

1. 筛检　　2. 筛检试验　　3. 诊断试验　　4. 真实性

5. 可靠性　　　6. 预测值　　　7. 截断值　　　8. 似然比
9. 金标准

【选择题】

1. 以下关于筛检的说法**错误**的是
   A. 所筛检的疾病是严重危害人群健康的严重疾病
   B. 筛检的方法应是简单、安全、无害的
   C. 为了发现罕见疾病
   D. 对所筛检的疾病有比较全面的认识

2. 以下选项中可以提高某筛检试验的阳性预测值的方法是
   A. 增加筛检的次数
   B. 选择高危人群
   C. 与其他试验串联使用
   D. 与其他试验并联使用

3. 如果某病的患病率增加了，则以下说法正确的是
   A. 灵敏度增加
   B. 特异度增加
   C. 阳性预测值增加
   D. 阴性预测值增加

4. 采用两项筛检试验串联使用，可以使以下哪项特征增加
   A. 灵敏度增加
   B. 特异度增加
   C. 阳性预测值增加
   D. 阴性预测值增加

5. 采用两项筛检试验并联使用，可以使以下哪项特征增加
   A. 灵敏度增加
   B. 特异度增加
   C. 阳性预测值增加
   D. 阴性预测值增加

6. 影响筛检试验可靠性的因素**不包括**
   A. 受试对象受检时所处的生物周期
   B. 受试对象的性别
   C. 检测人员的水平
   D. 测量仪器的稳定性

7. 某普查中对 500 名有乳腺癌的患者和 600 名正常妇女进行 X 线诊断，结果前者中有 125 例阳性，后者有 75 例阳性。该试验的敏感度和特异度分别为
   A. 87%、12%
   B. 25%、87.5%
   C. 67%、33%
   D. 12%、25%

8. 已知某筛检试验的灵敏度和特异度，用该试验筛检两个人群，其中甲人群的患病率为 10%，乙人群为 1%，下述描述正确的是
   A. 甲人群的阳性结果中假阳性的百分率比乙人群低
   B. 甲人群的阴性结果中假阴性的百分率比乙人群低
   C. 关于筛检的特异度，甲人群的比乙人群的低
   D. 关于筛检的灵敏度，甲人群的比乙人群的低

9. 在糖尿病筛检方案中，甲试验血糖筛选水平定为 7.1 mmol/L，而乙试验血糖筛检水平定为 7.0 mmol/L，这意味着
   A. 甲试验的灵敏度比乙试验高
   B. 甲试验的假阳性率比乙试验高
   C. 甲试验的假阴性率比乙试验高
   D. 甲试验的特异度比乙试验低

【简答题】

1. 简述筛检的应用原则。
2. 简述筛检的目的。
3. 简述筛检试验与诊断试验的区别。
4. 筛检试验中常见的偏倚有哪几种？

【应用分析题】

1. 某人群某病患病状况与筛检结果的关系如下表所示，根据资料计算该试验的灵敏度、特异度、假

阴性率、假阳性率、约登指数、符合率、阳性似然比、阴性似然比。

筛检试验的筛检结果

筛检试验	患病状况		合计
	病人	非病人	
阳性	165	80	245
阴性	45	730	775
合计	210	810	1020

2. 使用尿糖和血糖对糖尿病进行筛检结果如下，分别计算两试验串联和并联以后的灵敏度和特异度。

联合试验筛检糖尿病的结果

试验结果		糖尿病病人	非糖尿病病人
尿糖	血糖		
+	−	14	10
−	+	33	11
+	+	117	21
−	−	35	7599
合计		199	7641

参考答案

【选择题】

1. C　2. B　3. C　4. B　5. A　6. B　7. B　8. A　9. C

【简答题】

3. 筛检试验与诊断试验的区别

项目	筛检试验	诊断试验
对象	健康人或无症状的病人	病人
目的	发现可疑病人	对病人进行确诊
要求	快速、简便、安全、高灵敏度	复杂、高特异度
费用	经济、廉价	花费较高
处理	用诊断试验确诊	严密观察和及时治疗

【应用分析题】

1. 试验的灵敏度、特异度、假阴性率、假阳性率、约登指数、符合率、阳性似然比、阴性似然比：

   灵敏度 = 165/(165+45) × 100% = 78.6%

   特异度 = 730/(80+730) × 100% = 90.1%

   假阴性率 = 45/(165+45) × 100% = 21.4%

   假阳性率 = 80/(80+730) × 100% = 9.9%

   约登指数 = 78.6% + 90.1% − 1 = 68.7%

   符合率 = (165+730)/1020 × 100% = 87.7%

   阳性似然比 = 78.6%/(1−90.1%) = 7.94

   阴性似然比 = (1−78.6%)/90.1% = 0.24

2. 两试验串联以后的灵敏度和特异度：

串联试验筛检糖尿病的结果

试验结果	糖尿病病人	非糖尿病病人
+	117	21
−	82	7620
合计	199	7641

灵敏度 = 117/(117+82) ×100% = 58.8%
特异度 = 7620/(21+7620) ×100% = 99.7%

两试验并联以后的灵敏度和特异度：

并联试验筛检糖尿病的结果

试验结果	糖尿病病人	非糖尿病病人
+	164	42
−	35	7599
合计	199	7641

灵敏度 = 164/(164+35) ×100% = 82.4%
特异度 = 7599/(42+7599) ×100% = 99.4%

（赵丹丹）

第十六章 疾病预后研究与评价

【教学要求】
1. 了解 疾病的自然史、临床过程。
2. 熟悉 疾病预后研究的评价。
3. 掌握 掌握疾病预后研究的设计、生存分析的概念、内容和实例分析。

【重点难点】
1. 重点 疾病预后研究的设计、生存分析的概念、内容和实例分析。
2. 难点 疾病预后研究的设计。

1. 疾病预后的概念及临床意义

（1）疾病预后：是指疾病发生后的转归和结局情况，而疾病预后研究就是关于疾病各种结局发生的概率及其影响因素的研究，包括疾病预后的评定及预后因素的研究。

（2）疾病预后研究的临床意义：①克服凭临床经验判断预后的局限性；②了解疾病自然史、病程和疾病的危害程度，帮助临床医生做出正确的治疗决策；③通过研究影响疾病预后的因素，可以帮助医生干预并改善疾病的结局；④通过疾病预后研究，可以正确评价某项治疗措施的效果。

2. 疾病的自然史

疾病的自然史是指在不施行任何治疗或干预措施的情况下，疾病从发生、发展到结局的整个过程。疾病的自然史包括生物学发病期、临床前期、临床期和结局4个时期。

3. 临床病程

临床病程是指疾病的临床期，即患者首次出现症状和体征，一直到最后结局所经历的全过程。

4. 预后因素

预后因素是指能对疾病结局产生影响的因素。凡影响疾病预后的因素都可称预后因素，若患者具有这些影响因素，其病程发展过程中出现某种结局的概率就可能发生改变。预后因素复杂多样，包括以下五个方面：

（1）患者的情况：包括机体状况、心理状态、依从性和一般情况。
（2）疾病本身特征：疾病本身的特点包括疾病的性质、病程、临床类型与病变程度等。
（3）患者的病情及是否有合并症。
（4）医学干预：是指医生为改善患者疾病预后所从事的一切活动。
（5）社会与家庭因素：社会经济水平、医疗制度、社会保障制度等都会影响预后。

5. 疾病预后研究设计

疾病预后研究包括疾病预后的评定及预后因素的研究。

（1）疾病预后的评定：①描述性研究，通过对研究对象的长期随访，获得纵向的调查资料，经整理、分析得到描述疾病结局的有关指标；②随机对照试验，将符合研究标准的某种疾病病例，按照随机分组的原则，分别给予不同的治疗措施，随访观察两组的疗效差别，比较判断两种治疗措施的效果。

（2）疾病预后因素的研究：常用的方案是病例对照研究和前瞻性队列研究。①病例对照研究：根据疾病的不同结局将全部研究病例分为病例组和对照组，进行回顾性调查，追溯产生该种结局的有关影响因素，是从果到因的研究。病例对照研究因不能计算生存率，因此不能进行预后评定，仅能提供预后因素的研究证据，而且提供的关联强度指标是比值比，并非相对危险度；②前瞻性队列研究：可以进行预后评定和研究预后因素，前瞻性队列研究设计是将符合研究标准的某种疾病病例，按是否具备可疑预后因素自然分为两个或多个队列，随访观察一段时间，计算各队列疾病人群的死亡率、治愈率、缓解率等指标，比较各组患者疾病结局的差异，以此得出结论。

队列设计的注意事项：必须有明确的起始点，而且在各队列中的每一个研究对象都要用相同的起始点；研究对象在入组观察时，不能已有相关的结局发生。

（3）研究设计要点：根据研究目的的不同，可以采用不同的研究设计方案。在预后研究中，前瞻性研究方法应用更为普遍，因此在设计时尤其要注意随访的有关问题。①确定研究对象：首先疾病预后研究的对象是某种疾病的患者，为保证研究对象的真实性，要有明确的诊断标准、纳入标准和排除标准；其次研究对象的来源要有代表性，不同的设计方案应采用相应的分组方法，随机对照试验应用随机的分组方法，队列研究则是按照自然地可疑预后因素暴露状况分组；不同的设计方案对样本含量的要求不同，可参照相应的公式来估算。②确定研究因素：根据文献或经验，从专业上确立可能的研究因素。要注意不要不分主次将全部能影响预后的因素都罗列在一次研究中，对确定的研究因素要有明确的定义和测量标准，定量指标要规定仪器、试剂和方法，定性指标要明确规定分组标准。③确定研究结局：根据所研究疾病的特点和研究目的的不同，疾病的结局有多种形式，不论确定何种疾病结局，对它的判断指标都要有明确的定义。④确定随访期限与随访起止时间：根据专业知识，视疾病病程确定随访期限，原则上随访期限要足够长，否则直接影响是否能够发现足够数量的结局；在疾病预后研究中，全部病例随访的开始时间不同，但必须有共同的随访起始点，零点时间常为相对确切的时间如起病日、手术日等相对较确切的时间；随访的终止时间，在预后研究过程中，不是每个研究对象都能观察到疾病的结局，因此有四种情况：死于所研究的疾病，生存但中途失访（终止时间）为最后一次随访时间，死于其他与研究无关的疾病，随访截止。⑤随访：保证随访成功是预后研究成功的关键之一，失访率控制在 10%～20% 以下，产生的偏倚较小，否则影响结果的真实性。

6. 疾病预后评定的指标

包括死亡率、治愈率、生存率、缓解率、复发率、功能丧失率等。缓解率是指病情缓解的患者数占观察患者总人数的百分比；复发率是疾病经过一定的缓解或痊愈后又重复发作的患者数占观察患者总人数的百分比；功能丧失率指发生肢体或器官功能丧失的患者数占观察患者总人数的百分比。

7. 生存分析的基本概念

对于预后研究资料，既要充分利用截尾数据的信息，又要把与结局紧密关联的时间考虑在内，这种将事件发生的结果与随访时间两个因素结合在一起进行分析的统计学分析方法，称为生存分析。其特点在于能充分利用所得到的研究信息，更加准确地评价和比较随访资料。

（1）失效事件：泛指干预措施失效的事件，也称失败事件或死亡事件，应根据研究目的和疾病的特点，在研究设计时对失效事件作出明确规定。

（2）生存时间：即随访观察持续的实足时间，根据疾病特征可以用天、周、月、年作为时间单位，用符号"t"表示。

（3）生存率：指某个观察对象活过生存时间的概率。根据研究目的和研究疾病的不同，规定的失效时间也不同，因此计算的指标可以是生存率，也可以是缓解率、有效率等。

8. 生存分析的内容

生存分析的内容包括生存过程的描述和比较，以及对影响生存过程的因素的探讨。①描述生存过程：通过计算生存率、绘制生存曲线及计算中位生存时间描述生存过程。随访病例较少，不需要分组，直接计算生存率；随访病例较多，可按生存时间进行分组，计算生存率。单个生存率不能反映疾病在某一时期的生存率变化，可以描绘生存曲线来反映，平缓的生存曲线表示生存率高且生存期较长，陡峭的生存曲线表示生存率低且生存期较短。生存时间的中位数是生存分析中最常用的概括性统计量，中位生存时间越长，表示疾病的预后越好；②比较生存过程：对样本的生存率进行比较；③影响预后的因素分析：通过不同组间生存率的比较，可以对影响预后的因素做出初步分析。这种分析必须保证观察组和对照组的临床特点和其他非研究因素要相同，但实际工作中很难做到。

9. 疾病预后研究的评价

疾病预后研究的结论是否可以作为可靠证据应用于临床实践，首先应该对该研究按照预后研究评价原则进行严格评判，判断其设计是否严谨，有无偏倚，结论是否可靠。

(1) 研究对象：研究对象的确定是否有明确、公认的诊断标准、纳入和排除标准，以便判断研究时有无选择偏倚；是否详细叙述了研究对象的来源，研究对象的来源包括进行预后研究的地区、医疗机构，以便了解研究对象的代表性和局限性；研究对象的观察是否有明确的起始点，预后队列研究要求纳入研究对象时，起始点要十分明确，因为患者处于不同病期和病程都将直接影响疾病预后结局，因此应该保证研究对象纳入时处于大致相同的阶段，通常是病程较早的阶段。

(2) 随访：原则上随访的时间应该足够长，这样可以观察到疾病的所有结局，如果随访时间过短，会使假阴性结果增加；是否随访到全部的纳入病例，在随访时间内随访到所有的病例为研究预后的终点，由于随访的时间比较长，一般都会出现失访，失访率超过20%，结果不可信；有无零点偏倚，如果研究对象的零点不同，可影响研究结果的真实性；有无迁移性偏倚，病例从原来的队列或观察组换到另外的队列或观察组称为迁移，迁移例数过多，可影响结果的真实性。

(3) 结局判断：是否叙述了判断结局的客观指标，根据疾病的特点，疾病的终点定义要准确、客观。否则容易产生意见分歧；是否采用盲法判断结局，硬指标不可采用盲法，软指标最好采用盲法否则会产生诊断怀疑偏倚和期望偏倚。

(4) 是否校正过影响预后的其他因素：在预后因素研究中，被观察的因素往往会受到其他因素的影响，因此需要采用多因素方法，消除其他因素的影响。

(5) 研究结果的完整性：是否报告了整个病程的预后结局，需要采用三种方法来描述生存率，即：某一点的生存率、生存曲线和中位生存时间。预后估计的精确度越高越好，至少报告预后结局概率95%可信区间。

(6) 研究结果的实用性：研究结果是否有助于医生作出临床治疗决策，是否有助于回答病人及其家属有关疾病预后的问题。

测试题

【名词解释】

1. 疾病预后　　2. 医学干预　　3. 自然史　　4. 生存时间
5. 生存率

【填空题】

1. 疾病的自然史包括_____、_____、_____和_____四个时期。
2. 预后因素复杂多样，概括起来有5个方面，分别是_____、_____、_____、

_____和_____。
3. 疾病预后研究设计的要点包括_____、_____、_____、_____和_____5个方面。
4. 疾病预后评定的指标除死亡率、治愈率、生存率还有_____、_____和_____。
5. 生存分析的内容包括_____、_____和_____。

【单项选择题】

1. 有关安慰剂的使用哪项论述**不正确**
   A. 使用目的是为了排除非特异性效应的干扰
   B. 安慰剂常用没有任何药理作用的物质
   C. 可用于研究那些目前尚无有效药物治疗的疾病作对照
   D. 安慰剂的外观和剂型与试验药物不同
   E. 安慰剂和试验药要同步应用

2. 在临床疗效试验中，进行样本量估计时，所需样本量随下列指标的变化情况正确的是
   A. 某种指标在人群中发生的频率越低，所需样本量越大
   B. 某种指标在人群中发生的频率越低，所需样本量越小
   C. 所需样本量与某种指标在人群中发生的频率无关
   D. 数值越大，所需样本量越大
   E. 数值越大，所需样本量越小

3. 在临床疗效试验中，进行样本量估计时，所需样本量随下列指标的变化情况正确的是
   A. 实验组与对照组要比较的数值差值 d 越大，所需样本量越大
   B. 实验组与对照组要比较的数值差值 d 越大，所需样本量越小
   C. 所需样本量与实验组与对照组要比较的数值差值 d 无关
   D. 实验组与对照组要比较的数值差值 d 越大，用单侧检验计算样本量
   E. 差值 d 和某种指标在人群中发生的频率越大，样本量越小

4. 在研究抗心律不齐药物的药效时，选择研究对象正确的是
   A. 最好选择近期心律不齐频繁发作的病人
   B. 最好不要选择近期心律不齐频繁发作的病人
   C. 可用孕妇作为研究对象
   D. 样本量越大，结果越能说明问题
   E. 病人的年龄和性别对研究结果影响不大

5. 目前进行疾病预后研究的主要方法是
   A. 现况调查
   B. 病例对照研究
   C. 生存分析
   D. 生态学研究
   E. 数理研究

6. 有关安慰剂的使用哪项论述**不正确**
   A. 使用目的是为了排除非特异性效应的干扰
   B. 安慰剂常用没有任何药理作用的物质
   C. 可用于研究那些目前尚无有效药物治疗的疾病作对照
   D. 安慰剂的外观和剂型与试验药物不同
   E. 安慰剂和试验药要同步应用

7. 关于单盲法描述**不正确**的是
   A. 单盲法简便，容易进行
   B. 单盲法是指观察者不知道分组情况和研究对象接受处理情况
   C. 单盲法是指研究对象不知道分组情况和研究对象接受处理情况
   D. 单盲法对受试者的健康和安全有利
   E. 单盲法可以去除来自研究对象的偏倚

8. 下列哪项**不是**临床试验中采用盲法原则观察结果的优点
   A. 可克服来自患者的主观因素的影响
   B. 可克服来自亲属的主观因素的影响
   C. 可克服来自医生、护士等观察者主观因素的影响
   D. 可克服来自研究分析资料人员的主观因素的影响
   E. 可克服实验室人员实验过程中的主观因素的影响

【多项选择题】

1. 在临床疗效实验中常用的随机化分组方法有哪些
   A. 单纯随机化
   B. 区组随机化
   C. 分层随机化
   D. 多阶段抽样
   E. 分层整群抽样

2. 关于双盲法描述正确的是
   A. 双盲法是指研究对象和观察者不知道分组情况和研究对象接受处理情况
   B. 双盲法是指观察者和资料分析者不知道分组情况和研究对象接受处理情况
   C. 双盲法不适用于危重病人
   D. 双盲法可以消除资料分析者带来的偏倚
   E. 双盲法得到的研究结果准确，没有任何偏倚

3. 关于三盲法描述正确的是
   A. 三盲法是指除观察者外都不知道分组情况和研究对象接受的处理情况
   B. 三盲法是指受试对象、观察者和资料分析者不知道分组情况和研究对象接受的处理情况
   C. 三盲法使科研的安全性得到了保证
   D. 三盲法能消除资料分析者带来的主观因素的影响
   E. 三盲法能保证结果的正确和研究对象的依从性

4. 在随机对照试验中，控制选择性偏倚的方法包括
   A. 严格掌握研究对象的入选标准
   B. 采用随机分组的方法
   C. 仪器和试剂标准化
   D. 使用盲法
   E. 采用随机抽样的方法

5. 在随机对照试验中，常见的偏倚和影响结果的因素有
   A. 选择性偏倚
   B. 测量偏倚
   C. 干扰和沾染
   D. 依从性
   E. 混杂偏倚

6. 关于随机对照试验和非随机对照试验叙述正确的是
   A. 随机对照试验必须随机分组并设对照
   B. 非随机对照试验不一定随机分组也不一定设对照
   C. 随机对照试验比非随机对照试验省时省力
   D. 非随机对照试验所得结果不如随机对照试验的结果可靠
   E. 随机对照试验正因为设立了严格的对照，所以结果才可靠

【简答题】

1. 简述临床疗效试验的特点。
2. 临床试验选择研究对象的原则是什么？
3. 临床试验常用的对照形式有哪些？
4. 简述随机对照试验的偏倚及其控制。
5. 简述预后研究中常见的偏倚及其控制。

参考答案

【填空题】

1. 生物学发病期　临床前期　临床期　结局
2. 患者的情况　疾病本身特征　患者的病情及是否有合并症　医学干预　社会与家庭因素
3. 确定研究对象　确定研究因素　确定研究结局　确定随访期限与随访起止时间　随访
4. 缓解率　复发率　功能丧失率
5. 描述生存过程　比较生存过程　影响预后的因素分析

【单项选择题】

1. D   2. A   3. B   4. A   5. C   6. D   7. B   8. B

【多项选择题】

1. ABC   2. AC   3. BD   4. ABE   5. ABCD   6. ABD

(戚永孝)

第十七章 病因研究及因果关系的推断

> **【教学要求】**
> 1. 了解 病因的定义和分类。
> 2. 熟悉 判断因果联系的标准。
> 3. 掌握 病因研究的主要方法和基本步骤。
>
> **【重点难点】**
> 1. 重点 病因的定义，因果关系判断的标准。
> 2. 难点 病因研究的方法和思路。

1. 病因的定义

1980年美国著名流行病学家 A. M. Lilienfeld 教授在其所著的《流行病学基础》一书中，从流行病学角度给出了病因的定义："那些能使人群发病概率增加的因子，就可认为是病因，其中一个或多个不存在时，人群疾病频率就下降"。简单来讲，病因就是能引起人类疾病的各种社会因素、自然因素以及机体自身心理、生理等因素。

2. 病因的分类

实际工作中较多的是按病因性质分类。

（1）环境因素：包括自然环境和社会环境因素。自然环境中有物理因素、化学因素、生物因素；社会环境包括政治制度、经济、文化教育、精神状态等因素。

（2）行为、生活方式因素：如吸毒、酗酒、不良饮食习惯、不洁性行为、缺乏体育活动等。有资料显示，目前死亡率较高（死因顺位在前）的疾病，其发生在不同程度上都与人类的行为生活方式有关。

（3）卫生服务因素：指卫生服务系统中不利于健康或导致疾病发生的因素，例如：卫生资源配置不合理，医疗保健制度不完善，公共卫生体系不健全，以及滥用抗菌素、医院内感染、误诊误治等。

（4）生物学因素：越来越多的研究显示，许多疾病与遗传基因有关，绝大多数疾病是遗传因素和环境因素共同作用的结果，因此生物遗传因素是导致人类疾病发生的重要因素。

另外，按效应与疾病的逻辑关系，将其分为必要病因和充分病因。

3. 病因模式

（1）三角模式：认为疾病发生是病因、宿主和环境三个方面同时存在、互相作用的结果，三者中缺少其一就不会发生疾病。此模式用这三者间的平衡解释健康和疾病的关系，即当三者处于平衡状态时表现为健康，当三者平衡关系被破坏则发生疾病。

（2）轮状模式：认为人机体的内在因素与外环境因素的协同作用，使疾病发生流行。轮状模式由机体和环境两方面组成，人的机体为轮轴（其中包含遗传"核心"），它包括年龄、性别、营养状况、免疫力、遗传等内在因素。轮轴被四周的环境包围着，包括互相影响的生物环境、物质环境和社会环境三方面。

（3）病因网：致病因素如何导致疾病的发生是错综复杂的，各种因子的作用可以相继或同时，持续或间隙，反复或单次，各因素所起作用程度不同，其作用可为单纯相加，也可能是彼此促进或互相协同，各因素可以互为因果导致某病的发生。这些因素互相联系，交错联结，形成一张类似"渔网"的网状结构，称为病因网。

4. 病因研究的基本步骤

病因探索的基本步骤可概括为四个方面：观察现象→提出假设→验证假设→导出结论。

（1）观察现象：应用描述性研究观察疾病在人群中发生发展特点、规律以及与疾病发生可能有关的因素，为进一步深入研究提供线索。观察疾病现象的方式有：现况调查；历史回顾性调查；观察临床特殊病例特点和疾病监测。

（2）提出假设：是指根据对疾病现象的观察，应用分析、综合、归纳、推理等逻辑方法，提出某病发生的可能原因是什么。提出假设的目的在于提供进一步研究的线索与思路，为进一步研究指出方向。

提出假设的方法有多种，在病因研究中常用 Mill 准则：

①求同法：也称契合法，就是找事物发生的共性。假设在多种不同情况或场合下，引起某种疾病的发生均有一个共同因素，那么这个共同因素就是可疑病因。

②求异法：是在差异中找原因，即在相似的事件中找不同点。假如在两种不同的情况、环境下，某种疾病的发生频率有显著差别，一种情况某种因素存在较多，而在另一种情况下该因素较少甚至没有，那么推测这种因素就是该病病因。

③共变法：是寻找与某一事物一起变动的偕同变异。如果某一疾病的发生频率随着某一现象（因素）数量的变化而相应变化，则推测这一现象就是该病的病因。

④排除法：也称剩余法，即在引起某病的诸多可能因素中，运用逻辑推理排除不可能的因素，剩余的就是可能的病因。通常是根据疾病主要的发生和分布特点提出可能的致病因素，然后再根据其他方面的特点排除不可能的。

⑤类推法：是用一种病因明确的疾病推断某种病因不明疾病的发生原因。如果某种原因不明的疾病其分布特征与另一种疾病的分布相似，则考虑有相同的病因。

（3）验证假设：是选择专门的人群进行调查或实验，说明某病的发生是否与所研究的因素存在联系，即检验所提出的假设是否正确。验证假设所用的方法有病例对照研究、队列研究和实验性研究。

（4）导出结论：导出结论就是根据验证假设过程所得结论，运用综合分析方法，说明所提出的假设病因是否为真正的病因，即确定疾病与因素间的因果关系。

5. 流行病学研究病因的特点

（1）从群体出发，用分布的观点来研究疾病。
（2）用定量的方法、概率论的观点和方法进行研究。
（3）从疾病的多因性综合探讨疾病与环境因素及机体自身因素间的关系。
（4）对于疾病病因的研究，有其极为广泛的适应性。

6. 病因判断的步骤

（1）确定疾病与因素间是否存在统计学上的联系。
（2）判断事物间统计学联系的性质。事物间联系的形式有：虚假联系，间接联系，偶然联系，因果联系。
（3）评价是否符合判断因果联系的标准。

7. 判断因果联系的标准

（1）联系强度：是反映暴露人群与非暴露人群发病间差异程度，常用相对危险度（RR）或比值比（OR）来表示。相对危险度越大，该关联是因果联系的可能性就越大。

(2) 联系的时间顺序：如果某因素与某病存在因果关系，则该因素应出现在前，疾病出现在后，而且中间相隔一定的时间。这是因果关联判断中的一个必要条件。

(3) 联系的特异性：如果某因素仅与某病有关，那么这种因素与疾病的特异关系就称联系的特异性。这种情况在传染病与职业病中比较明显。对于慢性病，则由于疾病的多因性，不一定可识别某一因素有明显的特异性。

(4) 联系的一致性：亦称联系的重复性、联系的普遍性。指如果某因素与某病的关系在任何时间、地点、人群的调查中均得到同样有意义的结果，则有更大的可能为因果联系。

(5) 剂量-反应关系：如果所研究的因素可以定量，随着该因素量的变化人群中某病发生频率也相应变化，则称为因素与疾病间存在剂量-反应关系。

(6) 分布的一致性：所研究疾病的时间、地区分布应与假设病因的分布基本一致，才可能是因果联系。否则因果联系就不能成立。

(7) 实验证据：如果运用流行病学实验研究在人群中进行病因实验得出阳性结果，则是病因推断的有力根据。

(8) 联系的合理性：如果认为某因素是某病的病因，则可以用现代的生物学、医学知识给予解释，至少有可能加以解释。也称作"生物学言之有理"或生物学支持。

8. 病因研究与疾病预防

病因研究的目的在于对疾病采取有效的防治措施，控制疾病的发生。对于病因明确的疾病，可针对病因预防，对于病因不明的疾病可在研究过程中采取预防措施。因此病因研究与疾病预防存在如下关系：①病因明确是疾病防治的必要条件；②在病因的研究过程中就可对疾病进行预防；③疾病防治是验证病因的有效手段；④病因研究推动疾病防治措施的探讨。

测试题

【名词解释】

1. 病因　　2. 求同法　　3. 共变法　　4. 病因网
5. 间接联系

【填空题】

1. 病因按其性质可分_____、_____、_____和_____四类。
2. 病因研究的基本步骤包括_____、_____、_____和_____。
3. 在病因研究，提出假设的常用方法有_____、_____、_____、_____、_____。
4. 三角模式认为疾病发生是_____、_____、_____三个方面同时存在，互相作用的结果，三者中缺少其一就不会发生疾病。
5. 因果联系必须是在有统计学联系的基础上，排除_____、_____与_____，并依据判断因果联系的标准做出综合判定。
6. 联系强度常用_____或_____来表示。其越_____，说明该关联是因果联系的可能性就_____。

【选择题】

1. 病因研究中实验性流行病学研究与观察性流行病学研究之间的主要区别是在实验研究中
   A. 研究是前瞻性的
   B. 根据患病与否选择研究组和对照组

C. 根据可疑病因的暴露史选择研究组和对照组
D. 研究组与对照组样本大小相同
E. 调查者决定谁暴露于可疑致病或保护因子，谁不暴露于可疑致病或保护因子

2. 一般来说，对疾病流行进行调查的主要目的是
   A. 识别所有的感染者
   B. 评价现有防制措施的效果
   C. 确定疫苗的效果
   D. 寻求控制致病因子进一步传播的措施
   E. 获得有关疾病在时间、地点、人群中分布的流行病学资料

3. 证实流行是否存在往往是根据
   A. 目前每周病人数超过10人
   B. 现在的发病率比一般情况下明显升高
   C. 现在的病人数超出了往年平均病人数加上2个标准差水平
   D. 实验室检查发现大多数被检标本均为阳性
   E. 诊断明确

4. 对暴发流行的时间、地点和人群分布特征进行描述的主要目的是
   A. 收集有关信息，以便为形成传染源及传播方式的假说提出依据
   B. 提供可能暴露的线索
   C. 证明某些人群具有较大的危险性
   D. 识别可能引起续发传播的因素
   E. 判断续发传播是否已经发生

5. 提出假设的目的是为了
   A. 帮助决定防治措施
   B. 在致病因子、传染源和传染方式不清楚的情况下所用的一个代用词
   C. 作为评价防治措施的标准
   D. 作为进一步调查的基础
   E. "A"和"C"都对

6. 如果再能获得下面哪一种资料就可以认为传染源及传播方式的假设已被证实
   A. 实际发生的病例比预想的病例要多
   B. 暴露者比非暴露者的罹患率明显高
   C. 用其他的传播方式不能解释该病的病例分布方式
   D. 病人的分布被证实
   E. "A"和"C"都对

7. 人肝癌和鸭肝癌地理分布一致，鸭子经常在水中生活，推想肝癌病因存在于水中其逻辑思维方法属于
   A. 求同法
   B. 求异法
   C. 共变法
   D. 类推法
   E. 排除法

8. 为研究肺癌的病因，将肺癌病例与非肺癌对照按年龄、性别、居住地及社会等级配比，然后对两组观察对象吸烟情况进行比较。试问这是一种什么性质的研究
   A. 定群研究
   B. 病例对照研究
   C. 临床实验
   D. 历史性定群研究
   E. 上述答案均不是

9. 143名尸检证实死因为细菌性心内膜炎在死者中，10岁以下的只占2%，作者据此得出结论，细菌性心内膜炎在儿童中非常少见。该结论存在的主要问题是
   A. 缺乏对照组
   B. 缺乏适当的随访研究
   C. 未进行年龄校正
   D. 缺乏分母
   E. 未对社会经济地区进行校正

10. 确定暴露于某一因子与发生某病的因果关系时，下列哪一条可**不加**考虑
    A. 联系的强度
    B. 联系的生物学合理性
    C. 时间顺序，即暴露在疾病发生之前
    D. 对联系进行统计学检验所得P值的大小
    E. 不同研究条件（地点、人群、时间）下所得联系的一致性

11. 为评价疫苗对某病的效果，随机选择1000名接种过该疫苗的2岁儿童，随访10年，结果80%的儿童未感染该病。关于该疫苗的效果，最正确的结论是
    A. 该疫苗效果非常好，因免疫率高
    B. 该疫苗并不十分有效，因其免疫力还不够理想
    C. 不能下结论，因为没有10年后的观察资料
    D. 不能下结论，因为没有随访未接种儿童
    E. 该疫苗无效

12. 造成性别发病率差异最可能的原因是

A. 暴露机会不同
B. 使用医疗保健服务的情况不同
C. 免疫水平不同
D. 报告系统的人为差异
E. 个体差异

13. 当一种新疗法只能延长病人寿命,而**不能**使病人痊愈,这样
    A. 该病的患病率将会降低
    B. 该病的患病率将会升高
    C. 该病的发病率将会升高
    D. 该病的发病率将会降低
    E. 该病的发病率不确定

14. 对怀头胎的孕妇进行访视、询问并记录她们在怀孕期间的吸烟情况,而后研究分析吸烟史与婴儿低出生体重的联系,这是什么类型的研究
    A. 临床实验
    B. 横断面研究
    C. 病例对照研究
    D. 定群研究(队列研究)
    E. 病例群研究

【简答题】

1. 简述流行病学研究病因的特点。
2. 简述判断因果联系的标准。
3. 简述病因判断的步骤。
4. 简述病因研究的基本步骤。

【应用分析题】

关于肺癌的病因,近半个世纪以来曾认为吸烟、大气污染是危险因素,但亦有人提出肺癌死亡率升高的原因,是由于人的寿命延长、人口老化的结果或对肺癌诊断手段的改进,使肺癌的检出率与死因诊断水平提高等有关。

1. 确定肺癌与吸烟这一因素是否有关联,应采用何种流行病学研究方法?
2. 英国学者 Doll 和 Hill 于 1948 年 4 月至 1952 年 2 月近四年收集了伦敦及其附近 20 所医院诊断为肺癌的住院病人为调查对象(从中去除了误诊的、病危不能配合的、死亡者、耳聋者、不会英语者共计 1465 例),占当时这些医院里肺癌病人的 85%,在调查每一例肺癌病人的同时配一例同医院同期住院的其他癌症病人作为对照。

作者将男性肺癌者与非呼吸系统癌症患者(对照)的吸烟习惯调查结果列于表 17-1:

表 17-1 男性肺癌组与对照组吸烟习惯成组比较

吸烟习惯	肺癌组	对照组	合计
吸烟	1350	1296	2646
不吸烟	7	61	68
合计	1357	1357	2714

请计算 χ^2 值与 OR。

3. 作者进一步把男性肺癌组按吸烟与否及每日吸烟剂量进行分析(见表 17-2):

表 17-2 每日吸烟量与肺癌的关系(男性)

吸烟量(支/日)	病例组	对照组	合计	OR
0	7	61	68	
1	49	91	140	
5	516	615	1131	
15	445	408	853	
25	229	162	461	
50	41	20	61	
合计	1357	1357	2714	

请计算不同吸烟量的 OR。
4. 从本次吸烟与肺癌的病例对照研究资料中可以得出什么结论？尚需进一步做何种研究以判定其因果关系？

参考答案

【填空题】

1. 环境因素　行为、生活方式因素　卫生服务因素　生物学因素
2. 观察现象　提出假设　验证假设　导出结论
3. 求同法　求异法　排除法　共变法　类推法
4. 病因　宿主　环境
5. 虚假联系　间接联系　偶然联系
6. 相对危险度（RR）　比值比（OR）　大　越大

【选择题】

1. E　2. D　3. B　4. A　5. D　6. B　7. A　8. B　9. D　10. D　11. D
12. A　13. B　14. D

【应用分析题】

1. 病例对照研究与队列研究。

2. $\chi^2 = \dfrac{(ad-bc)^2 n}{(a+b)(c+d)(a+c)(b+d)} = \dfrac{(1350\times61-1296\times7)^2\times2714}{2646\times68\times1357\times1357} = 43.98$

   $OR = \dfrac{ad}{bc} = \dfrac{1350\times61}{1296\times7} = 9.08$

3. 每日吸烟量与肺癌的关系（男性）

吸烟量（支/日）	病例组	对照组	合计	OR
0	7	61	68	1.0
1	49	91	140	4.7
5	516	615	1131	7.3
15	445	408	853	9.5
25	229	162	461	16.1
50	41	20	61	17.9
合计	1357	1357	2714	9.1

4. 吸烟与肺癌的发生有关系，尚需进一步做队列研究。

（王福彦）

第十八章 流行病学研究的误差和偏倚

【教学要求】

1. 了解 真实性的含义；随机误差与系统误差的关系。
2. 熟悉 误差的分类；随机误差、系统误差的概念。
3. 掌握 偏倚的概念、分类；选择偏倚、信息偏倚、混杂偏倚的定义；常见的选择偏倚、信息偏倚、混杂偏倚及其控制方法。

【重点难点】

1. 重点 偏倚的概念、分类；选择偏倚、信息偏倚、混杂偏倚的定义；常见的选择偏倚、信息偏倚、混杂偏倚及其控制方法。
2. 难点 常见的选择偏倚、信息偏倚、混杂偏倚及其控制方法。

1. 误差和偏倚的基本概念

（1）随机误差：随机误差只能减少而不能完全避免，既可以是测量方法本身的随机变异，也可能是被测定的生物现象的随机变异。

（2）系统误差：系统误差指研究的结果或推论偏离真实值，也可以说是在资料的收集、分析、解释或发表过程中，能够导致结论系统地与真实值有所不同的任何趋势。偏倚指在研究的设计、实施或分析中导致错误地估计暴露对于疾病风险的效应的任何系统误差。

（3）随机误差和系统误差的关系：多数情况下系统误差和随机误差是共存的。但是，研究中应尽量消除系统误差，减少随机误差。

（4）真实性：真实性指一种测量方法或研究获得的结果能够正确地反映真实情况的程度。包括内真实性和外真实性。

2. 偏倚

（1）选择偏倚

1）选择偏倚的定义：是研究中的一种系统误差，来源于研究对象的选择过程以及影响研究对象参与的因素。当暴露和疾病之间的联系在参加者和不参加者之间存在差异时就可能产生选择偏倚。

2）常见的选择偏倚

①入院率偏倚：也称就诊机会偏倚或伯克森偏倚。利用医院资料进行研究时容易产生这种偏倚。引起入院率偏倚的原因有：疾病的严重程度、求医和住院的难易程度、对疾病的认识水平等。

②现患-新发病例偏倚：又称奈曼偏倚。通常病例对照研究的病例组和现况研究中的调查对象多为现患病例，而该病的死亡病例、轻型病例或不典型病例不是难以调查就是不易发现。然而在队列研究中却可以观察到各种临床新病例。因此，病例对照研究和现况研究中所采用的病例与队列研究中的病例有所不同。由此获得的病例对照研究与现况研究的因素与疾病的关系和队列研究所得到的结果可能会有所不同。这就是现患-新发病例偏倚。在任何分析性研究中，如果暴露时间与实际选择研究对象时间有一段间隔，就有可能产生这种偏倚。

③检出征候偏倚：也称暴露偏倚。当选择纳入病例时，部分病例会因为一些与本病无关的症状和

体征而促成本病的发现。结果在分析时这部分人中某种疾病的检出率人为地提高了，甚至还可能得出这种疾病与该因素有一定关系的错误结论，这就是检出征候偏倚。

④无应答偏倚和志愿者偏倚：无应答者指调查对象中那些因为各种原因不能回答调查研究工作所提出的问题的人。无应答者可能在一些重要特征或暴露上与应答者有区别。如果无应答者超过一定比例，就会使研究结果产生偏倚，即无应答偏倚。与此种偏倚相对的情况叫志愿者偏倚，也称自身选择偏倚。

此外，常见的选择偏倚还有诊断偏倚、存活偏倚及检测偏倚等。

3）选择偏倚的控制：①研究者应充分了解该项研究工作中各种可能的选择偏倚来源，并在研究设计过程中尽量避免；②为了避免存活因素的影响，在进行病例对照研究时，如果病例组选择新诊断病人，对照组则不应由慢性病病人组成；如果对照所患慢性病严重地影响暴露，则更不应作为对照；③为了避免由于拒绝参加研究而引入选择偏倚，应尽可能地降低拒绝参加人员的比例；④在队列研究中随访全部研究对象，或获得尽可能高的应答率，可能预防或减少偏倚。

（2）信息偏倚

1）信息偏倚的定义：信息偏倚也称测量偏倚、观察偏倚、分类偏倚。指研究中因所获得的研究对象的信息错误产生的系统误差。

2）常见的信息偏倚

①回忆偏倚：回顾性研究在收集暴露资料时，由于所调查的资料发生在过去，在回忆时资料可能与实际有偏差，称回忆偏倚。

②暴露怀疑偏倚：指在病例对照研究时，如果调查员事先知道研究对象的患病情况，在收集资料时，自觉或不自觉地采取不同的方法或不同的深度和广度来询问病例和对照，导致两组间产生系统误差。

③诊断怀疑偏倚：指研究者事先已经知道被观察者过去的暴露因素，而且一般认为该暴露因素与疾病有关，因而在对疾病进行诊断时，对暴露者比非暴露者更加重视、仔细，可能因检查者的主观因素影响疾病的诊断。

④说谎偏倚：指被调查者有意作假造成的，常见于敏感问题的调查。

⑤诱导偏倚：由于调查者的技术不当造成的误差。

3）信息偏倚的控制：①盲法：在收集和处理资料过程中，对研究者及被研究者掩盖暴露或疾病的身份，或研究假说的内容；②尽量收集客观指标的资料；③收集资料的范围适当广泛；④严格的调查设计和研究人员的科学态度。

（3）混杂偏倚

1）混杂偏倚的定义：当研究暴露于某一因素与疾病之间的关系，由于某个既与所研究的疾病有联系，又与所研究的因素有联系的因素的影响，掩盖或夸大了所研究的暴露与疾病的联系强度，即混杂偏倚。引起混杂偏倚的因素叫混杂因素。混杂偏倚发生于资料的分析阶段，可以通过一定的方法和手段加以控制。

混杂因素必须满足以下的条件：①混杂因素必须对研究的疾病有直接作用；②混杂因素必须与所研究的暴露有联系，如果与暴露没有联系，亦即该因素在暴露和非暴露者中分布均衡，它不能成为混杂因素；③混杂因素不应该是暴露与疾病之间因果链中的一个中间环节。

2）混杂偏倚的控制

在设计和资料收集阶段：

①随机化：随机分配的方法适用于实验研究。

②限制：即对病例组和对照组，或暴露组和非暴露组人员的条件加以某种限制。在设计时，规定两个比较组成员在人口统计学特征上相近，或将本次研究对象限定在某个年龄组内，或规定患某病的某型病例作为研究对象。

③匹配：匹配就是在选择好研究组（队列研究中的暴露组、病例对照研究中的病例组）之后，根

据研究组各个个体的特征来选择对照组（队列研究中的非暴露组、病例对照研究中的对照组）。匹配可以是个体的，也可以是群体的；匹配数量可以是1∶1，1∶2，1∶3，1∶4。1∶1匹配即是配对设计。

资料分析阶段控制混杂因素：

①分层分析：就是把暴露与未暴露人群或病例与对照放在匀质或较为匀质的范围内进行比较。

②多因素分析：如果需要同时控制多个混杂因素而样本数又不足够大时，分层分析常有困难。多因素分析可在样本不是极大的情况下，同时控制多个混杂因素而不影响研究的功效。

③标化方法：主要有率的标化、相对危险度的标化等。

测试题

【名词解释】

1. 偏倚　　2. 选择偏倚　　3. 信息偏倚　　4. 混杂偏倚
5. 混杂因素　6. 入院率偏倚　7. 现患-新发病例偏倚　8. 检出征候偏倚
9. 回忆偏倚　10. 匹配

【填空题】

1. 一般可以将偏倚分三大类，即：_____、_____和_____。
2. 在设计和资料收集阶段控制混杂偏倚的方法有_____、_____和_____。
3. 资料分析阶段控制混杂偏倚的方法有_____、_____和_____。
4. 当暴露和疾病之间的联系在参加者和不参加者之间存在差异时就可能产生_____偏倚。
5. 利用医院资料进行研究时容易产生_____偏倚。
6. 在任何分析性研究中，如果暴露时间与实际选择研究对象时间有一段间隔，就有可能产生_____偏倚。
7. 回顾性研究在收集暴露资料时，由于所调查的资料发生在过去，在回忆时资料可能与实际有偏差，称_____。
8. 敏感问题的调查常见_____偏倚。
9. 1∶1匹配即是_____设计。
10. 引起混杂偏倚的因素叫_____。

【选择题】

1. 利用医院就诊或住院病人为研究对象时，由于入院率的不同而造成的偏倚是
   A. 无应答偏倚
   B. 混杂偏倚
   C. 易感性偏倚
   D. 抽样误差
   E. Berkson偏倚

2. 在病例对照研究中，由于研究者事先了解研究对象的分组情况，对病例组的询问非常认真，而对对照组则不太认真，因为研究者认为对照组不需要花费与病例组同样的精力认真调查，由此产生的偏倚是
   A. 诊断怀疑偏倚
   B. 测量偏倚
   C. 易感性偏倚
   D. 暴露怀疑偏倚
   E. Berkson偏倚

3. 在研究近期口服避孕药与心肌梗死关系时，因为怀疑年龄是可能的混杂因素，因此只选择35~45岁的妇女作为研究对象，这种控制混杂偏倚的方法是
   A. 限制
   B. 匹配
   C. 随机化抽样
   D. 便于资料进行多因素分析
   E. 盲法收集资料

4. 对研究所需指标或数据进行测定或测量时产生的偏倚为
   A. 诊断怀疑偏倚
   B. 测量偏倚
   C. 易感性偏倚
   D. 暴露怀疑偏倚
   E. Berkson 偏倚

5. 某因素在病因学上与某疾病本无关联，但可引起所研究疾病的症状或体征，从而促使患者及早就诊，提高了早期病例检出率，从而过高地估计了暴露程度，这种偏倚是
   A. 诊断怀疑偏倚
   B. 检出偏倚
   C. 测量偏倚
   D. 混杂偏倚
   E. Berkson 偏倚

6. 奈曼偏倚是指
   A. 诊断怀疑偏倚
   B. 检出偏倚
   C. 测量偏倚
   D. 现患-新发病例偏倚
   E. Berkson 偏倚

7. 当暴露和疾病之间的联系在参加者和不参加者之间存在差异时就可能产生
   A. 诊断怀疑偏倚
   B. 检出偏倚
   C. 选择偏倚
   D. 现患-新发病例偏倚
   E. Berkson 偏倚

8. 把暴露与未暴露人群或病例与对照放在匀质或较为匀质的范围内进行比较的方法称
   A. 匹配
   B. 限制
   C. 分层分析
   D. 多因素分析
   E. 随机化

9. 入院率偏倚又称
   A. 诊断怀疑偏倚
   B. 检出偏倚
   C. 测量偏倚
   D. 现患-新发病例偏倚
   E. Berkson 偏倚

10. 在任何分析性研究中，如果暴露时间与实际选择研究对象时间有一段间隔，就有可能产生
    A. 诊断怀疑偏倚
    B. 检出偏倚
    C. 测量偏倚
    D. 现患-新发病例偏倚
    E. Berkson 偏倚

11. 暴露偏倚就是
    A. 诊断怀疑偏倚
    B. 测量偏倚
    C. 检出征候偏倚
    D. 暴露怀疑偏倚
    E. Berkson 偏倚

12. 调查对象中那些因为各种原因不能回答调查研究工作所提出的问题的人称无应答者，他们可能在一些重要特征或暴露上与应答者有区别，由此造成的偏倚称
    A. 无答应偏倚
    B. 测量偏倚
    C. 检出征候偏倚
    D. 志愿者偏倚
    E. Berkson 偏倚

13. 回顾性研究在收集暴露资料时，由于所调查的资料发生在过去，在回忆时资料可能与实际有偏差，称
    A. 无答应偏倚
    B. 测量偏倚
    C. 检出征候偏倚
    D. 志愿者偏倚
    E. 回忆偏倚

14. 被调查者有意作假造成的偏倚称
    A. 无答应偏倚
    B. 说谎偏倚
    C. 检出征候偏倚
    D. 志愿者偏倚
    E. 回忆偏倚

15. 在收集和处理资料过程中，对研究者及被研究者掩盖暴露或疾病的身份，或研究假说的内容，称
    A. 匹配
    B. 说谎偏倚
    C. 检出征候偏倚
    D. 盲法
    E. 回忆偏倚

【简答题】

1. 试述混杂偏倚的概念及其控制方法。
2. 试述误差的分类及其特点？
3. 试述常见的选择偏倚及其控制方法。

参考答案

【填空题】

1. 选择偏倚　信息偏倚　混杂偏倚
2. 随机化　限制　匹配
3. 分层分析　多因素分析　标化方法
4. 选择偏倚
5. 入院率
6. 现患-新发病例
7. 回忆偏倚
8. 说谎
9. 配对
10. 混杂因素

【选择题】

1. E　2. D　3. A　4. B　5. B　6. D　7. C　8. C　9. E　10. D　11. C
12. A　13. E　14. B　15. D

(周玲玲)

第十九章 循证医学与循证决策

> 【教学要求】
> 1. 了解 循证医学的研究内容。
> 2. 熟悉 循证医学的证据来源。
> 3. 掌握 循证医学的具体做法和步骤。
>
> 【重点难点】
> 1. 重点 循证医学的定义。
> 2. 难点 循证医学的步骤。

1. 循证医学的定义

循证医学（evidence-based medicine，EBM），又称求证医学或实证医学。加拿大著名临床流行病学家 David Sackeet 教授将其定义为"慎重、准确和明智地应用所能获得的最佳研究依据，对个体患者所做出的医疗决策"。其核心思想是在临床决策中慎重、准确、明智地运用在临床研究中得到的最新、最有力的科学研究信息来诊治病人，使临床决策建立在具有说服力和充足的证据的基础之上，从而使诊疗手段、方法更具有效性和安全性。

2. 循证医学对临床医学的影响

①促进临床医生业务素质和医疗水平的提高；②促进临床医疗决策科学化；③促进临床与临床流行病学科学研究；④促进临床教学和培训水平的提高；⑤提供可靠信息，有利于卫生政策决策科学化；⑥使患者得到好的诊断和治疗。

3. 循证医学的研究内容

①了解医学的最新进展，跟上形势发展的需要；②达到尽早诊断的目的；③选择最佳治疗和管理方案，此方案应当对病人的健康有利，而不是有害；④提出临床研究的假设；⑤评价治疗、处理措施或手段的临床疗效；⑥提出新的预防、治疗措施（包括新的医疗器械的研制）；⑦预后分析和远期疗效观察；⑧为疾病病因学研究提供证据。

4. 循证医学的实施方法

循证医学实施包括如下五个步骤：

（1）提出临床要解决的问题：这些问题包括：①临床表现，从病史及体检中得到的发现；②疾病发生的原因；③鉴别诊断；④诊断试验：为了证实或排除某一诊断，依据精确性、正确性、可接受性、费用、安全性等因素，选择诊断试验并解释其结果；⑤预后：估计病人可能产生的临床过程及并发症；⑥治疗：从效果及费用等方面选择对病人有好处的治疗手段；⑦预防：通过确定和改变危险因素来减少疾病的发生，通过筛检早期发现该病；⑧自我提高：更新知识，改进医技，更好的临床实践。

（2）寻找回答问题的证据：根据临床提出的问题，通过系统检索得到最全面的证据，作为分析评价之用。常用的原始证据来源有：医学索引在线；Embase 数据库；中国生物医学文献数据库

(CBM)；中国循证医学/Cochrane中心数据库（Chinese Evidence Based Medicine/Cochrane Center Database，CEBM/CCD）。

（3）对证据作出评价：将收集的有关文献，应用临床流行病学及EBM质量评价的标准，从证据的真实性、可靠性、临床价值及其适用性作出具体的评价，并得出确切的结论以指导临床决策。如果收集的合格文献有多篇的话，则可以作系统分析（systematic analysis）和荟萃分析（Meta-analysis）。

（4）将结果应用于临床实践：将经过严格评价的文献，从中获得真实可靠并有临床应用价值的最佳证据，用于指导临床决策。对于经严格评价效果不佳甚至有害的治疗措施则否定，对于尚难定论并有希望的治疗措施，则可为进一步的研究提供信息。

（5）对实施的结果进行评价：通过第4步对患者的实践，必有成功或不成功的经验和教训，临床医生应进行具体的分析和评价，从中获益，提高认识、学术水平和医疗质量。

5. 系统评价

系统评价是系统全面地收集全世界所有已发表或未发表的有关临床研究的文章，用统一的标准，筛选出符合质量标准的文章，进行定量综合，得出可靠的结论。

6. Meta分析

Meta分析是进行系统评价的一种研究手段和方法，是对已发表的和未发表的资料进行综合分析、评价，是一种对已有的资料进行最佳利用的方法。

（1）Meta分析的意义：①为进一步的研究和决策制定、提供全面的文献复习；②在临床结果发生率较低的情况下，增加统计学上的把握度；③提高对治疗作用大小估计的正确性；④测定及解决文献报道中有矛盾的结果；⑤研究不同文献异质性的来源和重要性；⑥研究不同的情况和不同的亚组中治疗作用的变化范围；⑦分析原始文献原来所没有分析的一部分结果；⑧研究出版偏差；⑨估计成本、效果分析中的结果；⑩了确定新的研究问题和对新试验的设计提供帮助。

（2）Meta分析的步骤

①确定研究目的：即提出临床上迫切需要解决的问题。

②收集文献：检索方法包括联机检索、人工检索。

③文献质量评定：内容应包括：有否详细介绍研究方法；有无陈述随机分组的方法；是否用双盲法测定结果；统计方法是否正确；测定结果时有无偏倚；是否事先计算了样本的大小；对阴性结果是否计算了把握度。

④资料摘要：将每篇入选文章的主要内容以及各种结果摘要列出。

⑤资料的合并分析：首先检验各临床试验的结果是否一致（同构型检验，homogeneity test）；计算各临床试验合并后的结果$RR/(OR)$或μ，其中μ是率差，并检验其结果是否有显著意义，其方法常用Peto方法。基本原理是比较每次研究中处理组的实际事件数和理论事件数，比较时假定处理无作用。它是修改的Mantel和Haenszel方法，合并试验效应的显著性检验χ^2值计算同Mantel-Haenszel法。计算公式如下：

$$\chi^2 = \frac{\left[\sum(O-E)\right]^2}{\sum V}$$

式中，O为治疗组事件的实际值；E为假设治疗无作用时，治疗组事件的理论值；V为实际值与理论值差$(O-E)$的方差。

合并优势比对数计算公式：

$$\ln O\hat{R} = \frac{\sum(O-E)}{\sum V}$$

其标准误：

$$S_{\bar{x}}(\ln O\hat{R}) = \frac{1}{\sqrt{\sum V}}$$

⑥敏感性分析：用不同方法进行分析，看是否影响结论。

⑦讨论干预措施的经济影响：因为 Meta 分析常作为经济分析的基础。

⑧讨论 Meta 分析的结果：常包括：治疗作用的大小（包括治疗组及对照组的均数）；危险比；生存率之间的差别。

(3) Meta 分析的优缺点

优点：①提高发现有意义的新疗法的把握度；②显示出联合或相关作用的重要性；③通过比较不同的治疗措施，提供最佳治疗方案；④可测定治疗作用的稳定程度；⑤提示什么情况下研究结果对研究设计是敏感的。

缺点：①使用来自不同人群资料时的偏倚；②有两个或两个以上中心趋势时，合并资料可能有偏倚；③当所合并资料的变异大于所提供的信息时，由于强调平均结果而丢失部分信息；④过多强调随机对照试验（RCT）的结果，忽视了没有发表的会议文章造成偏倚以及某些失访人员可能影响对治疗结果的判断。

7. 循证医学信息来源

1993 年成立世界 Cochrane 协作网，至今已有的 15 个 Cochrane 中心分布在 13 个国家（英、美、加、澳、法、德、意、荷兰、巴西、南非、挪威、西班牙、中国）。Cochrane 协作网的任务包括：①帮助人们做系统评价；②建立新中心、新专业组；③建立国际临床研究登记；④开发系统评价软件方法；⑤把系统评价结果通过电子杂志的光盘、Internet 分发给世界各地的医师、病人和决策者。

8. 循证决策

循证决策是遵循现有最好的证据，制定单位、区域或国家医疗卫生服务管理模式，公共卫生措施和医疗卫生政策的学科。目标是以最低的成本，包括人力和物力资源，最高的工作效率，做好科学决策。

(1) 循证决策的内容：①确定区域或国家的卫生服务重点；②制定卫生资源管理的模式；③制定和提出公共卫生措施；④制定医疗卫生政策；⑤确定医疗诊治技术准入名单；⑥对医疗诊治技术进行卫生经济学评价。

(2) 循证决策的步骤：①确定拟解决的问题；②收集制定决策的依据；③文献质量评定；④评价结果的科学性、可靠性；⑤分析结果的外延性；⑥综合证据，做出决策。

测试题

【名词解释】

1. Meta 分析　　　2. 系统评价　　　3. 循证决策

【填空题】

1. 循证医学的证据主要来自各种_____，包括_____或_____结果。
2. 循证医学其核心思想是在临床决策中_____、_____、_____地运用在临床研究中得到的最新、最有力的科学研究信息来诊治病人。

【单项选择题】

1. 从循证医学的观点看，不同种类的研究方法提供的证据的质量差别很大，最高质量的研究方法应该是
   A. 个人经验和观点

B. 无对照病例系列
C. 随机对照试验
D. 随机对照试验的系统综述
E. 非随机对照研究

【多项选择题】

1. 新时代的流行病学研究会有以下特征
   A. 临床的诊断、疗效、副作用和预后将会是流行病学研究的重要内容
   B. 新的暴露和结局指标会更多地引入流行病学研究
   C. 公共卫生的流行病学会与临床流行病产生更大的差别
   D. 总结和利用证据进行决策方面会有更大的发展
   E. 新时代的流行病学将会逐渐抛弃传统流行病学的研究内容
2. 循证医学广义的概念包括
   A. 遵循现有的最好的证据实施医学实践
   B. 不必考虑病人和社会的价值取向
   C. 必须考虑现有的研究证据和实际医疗卫生条件
   D. 寻找和评估证据是实施循证医学方式的必要环节
   E. 淘汰现行的无效的干预措施，防止新的无效的措施进入医学实践
3. 循证医学研究证据大致可分为
   A. 经验证据
   B. 原始证据
   C. 整合证据
   D. 证据概要
   E. 临床指南

【简答题】

1. 简述 Meta 分析的步骤与方法。
2. 简述循证医学的具体做法和步骤。

参考答案

【填空题】

1. 科学研究的结果　随机对照试验　随机对照试验 Meta 分析
2. 慎重　准确　明智

【单项选择题】

1. D

【多项选择题】

1. ABD　　2. ACDE　　3. BCE

（王福彦）

第二十章 人类环境与健康

【教学要求】

1. 了解 构成环境的因素；环境有害因素的预防与控制。
2. 熟悉 生态系统的主要特征；人与环境的关系；环境污染物健康危险度评价的概念、目的及组成。
3. 掌握 环境、环境污染与公害的概念；环境污染的来源及其对健康的影响。

【重点难点】

1. 重点 环境及环境污染的基本概念；环境污染物的来源；环境致病因素的健康效应；环境污染对人类健康影响的特点及对健康损害作用的表现形式。
2. 难点 环境中污染物的转归；环境致病因素的健康效应；生物学标志物的概念和意义；环境污染物的健康危险度评价。

1. 环境的概念及分类

（1）WHO 公共卫生专家委员会把环境定义为：环境是指在特定时刻由物理、化学、生物及社会各种因素构成的整体状态，这些因素可能对生命机体或人类活动直接或间接地产生现时或远期作用。

（2）分类：根据环境的组成要素将人类环境分为自然环境和社会环境。

1）自然环境：①原生环境，是指天然形成的，未受或少受人为因素影响的自然环境。②次生环境，是指在人类生产、生活以及社会交往等活动，使天然形成的环境条件发生了改变的自然环境。

2）社会环境：是指人类在自然环境的基础上，通过长期有意识的社会劳动所创造的人工环境。

2. 生态环境

（1）生态系统：是在一定空间范围内，由生物群落及其环境组成，借助于各种功能流（物质流、能量流、物种流和信息流）所联结的稳态系统。生态系统中一种生物被另一种生物吞食，后者再被第三者生物所吞食，彼此以食物联接起来的链锁关系称为食物链。环境中某些污染物含量在生物体之间沿着食物链逐级增高，使生物体内浓度超过环境中浓度，称为生物富集作用。

（2）生态系统的主要特征：整体性、自调控能力、开放性和稳定性、可持续性。

（3）生态系统健康：是指具有活力和自调节能力、结构稳定的生态系统，是生态系统的综合特性。

3. 环境污染及对健康的影响

（1）环境污染与公害：由于人为的或自然的原因，使环境的组成与性质发生改变，扰乱了生态平衡，对人类健康造成了直接的或间接的或潜在的有害影响，称为环境污染。严重的环境污染叫公害，即环境污染对居民健康以及生态平衡造成了严重影响的情况，其突出的标志是许多人因此出现急、慢性中毒或死亡。由环境污染引起的地区性疾病称公害病。

（2）污染物及其来源：生产性污染、生活性污染、其他污染。

（3）污染物的转归：指污染物进入环境以后，在环境物理、化学和生物因素的作用下，发生分布或迁移、生物转化、生物富集和自净作用的全部过程。

1) 分布或迁移：特点：①梯度性；②广泛性；③多向性。
2) 生物转化：进入机体的环境化学物，在体液或组织内参与机体固有的复杂生化反应过程中，使其本身的化学结构发生一系列变化，此过程被称为生物转化。

生物解毒作用：大部分的污染物经生物转化作用后其毒性降低或消失。

生物活化作用：有一些污染物经生物转化后变成毒性更大的新的有害物质。

3) 环境的自净作用：污染物进入环境后，在自然的物理、化学或生物因素作用下，经过一定时间，环境污染物浓度或总量降低，该过程被称为环境的自净。

(4) 环境污染的健康危害

1) 环境致病因素的健康效应：从群体角度，环境污染物可引起不同程度的健康效应，效应从弱到强可分为5级：①污染物在体内负荷增加，但不引起生理功能和生化代谢的变化；②出现生理代偿性的、非病理学改变的某些生理功能和生化代谢变化；③某些生化代谢或生理功能出现异常改变，机体处于病理性的代偿和调节状态，无明显临床症状和体征；④机体功能失调，出现临床症状，成为疾病；⑤出现严重中毒，导致死亡。不同级别的效应在人群中的分布称为健康效应谱。

2) 生物学标志物：是指存在于机体的生物材料（血液、尿液、头发等）中，能特定地显示机体对环境污染物的暴露或早期损害情况的指示物。分为暴露生物标志物、效应生物标志物、易感性生物标志物。

3) 环境污染对人类健康影响的特点：广泛性、复杂性、多样性、长期性。

4) 环境污染对健康损害作用的表现形式：①急性危害；②慢性危害，主要有非特异性损害、慢性疾患、持续性积蓄危害；③特殊损害，包括致癌作用、致畸作用、致突变作用、免疫毒性作用；④环境内分泌干扰物：是指能够改变内分泌系统功能，从而对整个机体或其后代，或其群体引起健康效应的外源性物质或混合物。

5) 环境污染引起的疾病类型：公害病、职业病、食物中毒、传染病。

4. 影响污染物对健康损害的因素

(1) 污染物因素：污染物的理化性质、污染物的作用剂量（暴露浓度或强度）、污染物的作用时间。

(2) 机体因素：健康状况、遗传因素、营养条件。

(3) 环境因素。

5. 危险度评价的概念、意义及组成

(1) 健康危险度评价：是对暴露于某一特定环境条件下，该环境有毒、有害物质或因素可能引起的健康效应及其危害程度进行定性和定量评价，并预测环境有害物质对暴露人群可能产生的有害效应的概率。

(2) 意义：有助于对环境中有毒有害物质进行有效的管理，其结果可为制定环境卫生标准、管理法规、进行卫生监督、采取防治对策和措施、保护环境及人群健康等提供科学依据。

(3) 组成

1) 危害鉴定：是危险度评价的第一步骤，属定性评价阶段。其目的是确定在一定的条件下，被评价的化学物是否对机体健康产生有害效应，这种效应是否具有该物质所固有的毒性特征和类型。通常根据毒理学研究和人群流行病学调查资料，判断在某一暴露情况下接触有害物质是否会对机体产生危害。

2) 暴露评价：是有害物质危险度评价过程中不可缺少的一部分。通过暴露评价，可以估计出人群对某化学物暴露的强度、频率和持续时间。这与评价该化学物毒性效应的诱发时间和潜伏期有很大关系。

3) 剂量-反应关系评定：是环境化学物暴露与健康效应之间的定量评价，是危险度评价的核心内容。目的是利用人或动物定量研究资料，得到某有害物质的剂量（浓度）与健康效应的定量关系，从而确定暴露水平与健康效应发生率之间的关系，找出规律，提出剂量-反应模式，用于该物质的危险度特征分析。

　　4）危险度特征分析：是在以上三个阶段所得的定性、定量评定结果的基础上确定有害物质暴露人群中有害效应发生率的估计值（即危险度）及其可信程度或不确定性程度，是危险度评价的最后阶段。

测试题

【名词解释】

1. 环境污染　　2. 生物转化　　3. 环境的自净　　4. 生物学标志物
5. 健康危险度评价　　6. 环境内分泌干扰物　　7. 生态系统健康　　8. 生物富集作用

【填空题】

1. 构成环境的主要因素有_____、_____、_____和_____。
2. 污染物对人体健康损害的性质与程度主要受_____、_____和_____三个方面的影响。
3. 环境污染对人体健康的危害是多种多样的，按污染性质、种类，环境污染引起的疾病类型可分为_____、_____、_____和_____。
4. 生态系统的主要特征有_____、_____、_____和_____。

【选择题】

1. 环境污染对健康影响的特点，**错误**的是
   A. 影响人群的范围大
   B. 作用时间长
   C. 污染物浓度低
   D. 污染物种类多
   E. 治理容易
2. 对次生环境描述**不正确**的是
   A. 是指人类活动影响下形成的环境
   B. 与原生环境相比，其中物质的交换、迁移和转化，能量信息的传递等都发生了重大的变化
   C. 次生环境比原生环境差
   D. 人类活动时不重视物质、能量平衡，就会使次生环境的质量变劣
   E. 大量砍伐森林等人类活动将使次生环境质量日趋恶化
3. 严重的环境污染引起的地区性疾病被称为
   A. 公害病
   B. 职业病
   C. 地方病
   D. 疫源性疾病
   E. 传染病
4. 健康危险度评价的基本步骤**不包括**
   A. 危害鉴定
   B. 剂量-反应关系的评定
   C. 评价预防接种效果
   D. 暴露评价
   E. 危险度特征分析
5. 生态系统的服务功能
   A. 是人类力量无法取代的
   B. 已被工业革命所取代
   C. 已被农业革命所取代
   D. 已被现代文明所取代
   E. 将被人类新的文明所取代
6. 人与环境之间的关系是
   A. 相互对立的关系
   B. 环境决定人类
   C. 无特殊关系
   D. 人类改造环境
   E. 辩证统一关系
7. 原生环境问题主要由下列哪种原因引起
   A. 自然力作用的各种自然灾害和地方病等
   B. 由于人类经济和社会活动等人为因素导致的环境污染

- C. 由于人类经济和社会活动等人为因素导致的生态破坏
- D. 由于经济因素而引起的各种社会生活问题
- E. 由于社会发展水平或结构的因素而引起的各种社会生活问题

8. 某些物质在生物体之间沿着食物链传递，浓度逐级增高，超过原环境中的浓度，这种现象叫做
   - A. 富营养化
   - B. 生物转化
   - C. 生物富集
   - D. 环境自净
   - E. 生物迁移

9. 关于污染物在环境中的变化，描述**错误**的是
   - A. 部分污染物，在环境中可分解成无害的简单化合物
   - B. 大部分污染物，在环境中可分解成危害较小的简单化合物
   - C. 污染物在环境中不会转化成为毒性更大的新物质
   - D. 污染物在环境中可与其他物质发生化学反应
   - E. 环境对污染物的自净是有限的

10. 生物间的物质转换和能量传递主要是通过
    - A. 新陈代谢
    - B. 食物链
    - C. 生物转化
    - D. 生物化学作用
    - E. 生物富集

【简答题】

1. 环境污染对人类健康的影响具有哪些特点？
2. 简述环境污染对健康损害作用的表现形式，并举例说明。
3. 影响污染物对健康损害的因素有哪些？
4. 试述环境致病因素引起的人群健康效应谱。
5. 环境污染物健康危险度评价的基本步骤有哪些？

参考答案

【填空题】

1. 生物因素　化学因素　物理因素　社会心理因素
2. 污染物因素　机体因素　作用的环境条件
3. 公害病　职业病　食物中毒　传染病
4. 整体性　自调控能力　开放性和稳定性　可持续性

【选择题】

1. E　2. C　3. A　4. C　5. A　6. E　7. A　8. C　9. C　10. B

（钱学艳）

第二十一章　社会心理行为因素与健康

【教学要求】

1. 了解　社会心理因素影响健康的机制；行为医学。
2. 熟悉　社会因素对健康的影响；影响心理健康的因素。
3. 掌握　社会因素对健康影响的特点；社会心理因素对健康的影响；社会心理因素危害的防护；行为和健康行为的概念；常见不良行为对健康的影响。

【重点难点】

1. 重点　社会因素对健康影响的特点；心身疾病的概念、特点、流行特征及常见的心身疾病；社会心理因素危害的防护；行为和健康行为的概念；常见不良行为对健康的影响。
2. 难点　社会因素对健康的影响；社会心理因素危害的防护。

1. 社会因素与健康

(1) 社会因素：即社会环境因素，是指社会的各项构成要素，它包括一系列与社会生产力和生产关系有密切联系的因素。对健康的影响具有以下特点：作用的发散性；作用的持久性；交互作用。

(2) 以生产力发展水平为基础的社会因素与健康：①社会经济与健康；②社会保障与健康；③社会文化与健康；④社会人口与健康；⑤科学技术发展与健康。

(3) 以生产关系为基础的社会因素与健康

1) 社会制度与健康：①社会分配制度与健康；②卫生政策与健康；③社会规范与健康。
2) 社会关系与健康：①家庭关系与健康；②人际关系与健康。
3) 卫生事业发展与健康。

2. 社会心理因素与健康

(1) 影响心理健康的因素：①人格与健康；②情绪状态与健康：生活挫折；不良的人际关系；工作紧张；现代化城市生活；环境问题。

(2) 社会心理因素对健康的影响：精神疾病；心身疾病：又称心理生理疾患，是一组表现有躯体症状，其发生、发展、转归和预后均与心理因素有密切关系的疾病。

1) 心身疾病的特点：①以躯体症状为主，有明确的器质性病理过程和已知的病理生理过程；②由情绪和人格因素引起；③身体变化与正常伴发于情绪状态时的生理变化相同，但更为强烈持久；④区别于神经症和精神病。

2) 心身疾病的流行特征：①以性别而言，一般是女性高于男性，但有些心身疾病，如消化性溃疡、支气管哮喘、冠心病等男性发病均高于女性；②从地区而言，城市居民高于农村居民，工业化水平高的国家和地区高于发展中国家和地区；③从年龄而言，更年期最高，老人和儿童较低；④从经济情况来看，经济发达地区高于不发达地区；⑤从劳动类型而言，脑力劳动者高于体力劳动者。

3) 常见的心身疾病：原发性高血压、冠心病、哮喘和溃疡病是最为常见又较肯定的心身疾病。

(3) 社会心理因素危害的防护

1) 心理防护：①积极的心理防护，包括升华、补偿、幽默等。在个人追求目标、理想受挫或行为过失而导致失败或在生理上存在缺陷时，选择其他能够获得成功的活动或方法来代替弥补现实中的缺陷与不足，借以重建丧失的信心，获得心理平衡，这就是补偿作用。②消极的心理防护，可以在某种程度上暂时维护心理平衡，不致使人精神崩溃。但过度运用或运用不当也可能形成心理病态。消极的心理防护表现包括攻击、固着、倒退、逆反等。

2) 心身疾病预防原则：①培养健康的人格素质；②适应环境、改造环境；③人在群体生活中才能健康地生存，和睦的家庭关系与正常的人际交往是心身健康的两个要素。

3. 行为生活方式与健康

（1）行为和健康行为

1) 行为：是指一种活动过程，包括活动的特征和所处状态。是社会成员为个人生存和种族延续，而适应不断变化环境时所作出的反应或一切活动的总和。生活方式是指个人和（或）社会的行为模式，生活方式明显影响人类自身健康。

2) 健康行为：指有助于个体在生理、心理和社会上保持良好状态的行为。

（2）行为因素与健康

1) 吸烟：心血管疾病、支气管炎、慢性阻塞性肺病、肺癌、鼻咽癌、消化道肿瘤、妊娠流产、胎儿畸形等都与吸烟有关，而被动吸烟也可增加上述疾病的危险性。对吸烟危害的预防应采取综合性的措施，其中包括对群众的健康教育、立法和"治疗性"戒烟，健康教育是其重要一环。

2) 酗酒：急性危害主要包括急性酒精中毒、车祸、犯罪、打架、家庭不和等；慢性危害主要包括酒依赖和戒断综合征、酒精性肝病、酒精性脑病、心血管疾病、神经精神疾病、食道癌、胃癌、肝癌等。

3) 药物滥用：又称药物依赖，滥用药物可使药物效果愈来愈低，用药量愈来愈大，并可出现体瘦、无力、胃肠功能紊乱、食欲不振、记忆力减退、皮肤苍白、多汗、性功能减退、步态不稳等症状，有些人还可出现人格明显改变，如无进取心、无责任感、自私、说谎甚至犯罪等。在药物成瘾中，以吸毒成瘾的危害尤甚，不但对健康直接造成危害，而且对家庭也带来危害。严格控制麻醉药品的销售，加强麻醉药品的管理至关重要，教育医务人员慎重使用致瘾性药物也是预防药物成瘾的重要措施。此外，强制性的法律和行政手段是控制吸毒的关键。除上述措施外，还应对吸毒者进行药物和心理治疗，使其从躯体和精神都解除对药物的依赖。

4) 不洁性行为：是导致性传播疾病发生的主要途径。加强法律意识教育和法制建设，除了加强社会治安管理、严格查禁卖淫嫖娼、打击吸毒贩毒外，还应加强健康教育，树立健康的性道德观，加强科学的性知识宣传，特别要加强对青少年的教育，加强健康监护，及早发现病人，及时治疗。

测试题

【名词解释】

1. 心身疾病　　2. 健康行为　　3. 社会保障　　4. 生活方式
5. 社会行为　　6. 行为

【填空题】

1. 社会环境因素包括一系列与_____和_____有密切联系的因素。
2. 社会制度主要通过_____、_____和_____体现其对人群健康的影响。
3. 卫生服务的功能可分为两个方面，包括_____和_____。
4. 不良的生活方式对人群健康的影响具有_____、_____和_____的特点。

【选择题】

1. 社会环境因素包括
    A. 经济、文化、教育等
    B. 家庭、社会保障
    C. 公共政策、人口

D. 科学技术、家庭婚姻状况

E. 一切与生产力和生产关系相关的因素

2. 下列哪项**不属于**社会因素

A. 宗教信仰

B. 思想意识

C. 文化

D. 卫生保健

E. 地势地貌

3. 以下哪项描述**不是**心身疾病的流行特点

A. 女性高于男性

B. 城市高于农村

C. 更年期最高

D. 脑力劳动者高于体力劳动者

E. 经济不发达地区高于发达地区

4. 最为常见又较肯定的心身疾病是

A. 流感

B. 原发性高血压

C. 肺结核

D. 肺癌

E. 水俣病

5. 以下对吸毒危害的描述，**不正确**的是

A. 长期使用则可能引起大脑器质性病变，形成器质性精神障碍

B. 可能感染艾滋病

C. 对家庭带来危害

D. 对社会产生危害

E. 引起严重的肝损害

6. 不洁性行为的危害，最主要的是

A. 导致婚姻关系紧张

B. 严重影响子女心身健康

C. 性传播疾病

D. 社会道德危机

E. 人口增长

7. 以下哪项描述**不是**心身疾病的特点

A. 以躯体症状为主，但有明确的器质性病理过程和已知的病理生理过程

B. 由情绪和人格因素引起

C. 躯体变化与正常伴发情绪状态时的生理变化相同，但更为强烈持久

D. 有明确而客观的致病因素

E. 不同于神经症和精神病

【简答题】

1. 社会因素对健康的影响具有哪些特点？
2. 心身疾病发病的主要原因是什么？具有什么特点？应如何预防？
3. 卫生服务的社会功能主要体现在哪些方面？
4. 常见的不良行为有哪些？举例说明不良行为对人体健康的影响。
5. 为什么说居民现代城市生活比农村生活易患心身疾病？

参考答案

【填空题】

1. 社会生产力　生产关系
2. 社会分配制度　社会卫生政策　社会规范
3. 保健功能　社会功能
4. 潜伏期长　特异性差　变异性大

【选择题】

1. E　2. E　3. E　4. B　5. E　6. C　7. D

(钱学艳)

第二十二章 生活环境与健康

> **【教学要求】**
>
> 1. 了解 大气卫生标准和大气污染防护；饮用水源的种类及卫生学特征；土壤污染的预防。
> 2. 熟悉 大气的特征及其卫生学意义；室内空气污染的控制；我国生活饮用水的卫生标准；土壤污染的来源和基本特点。
> 3. 掌握 大气污染的来源，大气污染对人体健康的危害；室内空气污染的来源以及主要污染物对健康的影响；饮用水污染与疾病；土壤污染对健康的危害。
>
> **【重点难点】**
>
> 1. 重点 大气对流层的特点；大气污染的来源，大气污染对人体健康的直接危害和间接危害；室内空气污染的来源以及主要污染物对健康的影响；介水传染病的流行特点，饮用水化学污染对健康的危害；土壤污染对健康的危害。
> 2. 难点 煤烟型烟雾事件和光化学烟雾事件发生条件的比较；颗粒物的分类和对健康的影响；生活饮用水水质标准与检验指标。

1. 大气环境与健康

（1）大气对流层的特点：①对流层是离地面最近的一层，通常为气温自地面起随高度增加而降低。②空气对流强烈并以垂直运动为主，复杂的气象条件均在此层发生，几乎全部的水蒸气和占大气总量75%的空气都集中在此层。③由于人类活动排放的空气污染物大部分聚集在对流层，故对流层对人类的生活、生产影响最大，与人类健康关系最为密切。

（2）大气的物理性状及其卫生学意义

1）太阳辐射：①紫外线：A段具有色素沉着作用；B段具有致红斑作用、抗佝偻病作用；C段具有明显杀菌能力。过强、过量的照射可引起光照性皮炎、眼炎、雪盲症、白内障甚至皮肤癌等疾病。②可见光：能提高视觉功能和代谢能力，有平衡兴奋和镇静作用。③红外线主要的生物学作用是使机体产生热效应，具有消毒和镇静作用。过量的照射可引起皮肤烧伤、热射病、日射病、红外线白内障等。

2）空气离子：空气污染越重时重离子数目越多，轻离子数目越少。天然清新空气中，重、轻离子数目的比值不应大于50，若比值大于50则说明空气污浊。空气中阴离子对机体具有镇静、催眠、镇痛、降压等作用。而空气阳离子的作用则相反。如果空气离子的浓度超出10^3个/cm^{3}时，无论阴离子或阳离子，均对机体产生不良影响。

（3）大气污染

1）定义：是指由于人为或自然的原因，使大气中有害物质的浓度超出了大气的自净能力和大气卫生标准要求，对居民健康造成直接、间接或潜在危害的现象。

2）大气污染的主要来源：①工业企业：燃料的燃烧；生产过程中的排放物；②交通运输；③生活炉灶和采暖锅炉；④风暴、火灾、火山喷发、工厂意外事故引起的爆炸和战争等。

3）大气污染对人体健康的危害

①直接危害：急性危害可分为烟雾事件和生产性事故。烟雾事件又包括两类：一类是煤烟型烟雾事件，其特点是煤炭燃烧不完全形成的煤烟和SO_2；有异常的气象条件，如逆温产生，大雾笼罩等；

多发生在寒冷季节；受害者出现胸闷、咳嗽、咽痛、呕吐等症状，甚至死亡。另一类是光化学烟雾事件，其发生的原因是汽车尾气中的氮氧化物和碳氢化合物，在太阳光紫外线的作用下，形成光化学烟雾所致。多发于8~9月份阳光强烈的季节；尤以机动车密度高、交通拥挤、高楼林立、街道通风不畅的大都市内更易发生；受害者以眼睛和呼吸系统症状为主要表现，严重心肺病患者可发生心脏功能障碍和肺功能衰竭而死亡。慢性及远期危害：对呼吸系统功能的影响、引起变态反应、对免疫功能的影响、致癌作用。

②间接危害：影响小气候和太阳辐射；产生温室效应；破坏臭氧层；形成酸雨。

(4) 大气中主要污染物对健康的危害

1) 颗粒物：①按粒径可分为总悬浮颗粒物（TSP）、可吸入性颗粒物（IP，PM_{10}）和细颗粒物（$PM_{2.5}$）。可吸入性颗粒物直径≤10 μm，可长时间悬浮在空气中易被人体吸入的微粒物，又称飘尘。②危害：可引起鼻炎、咽炎、支气管炎或肺炎，长期反复作用于呼吸道可诱发慢性阻塞性肺部疾病。还可吸附重金属、石棉和多环芳烃类等化合物而诱发机体慢性中毒和肺癌。

2) 二氧化硫：可引起呼吸道和眼结膜的急性和慢性炎症，也是慢性阻塞性肺部疾病的主要病因。

3) 氮氧化物：当氮氧化物是以NO为主时，主要使机体高铁血红蛋白量增高，降低血红蛋白携带氧的能力，引起机体组织缺氧。如以NO_2为主时，对机体的损害主要是引起肺水肿或慢性阻塞性肺部疾病。

4) 多环芳烃：致癌性、免疫和生殖毒性。

2. 室内环境与健康

(1) 室内空气污染的来源：人的日常活动；建筑装饰材料；烹调油烟和燃料燃烧；生物性污染；环境污染物可通过门窗、孔隙或其他管道缝隙等途径进入室内；家用电器的使用过程中释放的电磁波。

(2) 室内空气主要污染物及其对健康的影响

1) 甲醛：对呼吸道、皮肤黏膜产生刺激作用，引起眼红、流泪、咽干发痒、咳嗽等症状，长期接触甲醛还可引起变态反应，如过敏性皮炎、哮喘等，国际癌症研究中心已将其列为人类的致癌物。

2) 挥发性有机化合物：引起免疫失调，影响中枢神经系统功能，出现头晕、头痛、嗜睡、无力等症状。亦可影响消化系统，表现为食欲不振、恶心、呕吐，严重者可损伤肝脏和造血系统。

3) 一氧化碳：与心血管疾病有密切的关系，室内一氧化碳浓度增高可造成体内血液中碳氧血红蛋白含量上升，使机体各组织器官缺氧，受损最严重的是心肌和中枢神经系统。

4) 致病微生物：可引起流行性感冒、麻疹、结核病等呼吸道疾病的传播。尘螨可引起哮喘、荨麻疹、过敏性皮炎等变态反应性疾病。久置不用的家用空调水管中，可有军团菌的寄生。当久置的空调机启用时，通过空调器中积聚的污水，随气雾进入空气，经呼吸道吸入感染导致军团菌病的发生。

(3) 室内空气污染的控制：①抓好建筑和装饰材料的质量管理；②加强能源的利用和管理；③加强室内通风，合理使用空调；④严格执行室内空气污染的法规。

3. 饮用水与健康

(1) 饮用水污染与疾病

1) 生物性污染：介水传染病是指通过饮用水或接触受病原体污染的水体而传播的疾病。流行特点：①饮用水源一次严重污染后，可引起暴发性流行，绝大多数病例的发病日期都集中在该病最短和最长的潜伏期之内，如饮用水源持续遭受污染，则病例可终年不断地发生；②病例的分布与供水范围的人群一致，绝大多数的患者都有饮用同一水源的病史；③一旦对污染水源采取治理措施，加强对饮水的净化和消毒后，疾病的流行能很快得到控制。

2) 化学性污染

①酚类化合物：长期饮用被酚污染的水，可使居民出现皮肤瘙痒，恶心、腹泻等消化道症状；饮

用水氯化消毒时，水中的氯化副产物也对机体产生影响。当水中的酚量大于 0.001 mg/L 时，可形成氯酚，长期饮用此种水可导致记忆力减退、皮疹、头晕、失眠、贫血等症状。

②硝酸盐：硝酸盐摄入后在某些细菌的作用下生成亚硝酸盐，对机体造成损害，婴儿对亚硝酸盐敏感性较高，可引起高铁血红蛋白血症。饮用水中亚硝酸盐的含量增高，也与肿瘤的发生有关。

③砷：长期饮用高砷水，可引起皮肤色素沉着、角化、末梢神经炎等疾病，摄入量过高还可诱发皮肤癌和肺癌。

④饮用水硬度：饮用水硬度过高可造成消化系统的功能紊乱，可能对泌尿系统、消化系统结石具有促进作用。

3) 物理性污染

①热污染：水温升高加剧原有水体的富营养化，又可促进某些毒物的毒性和活性，对水生生物造成危害，最终发生该水体的恶化现象。

②放射性污染：主要引起机体骨髓和造血功能的损害，也可引起骨肿瘤和白血病等。

(2) 生活饮用水水质标准与检验指标：我国《生活饮用水水质卫生标准》（GB5749-2006）规定了水质指标 106 项，常规项检测指标及限值共 38 项，并分为四类，分别为微生物指标、毒理学指标、感官性状和一般化学指标、放射性指标。其中微生物学指标是为了保证水质在流行病学上的安全；毒理学指标和放射性指标是为了保证水质对人体健康不产生毒性和潜在危害；感官性状和一般化学指标，主要是为了保证生活饮用水的感官性状良好。

4. 土壤环境与健康

(1) 土壤污染：在人类生活和生产活动中排出的有害物质进入土壤，影响农作物生长，并直接和间接危害到人类健康的现象，称为土壤污染。

(2) 土壤主要污染源：工业污染源、农业污染源、交通污染源。

(3) 土壤污染的基本特点：①隐蔽性；②累积性；③不可逆性。

(4) 土壤污染对健康的危害

1) 生物性污染的主要危害：可引起人类的生物性疾病的传播和流行。其主要引起肠道传染病和寄生虫病，如最常见的细菌性、病毒性痢疾和肠道蛔虫等疾病。土壤中常寄生破伤风杆菌和肉毒杆菌。患钩端螺旋体病和炭疽病的家畜或其他动物排出的粪便或死亡后掩埋，均可造成土壤污染，人可通过土壤接触病原体使皮肤和黏膜感染而患病。

2) 化学性污染的危害：主要是引起急性和慢性中毒性疾病，致突、致畸和致癌作用。如"痛痛病"，就是由于使用含镉工业废水长期灌溉农田，致使稻谷等农作物从土壤吸收浓集可溶性的镉，当地居民长期食用含镉的大米等食物而引起的慢性镉中毒。

(5) 土壤污染的预防：①工业废渣的处理；②粪便、垃圾的处理；③污水的处理；④合理使用农药和化肥；⑤改良污染土壤，合理利用污染土地。

测试题

【名词解释】

1. 光化学烟雾　　2. 酸雨　　3. 硬度　　4. TSP
5. IP　　6. 介水传染病　　7. 痛痛病　　8. 土壤污染
9. 军团菌病

【填空题】

1. B 段紫外线的生物学作用有_____和_____。
2. 《生活饮用水卫生标准》规定：在水进行氯化消毒时，要保证接触时间不得少于_____分钟；

水中游离性余氯不得低于_____ mg/L，末梢管网水中的余氯不低于_____ mg/L。
3. 土壤污染的基本特点有：_____、_____和_____。
4. 可供人类利用的自然界水源一般分为_____、_____和_____三大类。

【选择题】

1. 大气圈中与人类生命活动关系最密切的是
   A. 平流层
   B. 外大气层
   C. 热层
   D. 对流层
   E. 中间层

2. 具有抗佝偻病作用的紫外线是
   A. A段
   B. B段
   C. C段
   D. A段和B段
   E. B段和C段

3. 对机体具有红斑作用的紫外线是
   A. A段
   B. B段
   C. C段
   D. A段和B段
   E. B段和C段

4. 具有杀菌作用的紫外线波长是
   A. 200～275 nm
   B. 275～320 nm
   C. 320～400 nm
   D. 400～500 nm
   E. 300～400 nm

5. 红外线生物学作用的基础是
   A. 免疫增强作用
   B. 促进生物氧化过程
   C. 蛋白质变性
   D. 热效应
   E. 色素沉着

6. 清洁空气中重轻离子比值应是
   A. 小于50
   B. 大于50
   C. 等于100
   D. 小于100
   E. 大于100

7. 空气离子可与中性气体分子吸附在一起形成
   A. 正离子
   B. 负离子
   C. 中性离子
   D. 重离子
   E. 轻离子

8. 重轻离子比值大于50的最可能场所是
   A. 海滨
   B. 树林
   C. 影院
   D. 喷泉
   E. 瀑布

9. 总悬浮颗粒物的粒径为
   A. $\geqslant 100 \mu m$
   B. $\leqslant 50 \mu m$
   C. $0.4 \sim 10 \mu m$
   D. $\leqslant 10 \mu m$
   E. $0.1 \sim 100 \mu m$

10. 可吸入颗粒物的粒径为
    A. $\leqslant 10 \mu m$
    B. $\geqslant 5 \mu m$
    C. $5 \sim 15 \mu m$
    D. $1 \sim 5 \mu m$
    E. $0.1 \sim 4 \mu m$

11. 产生温室效应的物质主要是指
    A. NO_x
    B. CO
    C. N_2O
    D. CO_2
    E. O_3

12. 形成煤烟型烟雾事件的主要污染物是
    A. 烟尘和NO_x
    B. 汽车废气和SO_x
    C. 烟尘和PANs
    D. 烟尘和O_3
    E. 烟尘和SO_2

13. 引起光化学烟雾事件的初始污染物主要来自
    A. 燃烧排放的烟尘
    B. 工厂排放的废气
    C. 汽车尾气
    D. 生产事故排出的毒气
    E. 火灾事故排出的烟气

14. 光化学烟雾对机体的主要危害是
    A. 对眼睛和上呼吸道的刺激作用
    B. 神经系统损害
    C. 对胃肠道的腐蚀作用
    D. 肝、肾损害
    E. 皮肤损害

15. 酸雨是指降水的pH值
    A. <5.6
    B. <6.6
    C. <7.6
    D. 5.6~6.6
    E. 6.6~7.6

16. 大气污染对健康的间接危害**不**包括
    A. 臭氧层破坏
    B. 酸雨
    C. 温室效应
    D. 影响太阳辐射
    E. 机体免疫力降低

17. 有利于形成煤烟型烟雾的条件**不**包括
    A. 地势低凹
    B. 逆温
    C. 空气潮湿
    D. 气温高
    E. 大气SO_2污染严重

18. 关于"光化学烟雾事件",下列哪项叙述是正确的
    A. 污染物主要来自汽车尾气
    B. 多发生在早晨
    C. 主要污染物是SO_2
    D. 多发生在寒冷季节
    E. 多发生于河谷地带

19. 建筑材料和装饰物品中含有的大量污染物是
    A. 二氧化碳、一氧化碳、苯、甲苯
    B. 二氧化氮、二氧化硫、三氯乙烯、氡
    C. 二氧化碳、二氧化硫
    D. 甲醛、苯、甲苯、二甲苯、三氯乙烯、氡
    E. 一氧化碳、甲醛、苯、甲苯、二甲苯

20. 尘螨是家庭室内传播疾病的重要媒介之一,常隐藏在
    A. 空调机冷却塔的冷却水
    B. 淋浴器、洗衣机
    C. 加湿器、水龙头
    D. 微波炉、计算机
    E. 床铺、家具和地毯

21. 军团菌主要是通过以下哪个途径进入人体
    A. 呼吸道
    B. 消化道
    C. 皮肤
    D. 消化道和呼吸道
    E. 皮肤和消化道

22. 受生物性污染的水体最易引起
    A. 介水传染病
    B. 急性中毒
    C. 慢性中毒
    D. 公害病
    E. 恶性肿瘤

23. 水质是否达到流行病学上安全的重要指标是
    A. 细菌总数和痢疾杆菌
    B. 痢疾杆菌和总大肠菌群
    C. 伤寒、副伤寒杆菌总数
    D. 总大肠菌群和细菌总数
    E. 总大肠菌群和伤寒杆菌

24. 下列哪项**不**是紫外线的作用
    A. 色素沉着作用
    B. 杀菌作用
    C. 红斑作用
    D. 抗佝偻病作用
    E. 镇静作用

25. 饮水中硝酸盐增高易引起婴幼儿患的疾病是
    A. 营养不良
    B. 克汀病
    C. 皮肤色素沉着
    D. 高铁血红蛋白血症
    E. 骨软化症

26. 关于介水传染病的流行特点,下列哪项是**错误**的
    A. 水源一次严重污染后,可呈暴发流行
    B. 多数患者发病日期集中在同一潜伏期内
    C. 病例分布与供水范围一致
    D. 若水源经常受污染,发病者可终年不断
    E. 对污染源采取治理措施后,疾病的流行仍难以得到控制

27. 下列哪种疾病属介水传染病
    A. 克汀病
    B. 水俣病
    C. 甲型肝炎
    D. 氟斑牙
    E. 地方性甲状腺肿

28. 我国现行饮用水卫生标准规定，菌落总数应为
    A. <1000 cfu/ml
    B. <100 cfu/ml
    C. <50 cfu/ml
    D. <10 cfu/ml
    E. <3 cfu/ml
29. 地方性砷中毒可能发生何种症状
    A. 全身皮肤瘙痒
    B. 恶心呕吐、全身不适
    C. 骨质疏松
    D. 心脏肥大
    E. 皮肤色素沉着和过度角化
30. 引起"痛痛病"的化学物质是
    A. F
    B. Cd
    C. Cr
    D. Hg
    E. Pb
31. "痛痛病"患者的典型症状和体征**不包括**
    A. 骨质疏松
    B. 多发性骨折
    C. 四肢弯曲变形、脊柱变形
    D. 全身疼痛、行动困难
    E. 多发性神经炎
32. 我国现行饮用水卫生标准规定，管网末梢水中游离性余氯**不应低于**
    A. 0.05 mg/L
    B. 0.03 mg/L
    C. 0.01 mg/L
    D. 0.3 mg/L
    E. 0.5 mg/L
33. 我国现行饮用水卫生标准规定，总大肠菌群应为
    A. <10 个/L
    B. <3 个/L
    C. <10 个/100 ml
    D. <3 个/100 ml
    E. 不得检出/100 ml
34. 下列哪项**不是**生活饮用水卫生标准制定的依据
    A. 毒理学指标
    B. 感官性状指标和一般化学指标
    C. 微生物指标
    D. 放射性指标
    E. 流行病学指标
35. 关于大气污染物 SO_2，**错误**的是
    A. 多来源于燃料燃烧
    B. 在空气中可被氧化成 SO_3
    C. 是光化学烟雾的二次污染物
    D. 是形成酸雨的主要原因
    E. 是一种刺激性气体
36. 土壤污染的来源**不包括**
    A. 大气污染物
    B. 工业废水和生活废水
    C. 固体废弃物
    D. 化肥及农药的使用
    E. 地质环境中区域性差异导致土壤中某些元素过高

【简答题】

1. 简述大气对流层的特点。
2. 简述大气污染的主要来源。
3. 大气污染对健康的危害有哪些？
4. 简述紫外线的生物学作用。
5. 介水传染病的流行特点有哪些？
6. 造成介水传染病流行的原因是什么？
7. 军团菌病的病因和临床表现是什么？
8. 我国生活饮用水水质常规检测指标包括哪几类？
9. 简述土壤污染的主要来源。如何预防土壤污染？
10. 试述室内空气主要污染物的来源及其对健康的影响。
11. 试述常见的挥发性有机化合物对人体的危害。
12. 试述光化学烟雾事件发生的原因及其特点。

参考答案

【填空题】

1. 致红斑作用 抗佝偻病作用
2. 30 0.3 0.05
3. 隐蔽性 累积性 不可逆性
4. 降水 地面水 地下水

【选择题】

1. D 2. B 3. B 4. A 5. D 6. A 7. E 8. C 9. E 10. A 11. D
12. E 13. C 14. A 15. A 16. E 17. D 18. A 19. D 20. E 21. A 22. A
23. D 24. E 25. D 26. E 27. C 28. B 29. E 30. B 31. E 32. A 33. E
34. E 35. C 36. E

(钱学艳)

第二十三章 生产环境与健康

【教学要求】

1. 了解　职业病的诊断和处理；铅、汞、苯、氯气、硫化氢等的理化特性、接触机会、毒理及其中毒的诊断原则；生产性粉尘的来源与分类；矽肺的发病机制和诊断标准；噪声损害的防治措施；非电离辐射的防护措施；工作有关疾病；职业性外伤。

2. 熟悉　职业中毒的预防措施；生产性粉尘的理化特性及卫生学意义；矽肺的防治原则；防暑降温措施及非电离辐射对健康的损害。

3. 掌握　职业性有害因素的概念和种类；职业病的定义及特点；职业性铅中毒、汞中毒、苯中毒、刺激性气体、窒息性气体和农药引起中毒的临床表现及治疗原则；生产性粉尘的定义、致病作用；矽肺的致病因素、病理改变、临床表现和常见的并发症；中暑的临床表现、分型和急救措施；噪声对机体的影响。

【重点难点】

1. 重点　职业性有害因素的概念和种类；职业病的定义及特点；职业性铅中毒、汞中毒、苯中毒、刺激性气体、窒息性气体和农药引起中毒的临床表现及治疗原则；生产性粉尘的定义、致病作用；矽肺的致病因素、病理改变、临床表现和常见的并发症；中暑的临床表现、分型和急救措施；噪声对机体的影响。

2. 难点　职业中毒的预防措施；常见生产性毒物（铅、汞、苯、氯、CO、硫化氢、氰化氢和农药）的毒理及中毒的临床表现；矽肺的致病因素、病理改变、临床表现和诊断。

1. 职业性有害因素与职业性损害

（1）职业性有害因素：在生产过程、劳动过程和生产环境中存在的可直接危害劳动者健康的因素称为职业性有害因素。

1）生产过程中的有害因素：按其性质可为三类，即化学因素、物理因素、生物因素。

2）劳动过程中的有害因素：劳动组织和制度不合理；职业性精神紧张；劳动强度过大或生产定额不当；个别器官或系统过度紧张；长时间处于不良体位或使用不合理工具等。

3）生产环境中的有害因素：自然环境中有害因素；厂房建筑与布局不合理；不合理的生产过程中的有害因素所造成的环境污染。

（2）职业性损害：主要包括职业病、工作有关疾病和职业性外伤。

1）职业病的概念：职业性有害因素作用于人体的强度与时间超过一定限度时，人体不能代偿其所造成的功能性或器质性病理改变，从而出现相应的临床征象，影响劳动能力，这类疾病称为职业病。

2）职业病的范围：我国卫生部、劳动保障部于2002年新颁发的《职业病目录》将法定职业病分为10类115种。

3）职业病的特点：病因明确；病因大多是可识别和检测的，需达到一定的浓度或强度才能致病，一般存在接触水平-反应关系；发病有群体性，在接触人群中常有一定的发病率，很少只出现个别病例；如能早期发现，及时合理处理，预后较好；目前多数职业病尚无特效疗法，应以预防为主，特别是第一级和第二级预防。

4)职业病的诊断:职业病的诊断应根据准确可靠的职业接触史、现场劳动卫生学调查和临床观察与实验室检查三方面资料进行综合分析,依据职业病诊断标准及其有关规定,排除非职业性疾病,由集体作出诊断。

2. 职业性中毒

(1) 概述:毒物是指在一定条件下,较小剂量即可引起机体暂时性或永久性病理改变,甚至危及生命的化学物质。在工业生产中所接触的毒物,通常指化学物质,统称为工业毒物或生产性毒物。职业性中毒是指劳动者在职业活动中,组织器官受到工作场所毒物的毒作用而引起的功能性和器质性疾病。职业中毒的预防措施:根除毒物;降低毒物浓度;个人防护;生产环境监测;职业健康监护。

(2) 铅

1) 毒理:在生产条件下,铅及其化合物主要以粉尘、烟或蒸气形态经呼吸道进入人体,少量经消化道摄入。铅的吸收和毒性主要取决于铅尘分散度和在组织中的溶解度。进入血液中的铅,约90%与红细胞结合,其余在血浆中。数周后有95%的铅以不溶性磷酸铅沉积于骨、牙齿等组织中。体内的铅主要随尿液排出,小部分随粪便、毛发、胆汁、乳汁、唾液排出。血铅可通过胎盘进入胎儿体内。铅中毒的机制尚不完全明确,卟啉代谢紊乱是铅中毒重要和较早的变化之一。

2) 临床表现与诊断:工业生产中常见的是慢性中毒。慢性铅中毒主要表现为神经系统、血液系统和消化系统的症状。根据我国现行的《职业性慢性铅中毒诊断标准》(GBZ37—2002),密切结合职业接触史、生产现场调查和临床表现及实验室检查结果,进行综合性分析诊断。

3) 治疗和处理:用金属络合剂依地酸二钠钙、二巯丁二钠等注射或二巯丁二酸口服进行驱铅治疗,首选药物为依地酸二钠钙($CaNa_2$-EDTA)。处理原则:观察对象可继续原工作,3~6个月复查一次;轻度和中度中毒治愈后可恢复原工作,不必调离铅作业;重度中毒必须调离铅作业,并根据病情给予治疗和休息。

(3) 汞

1) 毒理:金属汞主要以蒸气形态经呼吸道进入人体。金属汞基本不能通过完整的皮肤吸收,经消化道吸收量极少,但汞盐和有机汞易被消化道吸收。汞进入机体后,被氧化为二价汞离子,与血红蛋白和血浆蛋白的巯基结合。数小时后开始向肾脏转移,主要分布在肾皮质。汞可通过血脑屏障,也能通过胎盘进入胎儿体内。主要经肾脏排出。

2) 临床表现:急性中毒很少发生,多见于意外事故。患者主要表现有咳嗽、呼吸困难、口腔炎和胃肠道症状及皮炎,继之可发生化学性肺炎、肺水肿等;口服汞盐可引起胃肠道症状,并可引起肾脏和神经系统损害。慢性中毒较常见,主要表现为神经精神系统症状,典型症状为易兴奋、震颤和口腔炎。

3) 治疗处理原则:急性中毒应迅速脱离现场,脱去污染的衣服,静卧、保暖。驱汞治疗用二巯丙磺钠和二巯丁二钠,慢性中毒还可口服二巯丁二酸。观察对象应加强医学监护,可进行药物驱汞。急性和慢性轻度中毒治愈后可从事正常工作,急性和慢性中度及重度中毒者治疗后不宜再从事接触汞及其他有害物质的作业。

(4) 苯

1) 毒理:生产环境中主要以苯蒸气的形式经呼吸道进入人体,皮肤仅能吸收少量;苯代谢物与体内的硫酸和葡萄糖醛酸结合随尿排出,尿酚的含量可反映近期苯的接触情况。

2) 临床表现:短时间内吸入大量高浓度的苯可发生急性苯中毒,除咳嗽、流泪等黏膜刺激症状外,主要表现为神经系统麻醉症状。轻者出现头晕、头痛、恶心、呕吐、兴奋或酒醉状态。严重者意识模糊、昏迷、抽搐甚至因呼吸和循环衰竭死亡。尿酚和血苯可增高。慢性苯中毒以造血系统损害为主要表现。最早、最常见的改变是白细胞数持续性减少。慢性重度中毒的病人可出现全血细胞减少,引起再生障碍性贫血,少数人可发生白血病。苯可引起各型白血病,但以急性髓性白血病多见。

3) 治疗原则:急性中毒治疗原则包括立即脱离作业现场,清洗被污染的皮肤,保温,保持呼吸道通畅。酌情应用糖皮质激素、维生素C、葡萄糖醛酸、能量合剂等。如无心搏骤停忌用肾上腺素。慢性中毒治疗主要针对改善神经衰弱或出血症状，以及应用升高白细胞和血小板的药物。

(5) 刺激性气体：是指对眼、呼吸道黏膜和皮肤具有刺激作用的一类有害气体。

1) 毒理：以局部损害为主，刺激作用过强时可引起全身反应。水溶性较高的氯、氨等易溶解附着在局部立刻产生刺激作用，引起眼和上呼吸道炎症，高浓度吸入则引起化学性肺炎和肺水肿。水溶性低的二氧化氮、光气等易进入呼吸道深部，可引起支气管炎和细支气管炎，有时合并肺炎；吸入高浓度时损伤肺泡引起肺水肿。中毒性肺水肿是指吸入高浓度刺激性气体后所引起的肺间质及肺泡腔液体过多积聚为特征的疾病，是肺微血管通透性增加和肺水运行动态失衡的结果。

2) 临床表现：急性中毒：①眼和上呼吸道炎症；②化学性气管炎、支气管炎及肺炎；③中毒性肺水肿，临床过程可分为：a. 刺激期；b. 潜伏期；c. 肺水肿期；d. 恢复期；④急性呼吸窘迫综合征：是刺激性气体中毒、感染、创伤、休克等过程继发的，以进行性呼吸窘迫、低氧血症为特征的急性呼吸衰竭。慢性影响：长期接触低浓度刺激性气体可引起慢性结膜炎、鼻炎、咽炎和支气管炎、牙齿酸蚀症等，同时常伴有类神经征和消化系统等全身症状。

3) 治疗原则：①现场处理：立即脱离现场，注意保暖。用清水或中和剂彻底清洗眼部污染、皮肤污染灼伤处；②保持呼吸道通畅；③合理氧疗；④中毒性肺水肿的治疗：迅速纠正缺氧；应尽早、足量、短期使用肾上腺糖皮质激素；保持呼吸道通畅；ARDS治疗原则大体与肺水肿相似，早期、大量、短程、冲击使用糖皮质激素。

(6) 窒息性气体：是指被机体吸入后，可使氧的供给、摄取、运输和利用发生障碍，使全身组织细胞得不到或不能利用氧，而导致组织细胞缺氧窒息的有害气体的总称。

1) 一氧化碳中毒

临床表现：①急性中毒：轻度中毒以脑缺氧反应为主要表现。中度中毒在轻度中毒的基础上，出现面色潮红、多汗、脉快、口唇和皮肤黏膜呈樱桃红色、浅至中度昏迷。重度中毒因并发脑水肿，而进入深度昏迷或去大脑皮层状态。②急性CO中毒迟发脑病：部分急性CO中毒患者意识障碍恢复后，约经2~60d的"假愈期"，又出现严重的神经精神和意识障碍症状。③慢性影响：尚有争论。

治疗原则：①迅速将患者移离现场至通风处，解开衣领，注意保暖，密切观察其意识状态。②及时急救与治疗，轻度中毒者可给予吸氧及对症治疗，中度和重度中毒者应积极给予常压口罩吸氧或高压氧治疗。重度中毒者视病情应给予消除脑水肿，维持呼吸循环功能，纠正酸中毒，促进脑血液循环等对症及支持治疗。③迟发脑病者除高压氧治疗外，可用糖皮质激素、血管扩张剂或抗帕金森病药物以及其他对症与支持治疗。

2) 硫化氢中毒

临床表现：急性中毒以中枢神经系统、眼和呼吸系统损害为主，轻者出现头痛、头晕、乏力、眼胀痛、畏光、恶心、呕吐、咳嗽等症状。较重者还可出现胸闷、心悸、轻度意识障碍等。重症者可出现昏迷、肺水肿、脑水肿、呼吸循环衰竭。硫化氢浓度较高时，可直接抑制呼吸中枢，呼吸心跳骤停，发生所谓的"电击型"死亡。长期接触低浓度硫化氢可引起眼及呼吸道慢性炎症，还可出现类神经征、中枢性自主神经功能紊乱。

治疗原则：尽快将患者移离中毒现场，在新鲜空气中对症抢救。对窒息者施行人工呼吸，吸氧，支持和对症处理等。

3) 氰化氢中毒

临床表现：急性轻度中毒出现头痛、头晕、口唇及咽部麻木、心跳加快、皮肤和黏膜红润，可有恶心、呕吐。重度中毒除上述症状外，出现意识障碍、呼吸困难、血压下降、抽搐、昏迷，皮肤和黏膜呈鲜红色。吸入高浓度可无任何先兆，可引起呼吸、心跳骤停，在数分钟内发生"电击型"死亡。如剂量稍低，病程进展稍缓，临床经过大致可分为四期：①前驱期；②呼吸困难期；③痉挛期；④麻痹期。长期接触较低浓度氰化氢可出现眼和上呼吸道刺激症状。还可见类神经征患病率增高和运动功能障碍。

治疗原则：①现场急救：立即脱离现场，移至空气新鲜处，静卧保暖，给予积极氧疗。②应用解毒剂：常用"亚硝酸钠-硫代硫酸钠"疗法。③对症治疗。

(7) 农药

1) 有机磷酸酯类农药中毒临床表现：①急性中毒：毒蕈碱样症状；烟碱样症状；中枢神经系统症状。②迟发性神经病。③慢性中毒。④致敏作用和皮肤损害。

治疗原则：①清除毒物；②特效解毒剂：抗胆碱剂（阿托品）和肟类复能剂（氯磷定、解磷定）；③对症支持治疗。

2) 氨基甲酸酯类农药急性中毒以毒蕈碱样症状为主，轻度中毒时有轻度的中枢神经系统和毒蕈碱样症状。重度中毒表现为癫痫、昏迷、肺水肿、脑水肿或呼吸衰竭等。

治疗原则：①迅速离开中毒现场，脱去污染的衣服，用肥皂和温水彻底清洗污染的皮肤、头发和指甲。②特效解毒剂：阿托品。

3) 拟除虫菊酯类农药中毒临床表现：①皮肤和黏膜刺激症状；②全身症状：有头痛、头晕、乏力、恶心、呕吐。较重者可出现呼吸困难、流涎、肌肉抽动，甚至阵发性抽搐及意识障碍。

治疗原则：立即脱离现场，皮肤污染者立即用肥皂水等碱性液体或清水彻底清洗，给予对症治疗。

3. 生产性粉尘与职业性肺疾患

(1) 生产性粉尘：是指在生产活动中产生的并能较长时间飘浮于空气中的固体微粒。

1) 生产性粉尘的理化特性及卫生学意义：①化学组成：决定其生物学作用。②粉尘浓度：浓度越高，吸入的量越多。③分散度：是某一生产过程中物质被粉碎的程度，以粉尘粒径大小的数量或质量组成百分比来表示，前者称为粒子分散度；后者称为质量分散度。分散度越高，被吸入的机会越多。通常把直径<15 μm的粉尘称为可吸入性粉尘，直径<5 μm的粉尘可达呼吸道深部和肺泡区，称为呼吸性粉尘。④硬度：坚硬的较大尘粒能引起呼吸道黏膜机械损伤。⑤溶解度：具有化学毒性的粉尘随溶解度的增加危害增强；有些粉尘如面粉、糖等随溶解度的增加危害减弱。⑥荷电性：影响粉尘在空气中的飘浮时间和被机体吸入的可能性。⑦爆炸性：有些粉尘达到一定浓度遇明火、电火花和放电时可发生爆炸。

2) 生产性粉尘的致病作用：①尘肺：由于在生产过程中长期吸入生产性粉尘并在肺内潴留而引起的以肺组织纤维化增生为主的全身性疾病。按病因分为5类：矽肺、硅酸盐肺、炭尘肺、混合性尘肺、金属尘肺。②其他呼吸系疾病：粉尘沉着症；有机粉尘引起的肺疾患；粉尘性支气管炎、肺炎、支气管哮喘等。③局部作用。④中毒作用。⑤恶性肿瘤。

(2) 矽肺：在职业活动中由于长期吸入游离二氧化硅粉尘而引起的以肺部弥漫性纤维化为主的全身性疾病。接触含10%以上游离SiO_2的粉尘作业称为矽尘作业。持续接触矽尘15~20年可发生矽肺；少数持续吸入高浓度、高游离SiO_2含量的矽尘，1~2年内即可发病，称为"速发型矽肺"；短时间接触较高浓度矽尘，但在脱离粉尘作业时X线胸片未显示矽肺改变，经过若干年后被诊断为矽肺，称为"晚发型矽肺"。

1) 影响发病因素：粉尘中游离SiO_2含量、类型，粉尘浓度与分散度、接尘工龄、防护措施等。个体因素在矽肺的发生和发展上也有一定的影响，呼吸道疾病特别是呼吸道结核病患者，能加速矽肺的发生和加重病情。

2) 病理改变：矽肺的病理改变有矽结节、弥漫性间质纤维化、矽性蛋白沉积和团块型矽肺。矽结节是矽肺的特征性病理改变，典型的矽结节由多层排列的胶原纤维构成，内含闭塞小血管或小支气管，断面似葱头状。

3) 临床表现与诊断：①症状与体征：矽肺患者可长期无明显自觉症状，随着病情的进展或有合并症可出现胸闷、气短、胸痛、咳嗽、咳痰等症状和相应体征。如肺部可出现干、湿啰音及哮鸣音等。②X线胸片表现：X线胸片上圆形、不规则形小阴影和大阴影与肺组织内粉尘聚积和纤维化的病变程度密切相关,现已公认可作为矽肺诊断的依据。③并发症:最常见的并发症是肺结核,此外还有肺及支气管感染、自发性气胸、肺心病等。④诊断:根据矽尘作业的职业史、作业场所粉尘浓度测定资料,以技术质量合格的高千伏 X 线后前位胸片表现为主要依据,具体诊断分期按照《尘肺病诊断标准》(GBZ70—2002)执行。矽肺一经确诊,不论其期别,都应及时调离矽尘作业。

4)预防:矽肺预防的关键是贯彻执行国家有关防止矽尘危害的法令和条例,坚持综合防尘,把粉尘浓度降到国家卫生标准的接触限值以下。我国的八字综合防尘措施是:"革、水、密、风、护、管、教、查"。

4. 物理因素及其危害

(1)高温作业与中暑:高温作业是指工作地点有生产性热源,当室外实际出现本地区夏季通风室外计算温度时,其工作地点气温高于室外2℃或2℃以上的作业。高温作业分为:高温、强辐射作业;高温、高湿作业;夏季露天作业。中暑是指高温环境下由于热平衡和(或)水盐代谢紊乱而引起的一种以中枢神经系统和(或)心血管系统障碍为主要表现的急性热致疾病。按其发病机制可分为:热射病、热痉挛和热衰竭。按照我国《职业性中暑诊断标准》(GBZ41—2002),将中暑分为中暑先兆、轻症中暑和重症中暑。中暑先兆患者暂时脱离高温现场,并予以密切观察;轻症中暑应及时脱离高温环境至通风阴凉处休息。服用防暑降温剂并补充含盐清凉饮料以及对症处理;重症中暑应迅速给予物理或药物降温,纠正水与电解质紊乱,积极防治休克等。预防措施包括技术措施、组织措施和卫生保健措施。

(2)噪声:凡是使人感到厌烦、不需要的或有害身心健康的声音都称为噪声。生产性噪声按其来源可分为机械性噪声、流体动力性噪声和电磁性噪声;长期接触强烈的噪声,对人体听觉系统产生损害,包括暂时性听阈位移、永久性听阈位移。如果听力损伤进一步发展,出现语言听力障碍表现,称为噪声聋,是我国法定职业病之一。同时对神经系统、心血管系统、消化系统及全身其他器官的功能也有不同程度的损害。防止噪声危害的措施包括:消除噪声、控制噪声的传播、加强个体防护、医疗保健措施。

(3)非电离辐射:是指量子能量<12eV、不足以引起物质电离的电磁辐射。主要有紫外线、可见光、红外线、射频辐射与激光等。

测试题

【名词解释】

1. 职业性有害因素　　2. 职业病　　3. 工作有关疾病　　4. 窒息性气体
5. 刺激性气体　　6. 生产性粉尘　　7. 尘肺　　8. 粉尘粒子分散度
9. 粉尘质量分散度　　10. 矽肺　　11. 速发型矽肺　　12. 晚发型矽肺
13. 高温作业　　14. 中暑　　15. 听觉适应　　16. 听觉疲劳
17. 永久性听阈位移　　18. 非电离辐射

【填空题】

1. 生产过程中存在的职业性有害因素按其性质可分为_____、_____和_____有害因素。
2. 苯中毒的机制尚不清楚,急性苯中毒主要表现为_____系统症状;慢性中毒的主要特征表现为_____系统症状。
3. 驱铅治疗首选药物是_____。
4. 矽肺的并发症主要有_____、_____、_____和_____,其中最常见的并发症是_____。

【选择题】

1. 职业性有害因素是指
   A. 生产工艺过程中存在的有害健康的各种职业因素
   B. 不良劳动条件下存在的所有职业因素
   C. 生产环境中存在的有害健康的职业因素
   D. 劳动过程中所有能对健康产生不良影响的职业因素
   E. 生产过程、劳动过程和生产环境中存在的可直接危害劳动者健康的因素

2. **不属于**生产过程中职业性有害因素的是
   A. 生产性毒物
   B. 生产性粉尘
   C. 非电离辐射
   D. 细菌
   E. 劳动组织不合理

3. 关于广义职业病，下列论述**错误**的是
   A. 职业性有害因素作用于人体的强度和时间超过一定限度引起的疾病
   B. 职业性有害因素引起人体不能代偿的功能和器质性损害出现的疾病
   C. 职业性有害因素引起健康损害，并出现相应的临床征象，影响劳动能力
   D. 政府规定，职业病享有劳动保障待遇
   E. 职业性有害因素直接引起的疾病

4. 气溶胶是指悬浮于空气中的
   A. 气体、蒸气、烟
   B. 烟、气体、液体
   C. 蒸气、雾、粉尘
   D. 烟、雾、粉尘
   E. 烟、蒸气、雾

5. 下列关于职业病的特点论述**错误**的是
   A. 控制职业有害因素可消除和减少发病
   B. 病因大多是可检测的
   C. 长期接触职业有害因素即可发病
   D. 接触同一有害因素的人群中很少只有单个病例出现
   E. 早期诊断，及时治疗，预后较好

6. 在生产条件下，铅及其化合物主要以下列哪种形式经呼吸道进入人体
   A. 烟或雾
   B. 蒸气或粉尘
   C. 蒸气或雾
   D. 粉尘、烟或蒸气
   E. 粉尘、雾或蒸气

7. 可接触到铅的作业是
   A. 吹玻璃
   B. 蓄电池制造
   C. 电镀
   D. 气压计制造
   E. 提炼金、银等

8. 铅引起机体的主要早期变化之一是
   A. 小血管痉挛
   B. 卟啉代谢障碍
   C. 对神经鞘细胞作用
   D. 大脑神经细胞变性
   E. δ氨基γ-酮戊酸的分解增加

9. 铅对血红素合成的影响，主要是通过
   A. 刺激δ氨基γ-酮戊酸脱水酶和血红素合成酶
   B. 抑制δ氨基γ-酮戊酸脱水酶和血红素合成酶
   C. 刺激 ALAS
   D. 使 ALA 合成减少
   E. 使红细胞中游离原卟啉减少

10. 沉积在骨骼中铅的存在形式是
    A. 磷酸氢铅
    B. 甘油磷酸铅
    C. 氧化铅
    D. 四氧化三铅
    E. 磷酸铅

11. 驱铅治疗的首选药物是
    A. 亚硝酸钠
    B. 依地酸二钠钙
    C. 阿托品
    D. 美蓝
    E. 青霉胺

12. 患者从事蓄电池生产 3 年，自诉头晕、无力、肌肉和关节酸痛、记忆力减退，时有便秘、腹绞痛，体检发现舌、手指及眼睑均有轻度震颤，皮肤划痕阳性，于门齿、犬齿、牙龈的内外侧边缘处可见蓝黑色线，血红蛋白 90 g/L，何种诊断可能性大
    A. 急性汞中毒
    B. 慢性汞中毒

C. 急性铅中毒
D. 慢性铅中毒
E. 慢性苯中毒

13. 在生产条件下，金属汞主要以哪种形式经呼吸道进入人体
    A. 粉尘
    B. 烟
    C. 蒸气
    D. 雾
    E. 粉尘和烟

14. 慢性汞中毒的三大特征性临床表现是
    A. 口腔炎、发热、皮疹
    B. 易兴奋、震颤、口腔炎
    C. 周围神经炎、腹痛、贫血
    D. 口腔炎、腹痛、肾功能障碍
    E. 贫血、易兴奋、皮疹

15. 某温度计厂男工，42岁，两年来有乏力、记忆力减退等类神经征，常因琐事与人发生口角，事后又忧郁胆怯，近日发现其填写报表的字迹弯弯曲曲，此男工可能患了
    A. 慢性铅中毒
    B. 慢性锰中毒
    C. 慢性汞中毒
    D. 慢性苯中毒
    E. 慢性砷中毒

16. 下列可接触到苯的作业是
    A. 吹玻璃
    B. 下水道疏通
    C. 粪坑清理
    D. 电镀
    E. 喷漆

17. 苯污染作业场所空气的形式是
    A. 蒸气
    B. 气体
    C. 液体
    D. 雾
    E. 烟

18. 苯对造血系统产生的早期影响主要表现在
    A. 白细胞减少，主要是中性粒细胞减少
    B. 血小板减少，有出血倾向
    C. 血象异常，以淋巴细胞减少为主
    D. 淋巴细胞减少，粒细胞胞浆出现中毒颗粒
    E. 全血细胞减少

19. 慢性苯中毒可出现
    A. 巨幼红细胞性贫血
    B. 低色素性贫血
    C. 溶血性贫血
    D. 再生障碍性贫血
    E. 缺铁性贫血

20. 预防苯中毒的主要措施**不包括**
    A. 以无毒或低毒的物质代替苯
    B. 改革生产工艺，使工人不接触或少接触苯
    C. 通风排毒
    D. 采取卫生保健措施
    E. 提高职工素质

21. 抢救急性苯中毒时，**错误**的处理方法是
    A. 迅速将患者移至空气新鲜场所
    B. 给予维生素C
    C. 给予葡萄糖醛酸
    D. 给予肾上腺素
    E. 脱去被污染的衣服

22. 水溶性小的刺激性气体是
    A. SO_2、Cl_2
    B. 氮氧化物、光气
    C. 氮氧化物、SO_2
    D. 甲醛、SO_2、NO_2
    E. 光气、Cl_2、SO_2

23. 预防刺激性气体所致肺水肿的关键是
    A. 卧床休息
    B. 注射强心剂
    C. 早期足量皮质激素的应用
    D. 控制感染
    E. 止咳、化痰

24. 使血液运氧功能发生障碍的毒物是
    A. CO_2
    B. SO_2
    C. HCl
    D. CO
    E. H_2S

25. 使组织利用氧的功能发生障碍的毒物是
    A. CO、CO_2
    B. HCN、HCl
    C. HCN、SO_2
    D. SO_2、NO_2
    E. H_2S、HCN

26. 主要可接触到硫化氢气体的作业是

A. 喷漆
B. 制造灯管
C. 下水道疏通
D. 电镀
E. 贵重金属的提炼

27. 吸入高浓度可产生电击样死亡的有害气体是
A. 氮氧化物、H_2S
B. H_2S、HCN
C. HCN、HCl
D. SO_2、HCN
E. NO_2、NO

28. 氰化物中毒的特效解毒剂是
A. $Na_2S_2O_3$
B. $NaNO_2$
C. 细胞色素 C
D. 小剂量的亚甲蓝
E. 亚硝酸钠-硫代硫酸钠

29. 急性氰化物中毒的主要机制是
A. 运氧功能障碍
B. 形成高铁血红蛋白
C. 氧气的释放障碍
D. 与细胞色素氧化酶的三价铁结合
E. 与巯基酶结合

30. 某男性锅炉操作工,在一个通风不良条件下,连续工作 3~4 小时,突然感到头痛、头晕,患者面色潮红,口唇呈樱桃红色,具有呼吸加快等表现,疑为何种毒物中毒
A. 二硫化碳
B. 二氧化碳
C. 硫化氢
D. 一氧化碳
E. 氮氧化物

31. 在工农业生产中常见的化学性窒息性气体有
A. CO、CO_2
B. 甲烷、氮气
C. 水蒸气、氰化物
D. 硫化氢、甲烷
E. CO、氰化物、硫化氢

32. 氰化氢的主要毒作用表现特点是
A. "叹息样"呼吸,皮肤、黏膜呈樱桃红色
B. 致化学性肺炎或肺水肿
C. 病人面色潮红,高热
D. 神经系统受损的表现
E. 心肌受损、肺水肿

33. 慢性有机磷农药中毒的临床特点是
A. 症状的多少和程度随血液胆碱酯酶活性而变化
B. 胆碱酯酶活性的高低与临床症状的关系不明显
C. 以周围神经系统病变为主要表现
D. 可见明显的瞳孔缩小
E. 以肌肉活动受限为主要表现

34. 拟除虫菊酯类农药急性中毒主要临床表现为
A. 皮肤、黏膜刺激和全身症状
B. 肺水肿
C. 中毒性肝炎
D. 中毒性肾炎
E. 毒蕈碱样症状

35. 喷洒有机磷农药时为减少农药经皮吸收,涂抹皮肤最有效的肥皂类型是
A. 碱性肥皂
B. 酸性肥皂
C. 中性肥皂
D. 营养护肤皂
E. 硫磺皂

36. 决定粉尘对机体作用性质的主要因素是
A. 粉尘的化学成分
B. 接触浓度
C. 接触时间
D. 粉尘的分散度
E. 粉尘的类型

37. 防尘工作八字方针,**错误**的是
A. 革
B. 水
C. 密
D. 封
E. 护

38. 决定吸入粉尘在呼吸道各部位阻留比例的主要因素是
A. 粉尘的溶解性
B. 粉尘的分散度
C. 比重
D. 荷电性
E. 吸入粉尘浓度和暴露时间

39. 呼吸性粉尘是指
A. AED>15 μm
B. AED>10 μm
C. AED=10 μm

D. AED<8 μm
E. AED<5 μm

40. 生产性粉尘是指
    A. 生产中产生的固体微粒
    B. 长时间飘浮在空气中的固体微粒
    C. 较长时间呈游浮状态，存在于空气中的固体微粒
    D. 能较长时间飘浮在生产环境空气中的固体微粒
    E. 由固体粒子形成的气溶胶

41. 长期从事矽尘作业所引起的以肺组织纤维化病变为主的全身性疾病称
    A. 尘肺
    B. 矽肺
    C. 粉尘沉着症
    D. 慢性阻塞性肺病
    E. 石英尘肺

42. 可吸入性粉尘是指
    A. AED<25 μm
    B. AED<15 μm
    C. AED<10 μm
    D. AED<5 μm
    E. AED<3 μm

43. 典型的矽结节横断面似
    A. 葱头状
    B. 星芒状
    C. 网状
    D. 不规则状
    E. 颗粒状

44. 矽肺的基本病理变化是
    A. 矽结节形成
    B. 矽结节并有弥漫性间质纤维化
    C. 肺间质和胸膜纤维病变
    D. 胸膜肥厚粘连
    E. 肺气肿

45. 消除粉尘危害的根本途径是
    A. 改革工艺过程，革新生产设备
    B. 湿式作业
    C. 抽风除尘
    D. 个人防护
    E. 密闭尘源，抽风除尘

46. 矽肺患者最常见的并发症是
    A. 肺源性心脏病
    B. 结核性胸膜炎
    C. 自发性气胸
    D. 支气管炎
    E. 肺结核

47. "晚发型矽肺"是指
    A. 发病潜伏期大于20年的矽肺
    B. 脱离矽尘作业若干年后发生的矽肺
    C. 接触低浓度粉尘引起的矽肺
    D. 接触者晚年发生的矽肺
    E. 以上都不是

48. 中暑按发病机制分为
    A. 热射病、热痉挛和热衰竭
    B. 轻症中暑，重症中暑
    C. 热适应、热射病和热衰竭
    D. 热适应、热痉挛和热衰竭
    E. 热辐射、热痉挛和热衰竭

49. **不符合**热射病临床表现的是
    A. 体温一般正常
    B. 起病急
    C. 多有意识障碍
    D. 发病早期大量出汗、继而"无汗"
    E. 以上都不是

50. 生产性噪声按其产生的来源，可分为
    A. 机械性噪声、流体动力性噪声和电磁性噪声
    B. 稳态噪声、非稳态噪声、脉冲噪声
    C. 交通噪声、生活噪声、工业噪声
    D. 低频噪声、中频噪声、高频噪声
    E. 持续性噪声、脉冲噪声、电磁性噪声

51. 女性，23岁，织布厂挡车工2年。近两个月来，感觉耳鸣、听力下降，听力测定发现听阈提高16 dB（两耳），下班后十几个小时听力才可恢复。此种现象称之为
    A. 听觉适应
    B. 听觉疲劳
    C. 听力损伤
    D. 噪声性耳聋
    E. 永久性听阈位

52. 防止噪声对人体危害的最根本措施是
    A. 制定合理的噪声卫生标准
    B. 控制噪声的传播和反射
    C. 合理设计厂房和厂区规划
    D. 控制和消除噪声源
    E. 采取有效的个人防护措施

53. 划分非电离辐射与电离辐射的电磁辐射量子

能量水平是

A. 2 eV
B. 12 eV
C. 20 eV
D. 12 库仑
E. 12 Ci

【简答题】

1. 职业病的特点有哪些？我国法定职业病有哪几大类？共多少种？
2. 简述生产性粉尘对健康的损害。
3. 简述硫化氢中毒的治疗原则。
4. 铅的接触机会有哪些？
5. 简述慢性铅中毒时腹绞痛的临床特点。
6. 简述慢性铅中毒的主要临床表现。
7. 简述急性苯中毒的临床表现。
8. 简述中暑的临床分型及其特点。
9. 除了听觉系统外，噪声还可以对人体产生哪些损害？
10. 试述职业中毒的预防措施。

参考答案

【填空题】

1. 化学性　物理性　生物性
2. 神经　造血
3. 依地酸二钠钙（$CaNa_2$-EDTA）
4. 肺结核　肺及支气管感染　自发性气胸　肺心病　肺结核

【选择题】

1. E 2. E 3. D 4. D 5. C 6. D 7. B 8. B 9. B 10. E 11. B
12. D 13. C 14. B 15. C 16. E 17. A 18. A 19. D 20. E 21. D 22. B
23. C 24. D 25. E 26. C 27. B 28. E 29. D 30. D 31. E 32. A 33. B
34. A 35. A 36. A 37. D 38. B 39. E 40. D 41. E 42. E 43. A 44. A
45. A 46. E 47. B 48. A 49. A 50. A 51. B 52. D 53. B

（钱学艳）

第二十四章　食物与健康

【教学要求】

1. 了解　特殊人群营养；人群营养调查及其评价；各种食物中毒的病原学特点及其中毒机制；食品添加剂与食品安全问题。

2. 熟悉　人体必需营养素和能量的生理功能、参考摄入量；常见细菌性食物中毒的污染来源；河豚鱼中毒、毒蕈中毒、亚硝酸盐和毒鼠强食物中毒的临床特点和防治措施；食物中毒的调查处理。

3. 掌握　营养的基本概念；人体必需营养素和能量的食物来源；常见营养缺乏病、营养过剩性疾病；中国居民膳食指南和平衡膳食宝塔；食源性疾病、食物中毒的概念及特征；常见细菌性食物中毒的临床表现、防治措施；食品中常见污染物及其危害。

【重点难点】

1. 重点　营养的基本概念；人体必需营养素和能量的食物来源；常见营养缺乏病、营养过剩性疾病；中国居民膳食指南和平衡膳食宝塔；食源性疾病、食物中毒的概念及特征；常见细菌性食物中毒的临床表现、防治措施；食品中常见污染物及其危害。

2. 难点　膳食营养素参考摄入量的4个营养水平指标；食物蛋白质营养学评价；常见营养缺乏病、营养过剩性疾病；人群营养调查及其评价；食物中毒的调查处理。

1. 营养学基本概念

（1）营养：是指人体摄取、消化、吸收和利用食物中的营养物质，以维持生长发育、组织更新和良好健康状态的动态生物学过程。

（2）营养素：是指食物中可为人体提供能量、构成机体成分和修复组织以及调节生理功能的化学物质。

（3）植物化学物：是指多在植物性食物中存在的、已知必需营养素以外的具有生物活性的化学成分。

（4）营养素的需要量：是指能保持人体健康，达到应有发育水平和能充分发挥效率地完成体力和脑力活动，人体所需要的热能和各种营养素的必需量。

（5）推荐膳食营养素供给量（RDA）：是指为满足健康人群中几乎全部人的需要，每日需由膳食提供各种营养素的量，是在营养素需要量的基础上考虑了人群的安全率，并兼顾社会条件及经济条件等而提出的适宜数值。

（6）膳食营养素参考摄入量（DRIs）：是在 RDA 基础上发展起来的一组每日平均膳食营养素摄入量的参考值。DRIs 制定的目的除了预防营养缺乏性疾病外，又可防止营养素摄入过多的危害。包括四项内容：①平均需要量（EAR）：是根据某些指标判断可以满足某一特定性别、年龄及生理状况群体中50%个体需要量的摄入水平。EAR 是制定 RNI 的基础。②推荐摄入量（RNI）：是可以满足某一特定群体中绝大多数（97%～98%）个体的需要的摄入水平。RNI 的主要用途是作为个体每日摄入该营养素的目标值。它相当于传统的 RDA。③适宜摄入量（AI）：是通过观察或实验获得的健康人群某种营养素的摄入量。AI 的主要用途是作为个体营养素摄入量的目标。④可耐受最高摄入量（UL）：是平均每日摄入营养素的最高限量。这个量对一般人群中的几乎所有个体都不至于产生不良反应。

2. 营养素与能量

(1) 蛋白质：构成人体蛋白质的氨基酸有 20 种，其中有 8 种（婴儿为 9 种）为必需氨基酸。必需氨基酸是指人体内不能合成或合成数量不足，必须每日由膳食供给才能满足机体生理需要的氨基酸。

1) 生理功能：是构成人体组织和具有生理活性物质的成分，调节人体生理功能、促进生长发育，以及提供热能。

2) 食物蛋白质营养学评价：①蛋白质的含量；②蛋白质消化率；③蛋白质利用率：生物价、蛋白质净利用率、蛋白质功效比值、氨基酸评分。

食物蛋白质所含的必需氨基酸种类和数量不同，它们的质量也就不同。参考蛋白质是指某种食物蛋白质，其必需氨基酸模式达到或接近人体对氨基酸需要量的构成模式。一般指鸡蛋蛋白质。由于各种食物蛋白质中必需氨基酸模式不同，将富含某种必需氨基酸的食物与缺乏该种必需氨基酸的食物互相搭配混合食用，使混合后食物蛋白质中必需氨基酸模式更接近人体需要的模式，从而提高蛋白质的生物学价值，这种作用叫蛋白质互补作用。

3) 食物来源及 RNI：①食物来源：蛋、肉、鱼、乳类是优质蛋白质的良好来源；大豆是植物中优质蛋白质的良好来源，蛋白质含量最高，且含赖氨酸较多，与粮谷类蛋白质有较好的互补作用。②RNI：正常成年人每日膳食蛋白质提供能量占全日总能量的 10%～12%，儿童及青少年为 12%～14%。

(2) 脂类：包括脂肪和类脂。脂肪又称中性脂肪，即三酰甘油；类脂包括磷脂、固醇类。

1) 生理功能：①是构成人体的重要成分；②储能、供能、节省蛋白质消耗；③固醇类是固醇类激素、胆汁酸合成的原料；④可改善食物的感观性状、促进食欲、增加饱腹感；⑤是脂溶性维生素的重要来源及载体；⑥提供必需脂肪酸。

2) 必需脂肪酸（EFA）和长链多不饱和脂肪酸（PUFA）：亚油酸和 α-亚麻酸是人体必需的，而自身又不能合成，必须通过食物供给，称为必需脂肪酸。长链多不饱和脂肪酸是指链长在 18 个碳原子以上并含有多个顺式不饱和键的脂肪酸，包括花生四烯酸、EPA、DHA。

3) 食物脂类营养价值评价：依据消化率、EFA 含量、某些有特殊生理功能的脂肪酸（EPA、DHA）含量、脂溶性维生素的含量进行评价。

4) 食物来源及 AI：①植物性来源主要有植物油和坚果类食品。动物性来源主要是动物油脂和肉、禽、鱼、蛋黄等食品。②AI：成人控制在总能量的 20%～30% 范围内，饱和脂肪酸、单不饱和脂肪酸、多不饱和脂肪酸的比例为 1:1:1；胆固醇摄入量不超过 300 mg/d。

(3) 糖类：由碳、氢、氧 3 种元素组成，一般分为单糖、寡糖和多糖 3 类。

1) 生理功能：①提供能量；②构成机体成分；③抗生酮作用；④节省蛋白质作用；⑤提供膳食纤维，具有润肠通便、降血糖、降血液血胆固醇、抗结肠癌作用。

2) 食物来源及 AI：①主要来源是谷类、根茎类、豆类。蔬菜和水果是膳食纤维的主要来源。②AI：提供 55%～65% 的膳食总能量。

(4) 能量：成人的能量消耗主要用于基础代谢、体力活动、食物热效应三方面。所需的能量主要来自糖类、脂肪、蛋白质。每克糖类、脂肪、蛋白质在体内氧化所产生的能量值称为能量系数，分别为 16.7 kJ、36.7 kJ、16.7 kJ。三大供能营养素供能占总能量的比例分别为：糖类 55%～65%、脂肪 20%～30%、蛋白质 10%～12%（儿童青少年 12%～14%）。

(5) 矿物质：根据其在体内的含量及机体需要量的多少，分为常量元素和微量元素两大类。钙、铁、锌的缺乏症及食物来源见表 24-1。

表 24-1 几种矿物质的缺乏症及食物来源

矿物质	影响吸收因素	缺乏与过量	食物来源
钙	维生素D、乳糖及赖氨酸、色氨酸等氨基酸促进吸收;草酸、植酸、磷酸、膳食纤维等降低吸收	缺乏:骨骼发育和结构受损、低钙性手足搐搦症、血液凝固障碍等;过量:患肾结石的危险性增加、奶碱综合征、骨硬化	奶类及其制品、豆类及其制品、虾皮、海产品、坚果类、芝麻酱、某些绿色蔬菜
铁	维生素C、有机酸、某些单糖、肉、鱼、核黄素促进非血红素铁吸收;胃酸缺乏或服用抗酸药物、膳食中草酸盐、植酸盐、磷酸盐、鞣酸、茶叶和咖啡的多酚类物质、卵黄高磷蛋白及腹泻或吸收不良不利于吸收	缺乏:分三个阶段:铁减少期,红细胞生成缺铁期,缺铁性贫血期。儿童铁缺乏可引起心理活动和智力发育的损害及行为改变,由此引起的认知能力损害往往难以恢复;过量:可致中毒	动物肝脏、全血、畜禽肉类、鱼类等。海带、紫菜、黑木耳中铁含量也较为丰富
锌	高蛋白、维生素D、葡萄糖、乳糖、半乳糖、肉类、柠檬酸等促进吸收;植酸、鞣酸、纤维素降低吸收率,铜、钙、亚铁离子干扰吸收	缺乏:生长缓慢,味觉障碍、胃肠道疾病、性发育或功能障碍、皮肤疾患、认知行为改变、免疫力减退、不良妊娠等,肠病性肢皮炎;过量:长期可致贫血、免疫功能下降、高密度脂蛋白降低、乳酸脱氢酶和铜蓝蛋白活性降低;大量可发生中毒	牡蛎等贝类海产品、红色肉类、动物内脏

(6) 维生素:按其溶解性分为脂溶性维生素(A、D、E、K)和水溶性维生素(B族维生素和维生素C)。几种维生素的缺乏症及食物来源见表 24-2。

表 24-2 几种维生素的缺乏症及食物来源

维生素	主要生理功能	缺乏与过量	食物来源
维生素A(视黄醇)	视紫红质的合成与再生,维持正常的视觉;糖蛋白合成,维持上皮组织的完整;促进正常发育,增加抗感染、抗氧化能力	暗适应下降、夜盲,Bitot斑,角膜软化、皮肤干燥、毛囊角化、儿童生长迟缓,易发生呼吸道感染;大量摄入可致中毒,妊娠早期可引起胎儿畸形	肝、鸡蛋、奶类、鱼肝油;类胡萝卜素主要来自绿色叶菜或红黄色蔬菜和水果
维生素D	促进钙、磷吸收,调节血钙平衡;促进骨与软骨及牙齿的钙化;调节基因转录和免疫功能	缺乏:骨化不全、佝偻病、骨软化症、骨质疏松;过多:蓄积引起中毒	海水鱼、肝、蛋黄、奶油较多;鱼肝油可作为维生素D补充剂
维生素B_1(硫胺素)	构成辅酶参与物质代谢和能量转化;维持神经、肌肉的功能;与心脏活动、食欲、胃肠蠕动、消化液分泌有关	缺乏:干性脚气病、湿性脚气病、混合型脚气病、婴儿脚气病;过量中毒罕见	粮谷类、豆类、坚果类、动物内脏以及瘦肉、蛋类
维生素B_2(核黄素)	参与生物氧化和能量、维生素B_6、尼克酸及药物代谢,抗氧化,与铁吸收和贮存、视网膜感光、生长发育有关	口腔-生殖综合征、睑缘炎及角膜血管增生等,影响生长发育,导致缺铁性贫血;妊娠期缺乏可致胎儿骨骼畸形	肝、肾、心、乳类、蛋黄、大豆及绿叶菜
维生素C(抗坏血酸)	参与羟化反应,促进胶原合成,抗氧化,促进铁、叶酸吸收,阻断亚硝胺的体内形成,改善心肌功能,解毒	缺乏:坏血病;过量:因尿中草酸增加形成结石,还可有腹痛、腹泻,并发生对维生素C的依赖	新鲜蔬菜和水果;因其易氧化失活,应注意合理烹调,避免损失

3. 合理营养指导

(1)《中国居民膳食指南》(2007)是根据营养学原理,紧密结合我国居民膳食消费和营养状况的实际问题而制订的,是指导广大人民群众实践平衡膳食,以获得合理营养、促进健康的科学文件。其内容共有 10 条：①食物多样，谷类为主，粗细搭配；②多吃蔬菜水果和薯类；③每天吃奶类、大豆或其制品；④常吃适量的鱼、禽、蛋和瘦肉；⑤减少烹调油用量，吃清淡少盐膳食；⑥食不过量，天天运动，保持健康体重；⑦三餐分配要合理，零食要适当；⑧每天足量饮水，合理选择饮料；⑨如饮酒应限量；⑩吃新鲜卫生的食物。

(2) 中国居民平衡膳食宝塔：平衡膳食是指通过不同种类食物的合理搭配，使每日膳食中各种营养素种类齐全，数量充足，相互间比例适当，充分满足人体需要并达到平衡。平衡膳食宝塔是根据中国居民膳食指南结合中国居民的膳食结构特点设计的，它直观地告诉人们每天应吃食物的种类和数量，便于理解、易于实施。膳食宝塔共分五层，包含每天应摄入的主要食物种类及其数量。

4. 人群营养调查

(1) 膳食调查：方法有四种：称重法、查账法、询问法、化学分析法。

(2) 体格检查

1) 身体测量常用的评价指标有：①标准体重；②体质指数（BMI）；③皮褶厚度；④腰围和臀围。

2) 营养缺乏的常见症状和体征，见表 24-3。

(3) 人体营养状况评价实验室检查常用指标见表 24-4。

表 24-3 营养缺乏的常见症状和体征

部位	症状或体征	可能缺乏的营养素
全身	消瘦，水肿，发育不良	能量，蛋白质，锌
	贫血	蛋白质，铁，叶酸，维生素 B_{12}、B_6、B_2、C
皮肤	干燥，毛囊角化	维生素 A
	毛囊周围出血点	维生素 C
	裸露部位对称性皮炎	烟酸
	阴囊炎，脂溢性皮炎	维生素 B_2
头发	稀少，失去光泽	蛋白质，维生素 A
眼睛	毕脱斑，角膜干燥，夜盲	维生素 A
唇	口角炎，唇炎	维生素 B_2
口腔	齿龈炎，齿龈出血，齿龈松肿	维生素 C
	舌炎，舌猩红，舌肉红	维生素 B_2，烟酸
	地图舌	维生素 B_2，烟酸，锌
指甲	舟状甲	铁
骨骼	颅骨软化，方颅，鸡胸，串珠肋，O 型腿，X 型腿	维生素 D
	骨膜下出血	维生素 C
神经	肌肉无力，四肢末端蚁行感，下肢肌肉疼痛	维生素 B_1

表 24-4 人体营养状况评价实验室检查常用指标

评价项目	常用指标
蛋白质	血清总蛋白、血清白蛋白、血清球蛋白、白/球、视黄醇结合蛋白
脂肪	血脂、血清甘油三酯、血清胆固醇、α 脂蛋白、β 脂蛋白
铁	血清铁、血清铁蛋白、血清运铁蛋白饱和度、红细胞游离原卟啉、全血血红蛋白浓度、血细胞比容
钙、磷、维生素 D	血清钙、血清碱性磷酸酶活性、血浆 25-(OH) D_3 和血浆 1,25-(OH)$_2$$D_3$
维生素 A	暗适应能力测定、血清视黄醇、血清胡萝卜素
维生素 B_1、维生素 B_2、烟酸、维生素 C	24 小时排出量、4 小时尿负荷试验

5. 食源性疾病与食物中毒概述

(1) 食源性疾病：是指由摄食进入人体内的各种致病因子引起的、通常具有感染或中毒性质的一类疾病。包括三个基本要素：①食物，是传播食源性疾病的媒介；②致病因子，是存在于食物中的病原物质；③急性中毒性或感染性表现，是食源性疾病的主要临床特征。

(2) 食物中毒：是指摄入了含有生物性、化学性有毒有害物质的食品或把有毒有害物质当作食品摄入后所出现的非传染性的急性、亚急性疾病。

(3) 食物中毒的发病特点：①潜伏期短，发病突然，呈暴发性；②临床表现相似；③发病与食物有关；④人与人之间无直接传染。

(4) 食物中毒的分类：①细菌性食物中毒；②真菌及其毒素食物中毒；③动物性食物中毒；④有毒植物中毒；⑤化学性食物中毒。

6. 细菌性食物中毒

(1) 常见细菌性食物中毒

1) 沙门菌食物中毒：①全年皆可发生，夏秋季多见。②中毒食品：主要为畜肉类及其制品，其次为禽肉、蛋类、乳类及其制品。③污染来源：家畜、家禽的生前感染和宰后污染；蛋类的污染；乳类的沙门菌来自患沙门菌病的奶牛所产的乳以及挤奶过程或挤奶后的污染；烹调后的熟制品受到带菌的容器、烹调工具或带菌者的污染。④临床表现：临床上分为胃肠炎型、类伤寒型、类霍乱型、类感冒型和败血症型，以胃肠炎型最多见。潜伏期一般为12～36 h。主要症状为呕吐、腹痛、腹泻，粪便为黄绿色水样便，有时带黏液或脓血，体温高达38～40℃。病程一般为3～7 d，多数患者预后良好。

2) 副溶血性弧菌食物中毒：①以夏秋季多见，7～9月高发；沿海地区为高发区。②中毒食品：主要是海产品，其次为含盐量不多的盐渍食品以及被污染的肉、禽、凉拌菜。③污染来源：海产品带菌率高；熟制品受到带菌容器、炊具或带菌生食品、带菌者的再次污染。④临床表现：潜伏期多为14～20 h。主要症状有上腹部或脐周围阵发性绞痛和腹泻，初为水样或洗肉水样便，后转为黏液血便或脓血便，但少有里急后重；恶心、呕吐多在腹泻后出现。体温一般为37.5～39.5℃。病程3～4 d，预后良好。

3) 大肠埃希菌食物中毒：①多发生在夏秋季。②中毒食品：主要为动物性食品。③污染来源：可通过被污染的水、土壤和带菌者直接或间接污染食品；带菌的容器、餐具、炊具等以及带菌者均可再污染食品。④临床表现：急性胃肠炎型、急性菌痢型、出血性肠炎型。

4) 金黄色葡萄球菌食物中毒：①全年皆可发生，但多见于夏秋季。②中毒食品：主要为乳类及其制品、肉类、剩米饭，其次为熟肉类，偶见鱼类及其制品、蛋制品等。③污染来源：人和动物的鼻腔、咽、消化道带菌率较高；人和动物的化脓性感染部位常为污染源；食品从业人员的带菌者常对食品造成污染。④临床表现：潜伏期一般为2～4 h。主要症状为恶心、剧烈而频繁的呕吐，呕吐物中常混有胆汁和黏液；上腹部疼痛，腹泻水样便。体温正常或有低热。病程1～2 d，预后良好。

5) 肉毒梭菌食物中毒：①全年均可发生，我国多发生于3～5月。②中毒食品：我国以家庭自制的发酵食品多见，其次是越冬密封保存的肉制品、罐头食品、鱼制品、酱菜等。③污染来源：被肉毒毒素污染的食品食用前未彻底加热所致。④临床表现：潜伏期一般为12～48 h。早期头晕、头痛、乏力、步态不稳；随后出现神经症状：视物模糊、眼睑下垂、复视、瞳孔散大；咀嚼与吞咽困难，并伴有声音嘶哑、颈肌无力、不能抬头等；由于呼吸肌麻痹，可出现呼吸困难或呼吸衰竭。病死率较高，多死于发病后10 d内。

(2) 细菌性食物中毒的诊断与治疗原则

1) 细菌性食物中毒的诊断应按照《食物中毒诊断标准及处理总则》(GB14938) 及食物中毒诊断（推荐）标准进行，根据流行病学调查资料、患者的临床表现和实验室检验资料做出诊断。

2) 治疗原则：①用催吐、洗胃、清肠等方法迅速去除毒物；②对症治疗；③特殊治疗。

(3) 细菌性食物中毒的预防措施：①防止食品污染；②控制细菌繁殖及形成外毒素；③杀灭病原菌和破坏毒素。

7. 有毒动植物中毒

(1) 河豚鱼中毒：①临床表现：发病急速而剧烈，潜伏期一般为 10 min～3 h。起初感觉手指、口唇和舌有刺痛，同时出现恶心、呕吐、腹痛、腹泻等胃肠道症状；随后四肢肌肉麻痹，身体摇摆、共济失调、语言不清，瞳孔散大，呼吸困难，血压和体温下降。②防治措施：目前尚无特效解毒剂，必须迅速抢救，以去除毒物和对症治疗为主。预防河豚鱼中毒的关键是加强宣传教育，以防误食；要加强对河豚鱼的监督管理。

(2) 毒蕈中毒：①根据毒蕈有毒成分及中毒症状可分为：胃肠炎型、神经精神型、溶血型、脏器损害型、光过敏型。②防治措施：急救治疗：立即采取催吐、洗胃、清肠等措施；合理使用药物治疗；对症治疗和支持治疗。预防毒蕈中毒主要是加强宣传教育，防止误采、误食。

8. 化学性食物中毒

(1) 亚硝酸盐食物中毒：①中毒原因：误将亚硝酸盐当作食盐食用；食品加工中过量加入或超范围使用亚硝酸盐；大量食用硝酸盐、亚硝酸盐含量较高的蔬菜；饮用含硝酸盐较多的苦井水或用该井水煮饭并存放过久。②临床表现：潜伏期一般 1～3 h。主要表现为组织缺氧，口唇、指甲以及全身皮肤出现发绀，并有头晕、头痛、心率过速、胸闷、嗜睡或烦躁不安、呼吸急促等症状。严重中毒者可因呼吸困难、缺氧窒息或呼吸麻痹、循环衰竭而死亡。③防治措施：对患者须及时抢救，迅速催吐、洗胃和清肠，促使未吸收毒物的排出；1%亚甲蓝，小剂量口服或缓慢静脉注射，亚甲蓝、维生素 C 和葡萄糖合用效果更佳。预防措施：严格管理亚硝酸盐，防止其污染食品或误食误用；保持蔬菜新鲜，勿食存放过久的变质蔬菜以及腌制不充分的蔬菜；肉制品及肉类罐头的亚硝酸盐使用量应严格执行国家标准；不饮用硝酸盐和亚硝酸盐含量高的井水。

(2) 毒鼠强中毒：

1) 临床表现：多在进食后 0.5～1 h 内发病。主要症状有头痛、头晕、无力、心悸、恶心、呕吐，伴有上腹部烧灼感和腹痛；严重者出现意识模糊、躁动不安、四肢抽搐，可伴有口吐白沫、小便失禁等。

2) 防治措施：①催吐、洗胃，清除体内毒物；②镇静止惊，对症治疗；③中毒较重者尽快进行活性炭血液灌流；④纠正呼吸衰竭，防治肺水肿，保持气道通畅；⑤消除脑水肿，保护脑组织。预防措施：加强对灭鼠剂的管理，严禁生产、经营、使用毒鼠强；开展宣传教育，使用新型灭鼠剂。

9. 食物中毒的调查处理

(1) 食物中毒处理总则：①及时报告当地卫生行政部门；②对病人采取紧急处理：停止食用可疑中毒食品；采取病人血液、尿液、吐泻物等标本，以备送检；急救处理包括催吐、洗胃和清肠，对症治疗与特殊治疗；③对中毒食品控制处理：保护现场，封存中毒食品或可疑中毒食品，采取剩余可疑中毒食品，以备送检；追回已售出的中毒食品或可疑中毒食品；对中毒食品进行无害化处理或销毁；④根据不同的中毒食品，对中毒场所采取相应的消毒处理。

(2) 食物中毒事故现场调查处理程序：①初步调查；②现场调查；③样品采集与检验；④采取控制措施；⑤总结评价及责任追究。

10. 食品安全概述

(1) 食品安全：有两层含义，即食品数量安全和食品质量安全。食品数量安全指的是要有充足的食品供应，保证居民食品消费需求的能力；食品质量安全强调食品本身对消费者的安全性，即食品中不应含有可能损害或威胁人体健康的有毒有害物质或因素，不应导致消费者急性或慢性毒害或感染疾病或产生危及消费者及其后代健康的隐患，涉及从农田到餐桌的各个环节。

(2) 食品安全问题：食品中诸多不安全因素可归纳为：①物理性不安全因素；②化学性不安全因素；③生物性不安全因素；④新型食品的安全问题：转基因食品、辐照食品、新资源食品；⑤假冒伪劣食品的安全问题。

11. 食品中常见污染物及其危害

(1) 黄曲霉毒素：是一类结构相似的化合物，其基本结构均有二呋喃环和香豆素，在天然污染的食品中以 AFB_1 最多，且其致癌性和毒性也最强。黄曲霉毒素耐热，在280℃时才发生裂解；在中性和酸性环境中稳定，在pH9～10的强碱性环境中能迅速分解成香豆素钠盐，可溶于水而被洗脱掉。主要污染的粮食作物为花生、花生油和玉米。黄曲霉毒素有很强的急性毒性，长期小剂量摄入黄曲霉毒素可造成肝脏慢性损害，引起肝炎、肝硬化和肝坏死等；对动物有强烈的致癌性，可诱发多种动物发生癌症。

(2) N-亚硝基化合物：对动物具有较强致癌作用，流行病学研究表明人类某些肿瘤可能与亚硝基化合物有关。其前体物亚硝酸盐、硝酸盐和胺类广泛存在于环境和食品中，在一定条件下，可转化合成N-亚硝基化合物。N-亚硝基化合物含量较多的食品有：烟熏鱼、腌制鱼、腊肉、火腿、腌酸菜、啤酒及不新鲜的蔬菜等。

(3) 农药和兽药残留

1) 农药残留的来源：①施用农药对农作物及畜、禽的直接污染；②农作物从污染的环境中吸收农药；③通过食物链污染食品；④粮库使用熏蒸剂、饲养场施用农药对食品的间接污染，粮食流通过程污染或事故性污染。

2) 兽药残留的来源：①治疗禽、畜疾病的药品；②禽、畜、水产品饲料中的添加剂和激素。

3) 健康危害：急性中毒、慢性中毒、"三致"作用。

测试题

【名词解释】

1. 营养
2. 营养素
3. 植物化学物
4. 营养素需要量
5. 推荐膳食营养素供给量
6. DRIs
7. EAR
8. RNI
9. AI
10. UL
11. 蛋白质互补作用
12. 必需氨基酸
13. 生物价
14. 蛋白质净利用率
15. 蛋白质功效比值
16. 限制氨基酸
17. 必需脂肪酸
18. 膳食纤维
19. 能量系数
20. 食物热效应（TEF）
21. 中国居民膳食指南
22. 平衡膳食
23. 平衡膳食宝塔
24. 食源性疾病
25. 食物中毒
26. 参考蛋白质

【填空题】

1. 膳食营养素参考摄入量（DRIs）包括_____、_____、_____和_____四个营养水平指标。

2. 人体需要的营养素包括_____、_____、_____、_____、_____和_____。

3. 人体必需氨基酸包括_____、_____、_____、_____、_____、_____、_____、_____，对婴儿而言，_____也为必需氨基酸。

4. 必需脂肪酸有_____和_____。
5. 脂肪的营养价值主要依据_____、_____、_____、_____进行评价。
6. 产能营养素有_____、_____和_____。
7. 成人的能量消耗主要用于_____、_____和_____三方面的需要。
8. 维生素 B_1（硫胺素）缺乏易引起_____。
9. 营养调查的内容包括_____、_____和_____三部分。
10. 常用膳食调查方法有_____、_____、_____和_____。
11. 食物中毒按病原物质可分为_____、_____、_____、_____和_____ 5 类。
12. 体内含量占体重的_____以下就称为微量元素。目前认为必需微量元素有_____种。
13. 食物中钙的最好来源是_____。
14. 细菌性食物中毒的预防措施包括_____、_____和杀灭病原菌及破坏毒素。
15. 食物中的铁以_____和_____两种形式存在。
16. 维生素 B_1 所引起的干性脚气病以_____为主要病变。
17. 蔬菜水果主要提供人体所必需的_____、_____和无机盐。
18. 根据毒蕈所含有毒成分和中毒症状，毒蕈中毒可分为_____、_____、_____、_____、_____和_____。
19. N-亚硝基化合物包括_____和_____两大类。其前体物是_____、_____和_____，广泛存在于环境和食品中，在一定条件下，这些前体物可通过化学或生物学途径合成 N-亚硝基化合物。
20. 黄曲霉毒素主要污染的食品是_____。

【选择题】

1. 下列各项**不属于**膳食营养素参考摄入量（DRIs）的是
   A. 平均需要量（EAR）
   B. 生理需要量（PR）
   C. 推荐摄入量（RNI）
   D. 适宜摄入量（AI）
   E. 可耐受最高摄入量（UL）
2. 一般食物的含氮量转换为蛋白质含量的系数为
   A. 5.85
   B. 6.05
   C. 6.25
   D. 6.45
   E. 4.00
3. 主要的产能营养素是
   A. 蛋白质、脂类、无机盐
   B. 蛋白质、脂类、糖类
   C. 蛋白质、维生素、无机盐
   D. 脂类、糖类、水
   E. 蛋白质、脂类、维生素
4. 限制氨基酸是指
   A. 氨基酸评分较高的氨基酸
   B. 氨基酸评分较低的氨基酸
   C. 氨基酸评分较高的必需氨基酸
   D. 氨基酸评分较低的必需氨基酸
   E. 氨基酸含量最少的氨基酸
5. 食物蛋白质营养价值的高低主要取决于
   A. 蛋白质含量、蛋白质真消化率
   B. 蛋白质含量、氨基酸含量、生物学价值
   C. 氨基酸组成、蛋白质互补作用
   D. 蛋白质消化率、生物学价值、化学成分
   E. 蛋白质含量及其氨基酸组成与机体的吸收利用程度
6. 膳食纤维的主要食物来源是
   A. 果冻
   B. 蔬菜和水果
   C. 海藻植物
   D. 坚果
   E. 豆类
7. 食物中限制氨基酸的存在，使机体
   A. 蛋白质的吸收受限
   B. 氮平衡受限

C. 合成组织蛋白质受限
D. 蛋白质分解代谢受限
E. 蛋白质供应能量受限

8. 在机体通过氧化能够产生能量的营养素是
   A. 维生素
   B. 无机盐
   C. 膳食纤维
   D. 微量元素
   E. 脂肪

9. 蛋白质生物学价值的高低主要取决于
   A. 各种氨基酸的含量与比值
   B. 各种必需氨基酸和非必需氨基酸的含量与比值
   C. 各种必需氨基酸的含量与比值
   D. 各种非必需氨基酸的含量与比值
   E. 限制氨基酸的含量与比值

10. 成人蛋白质供热能应占全日热能摄入量的
    A. 8%~10%
    B. 10%~12%
    C. 15%~20%
    D. 20%~25%
    E. 25%~30%

11. 脂肪摄入过多与许多疾病有关，因此要控制膳食脂肪的摄入量，一般认为成人脂肪的适宜供能比例是
    A. 10%~15%
    B. 20%~30%
    C. 30%~40%
    D. 40%~50%
    E. 55%~65%

12. EPA、DHA 的良好食物来源是
    A. 海水鱼
    B. 花生油
    C. 牛肉
    D. 杏仁等硬果类
    E. 豆油

13. 我国居民膳食中糖类最主要的来源是
    A. 谷类
    B. 薯类
    C. 鱼肉类与奶类
    D. 蔗糖
    E. 根茎类植物

14. 必需脂肪酸的最好的食物来源是
    A. 牛油
    B. 植物油（除椰油外）
    C. 猪油
    D. 奶油
    E. 羊油

15. 人体的能量来源于膳食中蛋白质、脂肪和糖类，它们的能量系数分别为
    A. 16.7 kJ/g、36.7 kJ/g、36.7 kJ/g
    B. 36.7 kJ/g、16.7 kJ/g、16.7 kJ/g
    C. 16.7 kJ/g、36.7 kJ/g、16.7 kJ/g
    D. 16.7 kJ/g、16.7 kJ/g、16.7 kJ/g
    E. 16.7 kJ/g、16.7 kJ/g、36.7 kJ/g

16. 成人糖类供热应占总热能的
    A. 50%
    B. 50%~60%
    C. 70%~75%
    D. 55%~65%
    E. <50%

17. 微量元素是指下列哪一类元素
    A. 人体需要量很少的
    B. 自然界含量很少的
    C. 人体吸收率很低的
    D. 人体利用率很低的
    E. 食物中含量很少的

18. 谷类蛋白质的第一限制氨基酸是
    A. 亮氨酸
    B. 赖氨酸
    C. 缬氨酸
    D. 蛋氨酸
    E. 苯丙氨酸

19. 下列食物中含钙最少的是
    A. 豆类
    B. 芝麻酱
    C. 海带
    D. 奶类
    E. 猪肉

20. 可在体内合成的维生素是
    A. 维生素 C
    B. 维生素 A
    C. 维生素 E
    D. 维生素 B_2
    E. 维生素 D

21. 有利于肠道钙吸收的因素有
    A. 氨基酸、乳糖、维生素 D
    B. 脂肪酸、氨基酸、乳糖

C. 抗酸药、乳糖、钙磷比
D. 乳糖、青霉素、抗酸药
E. 草酸、维生素 D、乳糖

22. 豆类蛋白质的第一限制氨基酸是
    A. 亮氨酸
    B. 赖氨酸
    C. 缬氨酸
    D. 甲硫（蛋）氨酸
    E. 苯丙氨酸

23. 味觉减退或有异食癖，可能缺乏的矿物质是
    A. 锌
    B. 铬
    C. 硒
    D. 钙
    E. 铁

24. 有利于非血红素铁吸收的是
    A. 维生素 C
    B. 钙
    C. 草酸
    D. 膳食纤维
    E. 维生素 A

25. 关于铁的良好食物来源，应**除外**的是
    A. 猪肝
    B. 牛奶
    C. 猪血
    D. 羊肉
    E. 鲫鱼

26. 下列各项**不属于**钙缺乏表现的是
    A. 骨骼疼痛、易出血
    B. 佝偻病
    C. 牙齿发育不正常
    D. 骨质疏松症
    E. 手足搐搦症

27. 下列食物中维生素 A 含量丰富的是
    A. 鸡肝
    B. 猪肉
    C. 玉米
    D. 山药
    E. 牛肉

28. 关于维生素，正确的是
    A. 维生素 A、C、D、E 为脂溶性维生素
    B. 水溶性维生素不需每日供给
    C. 大量摄入水溶性维生素一般不会引起中毒
    D. 缺乏水溶性维生素时，症状不明显
    E. 大量摄入维生素 E、A 一般不会引起中毒

29. 米面加工精度过高会严重损失的营养素是
    A. 维生素 C
    B. 维生素 A
    C. 维生素 E
    D. B 族维生素
    E. 维生素 D

30. 水溶性维生素摄入过多时
    A. 可在体内大量贮存
    B. 可经尿液排出体外
    C. 极易引起中毒
    D. 通过胆汁缓慢排出体外
    E. 可经汗液大量排出体外

31. 夜盲症患者可能缺乏的维生素是
    A. 维生素 A
    B. 维生素 D
    C. 维生素 B_1
    D. 维生素 B_2
    E. 维生素 C

32. 维生素 C 的良好食物来源是
    A. 粮谷类
    B. 动物性食品
    C. 蔬菜水果
    D. 豆类
    E. 植物油

33. 硫胺素缺乏可引起
    A. 脚气病
    B. 癞皮病
    C. 黏膜炎症
    D. 坏血病
    E. 夜盲症

34. 下列属于脂溶性维生素的是
    A. 硫胺素
    B. 核黄素
    C. 尼克酸
    D. 视黄醇
    E. 抗坏血酸

35. 在米的淘洗过程中，主要损失的营养素是
    A. B 族维生素和无机盐
    B. 维生素 D
    C. 维生素 E
    D. 维生素 C
    E. 维生素 A

36. 平衡膳食是指
    A. 供给机体足够的能量和各种营养素
    B. 供给机体所需的全部营养素,且比例适当
    C. 供给机体适宜数量的能量和各种营养素,且比例适当
    D. 供给机体足够的能量和蛋白质,且保证一定量的动物蛋白
    E. 供给机体足够的蛋白质,且保证一定量的动物蛋白

37. 与老年人容易发生的腰背酸痛有较密切关系的营养素是
    A. 钠
    B. 钙
    C. 铜
    D. 维生素 A
    E. 铁

38. 某患者,主诉倦怠、乏力、关节和肌肉疼痛,检查发现牙龈肿胀出血、牙齿松动、贫血、皮下出血。此患者可能缺乏的营养素是
    A. 铁
    B. 叶酸
    C. 维生素 C
    D. 维生素 B_1
    E. 维生素 B_2

39. 某成年男性,因眼睛不适就诊。检查发现其暗适应能力下降、角膜干燥、发炎,球结膜出现泡状灰色斑点。此时应给患者补充
    A. 维生素 C
    B. 维生素 A
    C. 维生素 E
    D. 维生素 B_2
    E. 维生素 B_1

40. 一位母亲给两岁孩子口服钙片 4 片、浓鱼肝油 3 粒,每日 3 次,数日后孩子出现厌食、烦躁、肝肿大、皮肤瘙痒,且日渐消瘦,其原因为
    A. 维生素 D 供给不足
    B. 维生素 A 供给不足
    C. 钙供给过多
    D. 维生素 D 补充过多
    E. 维生素 A 补充过多

41. 某患者,长期食用精白米面,缺少副食品,自诉疲乏、纳差、恶心、指趾麻木、肌肉酸痛和压痛,尤以腓肠肌为甚,此患者可能患有
    A. 类风湿病
    B. 痛风
    C. 干性脚气病
    D. 湿性脚气病
    E. 神经官能症

42. 某孕妇,妊娠反应强烈,只能吃水果和少量谷类食物,至妊娠中期,该孕妇感到手脚麻木、关节痛,并有"抽筋"现象。产生抽筋现象最可能的原因是
    A. 血清铁降低
    B. 血清锌降低
    C. 血清钙降低
    D. 血清磷降低
    E. 血清钠降低

43. 一名 6 岁儿童,生长发育迟缓、智力发育障碍、消瘦、体重过轻,伴有食欲不佳、味觉减退、伤口愈合缓慢,最可能的原因是
    A. 热能不足
    B. 蛋白质营养不良
    C. 脂肪摄入不足
    D. 锌缺乏
    E. 铁缺乏

44. 亚硝酸盐引起中毒的机制是
    A. 巯基酶失活
    B. 胆碱酯酶活性被抑制
    C. 溶血作用
    D. 亚铁血红蛋白氧化成高铁血红蛋白
    E. 毛细血管扩张

45. 下列属于嗜盐性细菌的是
    A. 副溶血性弧菌
    B. 致病性大肠杆菌
    C. 变形杆菌
    D. 肉毒梭菌
    E. 金黄色葡萄球菌

46. 引起肉毒中毒的食品,我国最多见的是
    A. 肉制品
    B. 鱼制品
    C. 自制发酵食品
    D. 豆制品
    E. 罐头食品

47. 毒蕈中毒时,应特别注意
    A. 一种毒蕈只含一种特定毒素,有靶器

官，故抢救时需认真鉴别
   B. 中毒者潜伏期均较短，故应采取紧急措施
   C. 毒蕈毒素均难溶于水
   D. 发病率低，但病死率高，应集中抢救
   E. 脏器损害型的毒蕈中毒，可出现假愈期，早期应注意保护肝肾
48. 黄曲霉毒素慢性损害的主要器官是
   A. 骨骼
   B. 肾脏
   C. 卵巢
   D. 肝脏
   E. 神经系统
49. 下列食物中亚硝基化合物含量最高的是
   A. 水果
   B. 腌酸菜
   C. 谷物
   D. 奶制品
   E. 蛋制品
50. 我国最常见的食物中毒是
   A. 化学性食物中毒
   B. 细菌性食物中毒
   C. 真菌性食物中毒
   D. 有毒动物中毒
   E. 有毒植物中毒
51. 河豚鱼中含的河豚毒素
   A. 可导致神经中枢及末梢麻痹
   B. 稳定，但煮沸可解毒
   C. 不稳定，加酸可破坏
   D. 新鲜鱼肉中毒性最强，肝次之，卵最弱
   E. 可引起过敏反应
52. 毒蕈中毒的常见原因是
   A. 加工方法不当
   B. 误食
   C. 加热不彻底
   D. 未加碱破坏有毒成分
   E. 不恰当的保藏
53. 河豚鱼中河豚毒素含量最多的器官是
   A. 皮肤、腮
   B. 肝脏、肾脏
   C. 鱼卵、肠
   D. 腮、鳍
   E. 卵巢、肝脏
54. 引起副溶血性弧菌食物中毒的主要食品是

   A. 罐头食品
   B. 发酵食品
   C. 海产品及盐渍食品
   D. 剩米饭、凉糕
   E. 家庭自制豆制品
55. 关于细菌性食物中毒的预防措施，**错误**的是
   A. 应用抗氧化剂
   B. 食用前彻底加热
   C. 屠宰过程中严格遵守卫生要求
   D. 定期对食品从业人员体检
   E. 防止食物被微生物污染
56. 下列**不属于**食物中毒的是
   A. 暴饮暴食引起急性胃肠炎
   B. 河豚鱼中毒
   C. 农药中毒
   D. 毒蕈中毒
   E. 肉毒中毒
57. 肉毒梭菌食物中毒特征性的临床表现为
   A. 剧烈呕吐
   B. 黄绿色水样便
   C. 发绀
   D. 神经系统损伤症状
   E. 黄疸
58. 葡萄球菌肠毒素中毒典型的症状是
   A. 剧烈呕吐
   B. 腹痛、腹泻
   C. 发热
   D. 神经系统症状
   E. 紫癜
59. 植物性食物（如剩饭、米粉）引起的食物中毒最可能原因是
   A. 沙门菌属
   B. 副溶血性弧菌
   C. 葡萄球菌肠毒素
   D. 肉毒梭菌毒素
   E. 变形杆菌
60. 引起沙门菌属食物中毒的好发食品是
   A. 植物性食品
   B. 动物性食品
   C. 藻类食品
   D. 腌制品
   E. 海产品
61. 引起沙门菌属食物中毒的主要污染来源是
   A. 家畜、家禽

B. 野生动物

C. 海产品

D. 苍蝇

E. 带菌者

62. 引起葡萄球菌食物中毒的污染源常为

A. 海产品

B. 野生动物

C. 鼠类、苍蝇

D. 家禽、家畜

E. 带有化脓性病灶的厨师

63. 大肠埃希菌食物中毒的好发食品是

A. 肉类及制品

B. 海产品

C. 淀粉类食物

D. 自制发酵食品

E. 饮料

64. 对醋较为敏感的细菌是

A. 副溶血性弧菌

B. 沙门菌

C. 葡萄球菌

D. 变形杆菌

E. 蜡样芽胞杆菌

65. 河豚毒素引起中毒的机制是

A. 刺激胃肠黏膜，引起恶心、呕吐

B. 作用于腺苷酸环化酶，产生腹泻

C. 刺激迷走神经，通过呕吐中枢，引起呕吐

D. 阻断神经兴奋的传导

E. 抑制乙酰胆碱酯酶的活性

66. 治疗亚硝酸盐食物中毒的最佳方案是

A. 美蓝＋维生素 C＋硫代硫酸钠

B. 美蓝＋维生素 C＋葡萄糖

C. 亚硝酸异戊酯＋维生素 C＋葡萄糖

D. 亚硝酸异戊酯＋美蓝＋维生素 C

E. 维生素 C＋葡萄糖＋硫代硫酸钠

67. 沿海地区比内陆地区高发的细菌性食物中毒是

A. 沙门菌食物中毒

B. 肉毒梭菌食物中毒

C. 大肠埃希菌食物中毒

D. 副溶血性弧菌食物中毒

E. 葡萄球菌食物中毒

68. 食物中毒调查的目的主要是

A. 查清潜伏期

B. 查清是否为食物中毒及中毒原因

C. 查清中毒人数及发病情况

D. 查清责任者并收集处罚依据

E. 查清发病中毒人数

【简答题】

1. 中国居民膳食营养素参考摄入量（DRIs）包括哪些内容？各有什么意义？
2. 如何评价食物蛋白质营养价值？
3. 何谓膳食纤维？有哪些生理功能？
4. 简述维生素缺乏的常见原因。
5. 试述膳食中影响钙吸收的因素。
6. 何谓蛋白质互补作用？请举一实例说明。
7. 简述老年人合理膳食的原则。
8. 膳食调查的常用方法有哪些？
9. 中国居民膳食指南的主要内容有哪些？
10. 食物中毒的发病特点是什么？
11. 简述细菌性食物中毒预防原则。
12. 试述食物中毒现场调查处理程序。

参考答案

【填空题】

1. 平均需要量（EAR）　推荐摄入量（RNI）　适宜摄入量（AI）　可耐受最高摄入量（UL）
2. 蛋白质　脂类　糖类　无机盐　维生素　水

3. 缬氨酸　异亮氨酸　亮氨酸　苯丙氨酸　蛋氨酸　色氨酸　苏氨酸　赖氨酸　组氨酸
4. 亚油酸　α-亚麻酸
5. 消化率　EFA含量　某些有特殊生理功能的脂肪酸（EPA、DHA）含量　脂溶性维生素的含量
6. 糖类　脂肪　蛋白质
7. 基础代谢　体力活动　食物热效应
8. 脚气病
9. 膳食调查　体格检查　实验室检查
10. 称重法　查账法　询问法　化学分析法
11. 细菌性食物中毒　真菌及其毒素食物中毒　动物性食物中毒　有毒植物中毒　化学性食物中毒
12. 0.01%　10
13. 奶类及其制品
14. 防止食品污染　控制细菌繁殖及形成外毒素
15. 血红素铁　非血红素铁
16. 对称性周围神经炎
17. 维生素　膳食纤维
18. 胃肠炎型　神经精神型　溶血型　脏器损害型　光过敏型　呼吸、循环衰竭型
19. N-亚硝胺　N-亚硝酰胺　硝酸盐　亚硝酸盐　胺类化合物
20. 粮油及其制品

【选择题】

1. B　2. C　3. B　4. D　5. E　6. B　7. C　8. E　9. C　10. B　11. B
12. A　13. A　14. B　15. C　16. D　17. A　18. B　19. E　20. E　21. A　22. D
23. A　24. A　25. B　26. A　27. A　28. C　29. D　30. B　31. A　32. C　33. A
34. D　35. A　36. C　37. B　38. C　39. B　40. E　41. C　42. C　43. D　44. D
45. A　46. C　47. E　48. D　49. B　50. B　51. A　52. B　53. E　54. C　55. A
56. A　57. D　58. A　59. C　60. B　61. A　62. E　63. B　64. A　65. D　66. B
67. D　68. B

（钱学艳）

第二十五章　地质环境与健康

【教学要求】

1. 了解　地方性甲状腺肿发病机制；地方性氟中毒的发病机制。
2. 熟悉　碘缺乏病的防治措施；氟骨症的诊断；地方性氟中毒的治疗原则和预防措施。
3. 掌握　地方病的定义、分类、特点、流行特征；碘缺乏病的定义、流行特征；地方性甲状腺肿、地方性克汀病的临床表现、诊断；地方性氟中毒的定义、流行特征、临床表现。

【重点难点】

1. 重点　地方病的定义、分类、特点、流行特征；碘缺乏病的定义、流行特征；地方性甲状腺肿、地方性克汀病的临床表现、诊断；地方性氟中毒的定义、流行特征、临床表现。
2. 难点　地方性氟中毒的发病机制和氟骨症的诊断。

1. 地方病概述

（1）地方病：是指局限于某些特定地区发生或流行的疾病，或者在某些特定地区相对稳定常常发生，并且无需从外地输入传染源的疾病。

（2）分类：按其病因可分为生物地球化学性疾病、自然疫源性疾病以及与特定的生产生活方式有关疾病。

（3）典型地方病的特点：①地方性发生；②病因存在于某种特定的环境中，通过特定的传播途径进入危险人群的机体（病因链），造成地方病的流行。

（4）地方病的流行特征：①病区人群的发病率和患病率显著高于非病区人群；②外来的健康人进入病区一定时间后也可发病，其发病率与当地居民相似；③迁出病区的健康者不再患该病，迁出的患者如果病理改变是可逆的，病情会缓慢减轻或痊愈；④当地易感的动物也可发生类似疾病；⑤采取预防措施，减少或消除环境中的致病因子，该病的发生会减少或消失。

2. 碘缺乏病

（1）碘缺乏病（IDD）：是由于自然环境碘缺乏，导致碘摄入不足而造成机体碘营养不良所表现出的一组疾病的总称，包括地方性甲状腺肿、地方性克汀病、智力障碍、生殖功能障碍等。

（2）流行特征

1）地区分布：除冰岛外，IDD 在世界各国都有不同程度的流行。一般来说，碘缺乏的表现为山区重于丘陵、丘陵重于平原、内陆重于沿海，特别是地形倾斜、洪水冲刷、降雨集中以及有水土流失的地区较为严重。

2）人群分布：IDD 可波及全人口，婴幼儿、学龄前及学龄儿童、育龄妇女和哺乳期妇女是 IDD 的高危人群。女性最高患病率在 12～18 岁，男性在 9～15 岁，女性高于男性，但愈是重病区男女患病率愈接近。

3）流行因素：地理与气象因素；膳食因素；其他因素：致甲状腺肿物质，高钙、高氟、水源硝酸盐污染等对碘缺乏病的流行均有影响。

（3）地方性甲状腺肿和地方性克汀病：是碘缺乏病最明显的表现形式，见表 25-1。

表 25-1 地方性甲状腺肿与地方性克汀病

项目	地方性甲状腺肿	地方性克汀病
发病原因	碘缺乏，促甲状腺肿物质，碘过多，膳食原因，其他原因	由于胚胎发育期和出生后早期严重缺碘所致
临床表现	起病缓慢，早期仅见甲状腺轻度肿大，多为弥漫性，一般无明显症状。严重者由于肿大的甲状腺压迫气管和食管可出现气短、呼吸困难、声音嘶哑或吞咽困难等	患儿有不同程度的智力低下、体格矮小、听力障碍、神经运动障碍及不同程度的甲状腺功能低下和甲状腺肿，可概括为呆、小、聋、哑、瘫
分型（度）	按甲状腺大小分为 0~2 度；按腺体是否均匀增大或有无结节，分为弥漫型、结节型和混合型	临床上分为 3 型：神经型、黏肿型、混合型

（4）防治措施

1）防治碘缺乏病采取补碘的干预措施应符合的原则：①长期性原则；②生活化原则；③全民性原则：实行全民食盐加碘（USI）的防治策略。高碘病区或高碘地区居民及临床医生认为某些不宜食用碘盐的病人不食用碘盐。碘盐和碘油是预防 IDD 的根本措施，也是治疗地方性甲状腺肿的主要手段。

2）IDD 监测指标：监测的病情指标用甲状腺肿大率来评价，人群碘营养状况用尿碘来评价，干预措施包括碘盐、碘油及健康教育等。

3. 地方性氟中毒

（1）地方性氟中毒：又称地方性氟病，生活在高氟环境中的居民通过饮水、食物或空气等介质，摄入过量的氟而引起的一种以氟斑牙和氟骨症为主要临床表现的慢性全身性疾病。

（2）流行特征

1）病区类型及地区分布：我国地方性氟中毒可分为：①饮水型，由于饮用含氟量过高的水而引起的地方性氟中毒，是最主要的病区类型；②燃煤污染型，由于采用落后燃煤方式，燃烧含氟量高的劣质煤污染了室内空气和食物所致。此型是我国独有的，主要分布在四川、广西、湖南、湖北等14个省；③饮茶型，病区居民习惯饮用砖茶或用砖茶泡奶茶和酥油茶，由于砖茶含氟量很高，长期饮用而引起慢性氟中毒。主要分布在有少数民族居住的地区。

2）人群分布：①氟斑牙发病年龄特征比较明显，婴幼儿乳牙很少发生。恒牙形成期生活在高氟地区的儿童均可患氟斑牙，当恒牙萌出后，迁入病区的儿童不再发生氟斑牙。氟斑牙基本上无性别差别。②氟骨症多见于成年人，尤其青壮年，并随年龄增长患病率增高，重病区发病年龄可提前，儿童期一般不会患氟骨症。一般无性别差异，但的病区，特别在燃煤污染型病区女性多于男性，重症氟骨症患者女性多见。

3）流行因素：摄氟量、营养状况、饮用水水质、生活饮食习惯。

（3）临床表现及诊断

1）氟斑牙：釉质失去光泽，透明度减弱或不透明，可见白色线条、斑点、斑块、牙尖部雪帽甚至白垩样变布满整个牙齿；釉面着色；釉质缺损。

2）氟骨症：地方性氟骨症是指病区居民因摄入过量氟化合物而引起以颈、腰和四肢大关节疼痛、肢体运动功能障碍以及骨和关节 X 线征象异常为主要表现的慢性代谢性骨病。其主要临床表现为骨和关节疼痛以及肢体变形和运动功能障碍。也可出现神经衰弱综合征和消化系统功能紊乱等症状。

3）氟骨症的诊断原则：根据流行病学史、临床症状、体征和（或）骨、关节 X 线进行诊断。当临床诊断与 X 线诊断不一致时，以 X 线检查结果为准。按照《地方性氟骨症诊断标准》（WS192—2007）进行诊断。

（4）防治措施

1）治疗原则：减少氟的摄入量和吸收量，促进氟排出和增强机体抗病能力。蛋白质、钙、维生素 A、维生素 C、维生素 D 等均有抗氟、保护机体的作用。

2) 预防措施：改水降氟，改灶降氟，饮茶型病区降低砖茶的含氟量或用低氟茶代替含氟高的砖茶。

测试题

【名词解释】

1. 地方病　　2. 生物地球化学性疾病　　3. 自然疫源性疾病　　4. IDD
5. 地方性甲状腺肿　6. 地方性氟中毒　　7. 地方性氟骨症　　8. 地方性克汀病
9. 致甲状腺肿物质

【填空题】

1. 地方性氟中毒的临床特征表现是_____和_____。
2. 防治碘缺乏病采取补碘的干预措施应符合的原则是_____、_____和_____。
3. _____和_____既是预防 IDD 的根本措施，也是治疗地方性甲状腺肿的主要手段。
4. 地方病按其病因可分为_____、_____和_____三类疾病。
5. 地方性克汀病临床上分三种类型，即_____、_____和_____。
6. 预防碘缺乏病的首选方法是_____。

【选择题】

1. 地方性甲状腺肿的主要原因是
   A. 促甲状腺肿物质
   B. 碘缺乏
   C. 碘过多
   D. 维生素摄入不足
   E. 钙、镁元素过高
2. 属于地方性甲状腺肿临床表现的是
   A. 智力低下
   B. 体格矮小
   C. 听力障碍
   D. 甲状腺肿大
   E. 神经运动障碍
3. 属于地方性克汀病神经型临床表现的是
   A. 黏液性水肿
   B. 皮肤干、弹性差
   C. 毛发稀少
   D. 性发育障碍
   E. 下肢痉挛性瘫痪
4. 目前我国预防碘缺乏病采取的主要措施是
   A. 食盐加碘
   B. 提倡多吃海带、紫菜
   C. 口服碘油胶囊
   D. 指导干预治疗
   E. 注射碘油针剂
5. 碘缺乏病监测指标包括
   A. 食盐碘含量、早产率、死产率
   B. 食盐碘含量、尿碘、早产率
   C. 食盐碘含量、尿碘、甲状腺肿大率
   D. 尿碘、早产率、死产率
   E. 尿碘、甲状腺肿大率、早产率
6. 碘缺乏病的预防控制工作**不包括**
   A. 宣传多食用海产品
   B. 宣传多参加体育锻炼
   C. 注射碘油
   D. 食盐加碘
   E. 发展经济、普及教育、消除贫困
7. 我国地方性氟中毒可分为以下类型
   A. 神经型、黏液型、混合型
   B. 饮水型、燃煤污染型、饮茶型
   C. 饮水型、燃煤污染型、混合型
   D. 饮茶型、燃煤污染型、混合型
   E. 饮茶型、神经型、黏液型
8. 地方性氟中毒最早出现的体征是
   A. 氟斑牙
   B. 肢体变形
   C. 弯腰驼背
   D. 行走困难
   E. 全身瘫痪

9. **不属于**地方性氟中毒防治措施的是
   A. 改水降氟
   B. 降低砖茶的含氟量
   C. 改灶降氟
   D. 增强体质
   E. 减少钙的摄入
10. 关于地方性氟中毒，**错误**的是
    A. 发病有明显的性别差异
    B. 氟斑牙多见于恒牙
    C. 从非病区搬入的居民比当地居民易患病
    D. 随年龄增加患氟骨症的病人增多
    E. 氟骨症多见于16岁以后的成年人
11. 碘缺乏病的流行特征，**不正确**的是
    A. 山区患病率高于平原
    B. 内陆患病率高于沿海
    C. 农村患病率高于城市
    D. 青春期发病率高
    E. 男性多于女性
12. 碘缺乏病对人体产生的多种危害之中**不包括**
    A. 胎儿早产、死产
    B. 单纯性聋哑
    C. 视野缩小
    D. 甲状腺肿
    E. 克汀病
13. 地方性氟中毒发病明显增加一般在
    A. 6岁以后
    B. 16岁以后
    C. 26岁以后
    D. 36岁以后
    E. 46岁以后
14. 引起生物地球化学性疾病的主要原因是
    A. 工业废弃物的排放
    B. 生物性病原体的传播
    C. 环境中某些元素含量过多
    D. 环境中某些元素含量过少
    E. 环境中某些元素含量过多或过少
15. 下列哪种元素与生物地球化学性疾病的发生**无关**
    A. P
    B. I
    C. Se
    D. As
    E. F
16. 地方性甲状腺肿的好发年龄是
    A. 0～10岁
    B. 15～20岁
    C. 25～35岁
    D. 40～50岁
    E. 55～65岁
17. 下列哪一项与地方性甲状腺肿有联系
    A. 深井水
    B. 河流下游多发
    C. 青春期发病增加
    D. 男性患者多
    E. 家族遗传
18. 缺碘所致甲状腺肿的机制是
    A. 甲状腺对碘的浓集能力下降
    B. 妨碍酪氨酸的氧化，使甲状腺素合成减少
    C. 促使碘从甲状腺中排出增加
    D. 影响甲状腺激素的合成，使血浆甲状腺激素水平下降
    E. 抑制甲状腺对碘的吸收利用能力，使甲状腺素合成减少
19. 预防人群碘缺乏病的最方便而实用的措施是
    A. 在食盐中加入碘化钾或碘酸钾
    B. 在食用油中加入碘盐
    C. 消除其他致甲状腺肿的物质
    D. 净化或更换水源
    E. 服用含碘药物
20. 碘缺乏病患病率特点是
    A. 山区＞丘陵＞平原
    B. 山区＞平原＞丘陵
    C. 丘陵＞山区＞平原
    D. 丘陵＞平原＞山区
    E. 以上都不是
21. 饮水中碘含量与甲状腺肿患病率的曲线关系是
    A. U型
    B. S型
    C. 剂量-反应关系
    D. 剂量-效应关系
    E. 以上都不是
22. 因地质地理原因，使某地区土壤饮水中微量元素含量过多或过少，导致该地区居民发生一种特殊性疾病，该病称
    A. 公害病
    B. 生物地球化学性疾病

C. 慢性营养性缺乏病
D. 代谢障碍病
E. 自然疫源性疾病

【简答题】

1. 简述地方病的流行特征。
2. 简述碘缺乏病的流行特征。
3. 简述地方性甲状腺肿的发病原因。
4. 地方性甲状腺肿临床表现有哪些？
5. 地方性克汀病临床表现有哪些？诊断标准是什么？
6. 简述地方性氟中毒的预防措施。
7. 地方性氟中毒病区类型有哪些？
8. 简述地方性氟中毒的发病机制。
9. 试述我国现行地方性甲状腺肿的诊断标准。
10. 试述地方性氟中毒的主要临床表现与诊断原则。

参考答案

【填空题】

1. 氟斑牙　氟骨症
2. 长期性原则　生活化原则　全民性原则
3. 碘盐　碘油
4. 生物地球化学性疾病　自然疫源性疾病　与特定的生产生活方式有关疾病
5. 神经型　黏肿型　混合型
6. 食盐加碘

【选择题】

1. B   2. D   3. E   4. A   5. C   6. B   7. B   8. A   9. E   10. A   11. E
12. C   13. B   14. E   15. A   16. B   17. C   18. D   19. A   20. A   21. A   22. B

（钱学艳）

第二十六章 疾病的预防策略与措施

> **【教学要求】**
> 1. 了解 制定疾病预防策略的必要性。
> 2. 熟悉 全球卫生策略和疾病的三级预防策略。
> 3. 掌握 初级卫生保健的内容和任务、疾病监测。
>
> **【重点难点】**
> 1. 重点 全球卫生策略,初级卫生保健。
> 2. 难点 初级卫生保健的内容和具体任务。

1. 制定疾病预防策略的必要性

预防疾病首先要考虑策略,策略着眼于全局,在疾病控制策略的基础上再考虑具体的措施即战术问题,措施是开展工作的具体手段和方法。

策略是根据具体情况而制定的指导全局的工作方针,也可以说是预防疾病的战略。随着社会的发展,随着医学模式的转化、疾病谱的改变、科学技术的进步以及人们健康观念、健康需求的不断深化,赋予了卫生方针和疾病预防策略新的内涵。从宏观角度出发,从生态医学模式、健康问题的多维度影响方面考虑,以最易突破的薄弱环节为重点制定相应的防制策略。

(1) 在新的生态医学模式下,社会、经济和文化背景广泛地影响着个体的生物行为和社会行为,生物行为和社会行为往往是疾病传播和流行的决定因素,而且人的生物行为和社会行为也对生态环境产生着直接或潜在的影响,改变了的生态环境又会反作用于人群的健康。因此社会、经济和文化背景既影响着个体对疾病的易感性,也决定着疾病流行的特点和发展趋势。

(2) 疾病的防制没有一个适合于所有国家、所有地区的通用的简单模式,必须结合当地的疾病流行背景与流行特点制定相应的策略与措施。

(3) 某些疾病的流行具有迅速变化的特性。这就要求其防制措施亦应具有时效性和针对性,并能随时调整以应对不断出现的关键问题。应对的速度与质量决定着疾病防制的效果。

(4) 疾病的防制策略还受到现有资源的影响,应寻求如何合理有效地利用现有资源的最佳模式。

2. 我国公共卫生领域面临的严峻挑战

①人类健康面临多方面威胁;②人群健康状况不容盲目乐观;③把伤害等社会病纳入疾病控制范围刻不容缓;④食品安全不容忽视;⑤生物恐怖及其应对;⑥老龄化;⑦关于环境卫生;⑧医疗卫生体制改革面临巨大压力;⑨卫生法制尚需完备。

3. 制定疾病防制策略和措施的依据和指导思想

(1) 策略的制定过程中应该明确的问题:①疾病的流行现状如何?哪些是影响流行的决定因素?②疾病对人群健康和社会环境的危害程度。③针对该病的流行已经采取了哪些措施?这些措施是否有效?④如何利用现有资源(政策、经济、社会参与等)更好更有效地开展下一步的工作?

(2) 制定疾病防制策略的步骤

①形势分析:以国家或地区的社会、经济和文化为背景来分析疾病的流行,为制定规划提供背景

资料。

②应对分析：全面描述一个国家或地区疾病防制工作的整体格局。

③循证保健：将循证医学中的理论和方法用于对成组病人或人群的卫生服务决策，目的在于通过循证的过程来指导公共卫生保健领域中干预措施的制定和实施。

(3) 全球卫生策略和初级卫生保健

①人人享有卫生保健：人人享有卫生保健的目标是使世界上所有人民的健康状况能达到按照社会和经济两方面所能达到的最高可能的健康水平，但并不意味着医护人员能治愈所有疾病，或不再有人患病或成残疾。

②初级卫生保健：是应用切实可行、学术可靠又受社会欢迎的方法和技术，并通过社区的个人和家庭积极参与而达到普及，其费用也是社区和国家依靠自力更生原则的精神能够负担的一种基本的卫生保健形式。它包含以下内容：

a. 健康教育和健康促进：通过健康教育和各种政策、法规、组织等环境的支持，促使人们自觉地采纳有益于健康的行为和生活方式，消除或减轻影响健康的危险因素，促进健康和提高生活质量。

b. 疾病预防和保健服务：采取积极有效的措施，预防各种疾病的发生、发展和流行。

c. 基本治疗：以社区卫生服务中心为基础，面向社会，通过设点、开设家庭病床、巡诊、转诊相结合，为社区提供及早有效的医疗服务。

d. 社区康复：通过设立家庭病床或社区康复点，对丧失正常功能或残疾者，采取医学和社会综合措施，促使康复。

初级卫生保健的八项具体任务：①对主要的卫生问题及其预防控制方法的宣传教育；②改善食品供应和营养；③提供足够的安全饮用水和基本卫生环境；④实施妇幼保健，包括计划生育；⑤传染病的免疫接种；⑥预防和控制地方病；⑦常见病伤的妥善处理；⑧提供基本药物。

4. 疾病的三级预防策略

(1) 针对一级预防的疾病预防策略：包括两方面的内容：

1) 健康促进：通过多种策略创造促进健康的环境和健康的行为和生活方式使人们避免或减少对危险因子的暴露，改变机体的易感性，保护和改善人群的健康。可采取以下形式达到健康促进的目的：

①健康教育：通过传播媒介和行为干预，促使人们自愿采取有益于健康的行为和生活方式，避免和减少影响健康的危险因素，达到预防疾病促进健康的目的。

②自我保健：指个人在发病前就进行干预以促进健康，增强机体的生理、心理素质和社会适应能力。

③环境保护和监测：主要是运用卫生监督等措施，保证人们生活和生产环境不受"工业三废"（废气、废水、废渣）和"生活三废"（粪便、污水、垃圾），以及农药、化肥等的污染，控制或消除环境中的致病因子对人体的危害。

2) 健康保护：是对有明确病因（危险因素）或具备特异预防手段的疾病所采取的措施，在预防和消除病因上起主要作用。

(2) 针对二级预防的疾病预防策略：可通过健康教育、普查、筛检、定期健康检查、高危人群重点项目检查以及设立专门的疾病防治机构等不同方法来实现，建立传染病、职业病报告制度以及疾病监测制度等，以防止或减缓疾病的发展。

(3) 针对三级预防的疾病预防策略：三级预防是对已患某些疾病者，采取及时有效的措施，防止伤残和促进功能恢复，提高生存质量，延长寿命，降低病死率等所采取的措施，主要是对症治疗和康复治疗措施，康复治疗的措施包括功能康复和心理康复、社会康复和职业康复等。

5. 疾病监测

(1) 疾病监测：指长期地、系统地、连续地观察疾病的发生和传播，调查其影响因素，确定其变动趋势和分布动态，为制定有效的防制对策和措施提供依据，并对防制效果和经济效益进行评价，不断修改和完善，以期达到控制和消灭疾病的目的。

(2) 被动监测与主动监测

①被动监测：下级单位常规上报监测数据和资料，而上级单位被动接收。

②主动监测：根据特殊需要，上级单位亲自调查收集或者要求下级单位严格按照规定收集资料。主动监测的质量明显优于被动监测。

(3) 常规报告系统与哨点医生报告系统

①常规报告：指国家和地方的常规报告系统，如我国的法定传染病报告系统。

②哨点监测：根据某些疾病的流行特点，由设在全国各地的哨兵医生对高危人群进行定点、定时、定量的监测。如我国的艾滋病哨点监测系统。

(4) 实际病例与监测病例

①实际病例：疾病与健康有时并没有严格的界限，按照某个临床诊断标准诊断的病例，有可能发生一定比例的漏诊和误诊。

②监测病例：在大规模的疾病监测中，要确定一个统一的、可操作性强的临床诊断标准来观察疾病的动态分布，这样确定的病例称为监测病例。

(5) 直接指标与间接指标

①直接指标：监测得到的发病数、死亡数、发病率、死亡率。

②间接指标：个别情况下，监测的直接指标不易获得，如流感死亡与肺炎死亡有时难以分清，则可用"流感和肺炎的死亡数"作为监测流感疫情的间接指标。

(6) 静态人群与动态人群

①静态人群：指在研究过程中无人口迁出和迁入的人群。

②动态人群：人群有频繁迁出、迁入，则称为动态人群。

计算疾病频率指标时，静态人群采用平均人口数作分母，动态人群采用人时数做分母。

(7) 第二代监测：指以血清学监测和行为学监测相结合的综合监测，以达到提高敏感性和监测效率的目的。

6. 疾病监测的种类

(1) 传染病监测：我国规定了6种国际监测的传染病：疟疾、流行性感冒、脊髓灰质炎、流行性斑疹伤寒、回归热和登革热。

随着对外开放政策的实施，为防止艾滋病的传播和蔓延，我国卫生部已将艾滋病列为国境检疫监测的传染病。

传染病主要监测内容包括：①监测人群的基本情况：即了解人口、出生、死亡、生活习惯、经济状况、教育水准、居住条件和人群流动的情况；②监测传染病在人、时、地方面的动态分布，包括做传染病漏报调查和亚临床感染调查；③监测人群对传染病的易感性；④监测传染病、宿主、昆虫媒介及传染来源；⑤监测病原体的型别、毒力及耐药情况；⑥评价防疫措施的效果；⑦开展病因学和流行规律的研究；⑧传染病流行预测。

(2) 非传染病监测：我国部分地区已对恶性肿瘤、心血管疾病、高血压、出生缺陷等非传染病开展了监测。非传染病的监测还有营养监测、婴儿死亡率监测、社区和学校的健康教育情况监测、围生期监测，以及水质监测、食品卫生、环境及医学气象监测等。

7. 我国疾病监测系统

(1) 以人群为基础的监测系统，如我国的法定传染病报告系统、综合疾病监测网；

(2) 以医院为基础的监测系统，该系统以医院为现场开展工作，主要是对医院内感染和病原菌耐药进行监测的系统以及出生缺陷监测系统；

(3) 以实验室为基础的监测系统，此类系统主要利用实验室方法对病原体或其他致病因素开展监测，例如，我国的流行性感冒监测系统。

8. 疾病监测的步骤与内容

(1) 疾病监测包括三个基本步骤：①建立健全监测机构，收集资料；②资料的集中与分析；③反馈资料。

(2) 监测工作内容：包括：①出生死亡登记资料；②医院、诊所、化验室发病、伤害报告资料；③流行或暴发的报告资料及流行病学调查资料；④实验室检查资料（如血清学调查、病原体分离等资料）；⑤个案调查资料；⑥人群调查资料；⑦动物宿主（如狂犬病、流行性出血热和鼠疫等人畜共患病）及媒介昆虫的分布资料；⑧暴露地区或监测地区的人口资料；⑨生物制品及药物应用的记录资料；⑩防制措施等。

测试题

【名词解释】

1. 初级卫生保健　　2. 健康促进　　3. 健康教育　　4. 自我保健
5. 疾病监测　　　　6. 被动监测　　7. 主动监测　　8. 哨点监测
9. 监测病例　　　　10. 直接指标

【填空题】

1. 疾病的三级预防策略包括_____、_____和_____。
2. 初级卫生保健的内容包括_____、_____、_____和_____。
3. 制定疾病防制策略的步骤包括_____、_____和_____。
4. 疾病监测的三个基本步骤包括_____、_____和_____。

【简答题】

1. 简述初级卫生保健的具体任务。
2. 简述传染病的主要监测内容。
3. 简述疾病监测工作的内容。
4. 目前已建设完成的中国疾病预防控制信息应用系统主要有哪些？

参考答案

【填空题】

1. 针对一级预防的疾病预防策略　针对二级预防的疾病预防策略　针对三级预防的疾病预防策略
2. 健康教育和健康促进　疾病预防和保健服务　基本治疗　社区康复
3. 形势分析　应对分析　循证保健
4. 建立健全监测机构，收集资料　资料的集中与分析　反馈资料

（武　英）

第二十七章 疾病的社区预防

【教学要求】

1. 掌握 社区、社区卫生服务的基本概念及社区的组成要素和功能，社区卫生服务的基本原则，开展疾病社区预防的操作模式。
2. 熟悉 全科医生的特点。

【重点难点】

1. 重点 社区的定义，社区的组成要素。
2. 难点 社区卫生服务的基本原则。

1. 社区的概念

（1）广义概念：社区是因有共同特点而联结在一起的一组人群。可以是某种地点或地理区域，也可以是一个或整个社会系统。

（2）狭义概念：社区是若干社会群体或社会组织聚集在某一地域所形成的一个生活上相互关联的大集体。

2. 社区的组成要素和功能

（1）社区的基本组成要素：①人群：构成社区的核心；②地域性：城市社区、农村社区；③结构：居委会、派出所；④同质性：形成社区文化及传统的维系动力。

（2）社区的功能：①社区是人们从事生产、生活和工作的基本环境；②社区内各种组织机构为社区的基本生活提供服务，并促进社区的协调发展；③社区通过行政管理体系、政策、制度等制约人们的行为；④社区具有凝聚作用；⑤社区健康是社区发展的重要目标之一。

3. 社区的类型和特点

（1）城市社区：①人口密度大，有较强异质性；②有各种经济机构和服务设施；③家庭结构趋于简单化，以消费生活为主，生活的许多方面靠社区服务解决；④人际关系相对疏远，较少联系，但社会交往面广；⑤信息交流传播迅速，思想活跃开放，传统风俗对行为约束相对较少；⑥人口老龄化，慢性非传染性疾病是重要的死因。

（2）农村社区：①人口密度低，血缘地缘关系密切；②组织机构分化简单，以农业经济为主导；③家庭结构相对复杂，家庭兼有生产和消费的多种职能；家庭宗族观念重；④社会交往欠活跃，信息流动慢，行为标准是传统的；⑤人口老龄化和慢性非传染性疾病死亡比重较城市低。

（3）乡镇社区：其特点介于城市社区与农村社区之间，由农村社区向城市社区特点转化。

（4）特殊人群社区。

4. 社区卫生服务的概念

社区卫生服务是社区建设的重要组成部分，是在政府领导、社区参与、上级卫生机构指导下，以基层卫生机构为主体，全科医师为骨干，合理使用社区资源和适宜技术，以人的健康为中心，以家庭为单位，以社区为范围，以需求为导向，以老年人、妇女、儿童、慢性病人、残疾人、低收入居民为重点，以解决社区主要问题、满足基本卫生服务需求为目的，融预防、医疗、保健、康复、健康教育、计划生育技术指导为一体的，有效的、经济的、方便的、综合的、连续的基本卫生服务。

5. 中国社区卫生服务发展的总体目标

到2000年，基本完成社区卫生服务试点工作；到2005年，各地基本建成社区卫生服务体系的框架；到2010年，在全国范围内建成较为完善的社区卫生服务体系。

6. 社区卫生服务的基本原则

①坚持社区卫生服务的公益性质；②坚持政府主导，部门协同，社会参与，多渠道发展社区卫生服务；③坚持实行区域卫生规划，立足于调整现有卫生资源、辅以改扩建和新建，健全社区卫生服务网络。努力提高卫生服务的可及性，做到低成本、广覆盖、高效益，方便群众；④坚持公共卫生和基本医疗并重，中西医并重，防治结合；⑤以地方为主，因地制宜。

7. 社区卫生服务体系

①在城镇居民中设立社区卫生服务中心及社区卫生站；②社区卫生服务的提供者为全科医师、社区专科医师、社区公共卫生人员等；③社区卫生服务的服务对象为健康人群、亚健康人群、高危人群、重点保健人群、病人。

8. 社区卫生服务的内容和服务方式

（1）社区卫生服务提供的是"六位一体"的卫生服务。

（2）社区卫生服务方式：①在社区卫生服务中心和服务站开展各项工作；②上门服务，送医送药入户；③居民选择医生签订社区卫生服务合同书；④社区医生责任制；⑤开展医疗咨询热线服务，提供就医指南、医疗咨询；⑥双向转诊服务。

9. 社区卫生服务的特点

①提供综合性服务；②连续性服务；③协调性服务：需要医疗和非医疗部门的配合；④可及性服务：时间方便、经济可接受、地理位置接近、心理亲密等。

10. 疾病的社区预防

社区预防服务是指采用健康促进的策略，以健康为中心，以社区为范畴、人群为对象，动员社区内多部门合作和人人参与的综合性服务。社区预防是以社区人群群体预防为主的疾病控制策略，它强调社区根据各自的需要来确定健康问题的重点，寻求解决问题的方法，并根据社区资源制定适合于自己社区特点的健康项目，在执行项目中加强监测和评价。

11. 社区健康促进的策略

①社区动员和社区健康教育：社区动员和社区健康教育是社区健康促进的基础；②建立健康的公共政策；③创建健康的支持性环境；④发展社区卫生服务；⑤与其他场所健康促进相结合。

12. 社区动员和健康教育

（1）社区动员：通过发动社区群众的广泛参与，使其依靠自己的力量实现特定社区健康发展目标的群众性运动。

社区动员的关键：社区预防、健康促进的目标符合社区人群的需求；动员必要的社会资源；进行有效的信息传递；争取跨部门的合作以及建立多学科的联盟。

社区动员的工作内容：哪些部门和成员参与？明确各自的职责和任务，以期对需要解决的问题达成共识。

(2) 社区诊断：社区卫生工作者通过客观的科学方法对社区主要健康问题和影响因素，以及与这些问题有关的社区内的组织结构、政策和资源现状进行研究的过程。

①社区诊断的目的：a. 分析社区健康状况；b. 了解社区人群的主观需要是什么？c. 确定社区的哪些问题是要优先解决的问题；d. 评价社区卫生资源；e. 确定可提供的服务及服务方式；f. 了解在环境条件上能否获得支持？g. 了解解决该问题的可能障碍是什么？有无克服的办法？

②社区诊断所需信息：a. 与健康有关的问题；b. 有关卫生服务问题；c. 当地资源及环境条件；d. 社会与经济状况资料。

以上信息的收集是社区诊断的基础。信息的来源可利用现存资料或做专项调查。专项调查的方法包括定性调查方法（如地图法、深入访谈法、专题小组讨论法、选题小组讨论法、参与式观察法、案例调查法）和定量调查方法（如问卷调查法）。

③分析信息。

④做出诊断：

a. 诊断要点：社区内主要的卫生问题；高危人群；卫生服务的可及性及覆盖面；卫生服务的组织与管理；干预策略、措施的制定；

b. 做出诊断、写出诊断报告。报告的问题尽可能具体，采用形象、生动的方式。

(3) 制定疾病社区预防的工作计划：①确定需优先解决的健康问题：考虑其重要性、可改变性、可行性和可操作性；②确定社区的目标人群：具有最大危险因素、最严重健康问题的人群；③确定目标行为：目标行为是希望目标人群改变或实施的健康相关行为；④制定社区健康的工作计划：确定目的、目标及实现目标的策略和具体方法。

SMART原则：目标应具体（specific），可测量（measurable），可达到（achievable），与所要解决的问题有关（relevant），有时间限定的（time specified）。

社区预防服务的策略应该是采用教育、政策和环境三种策略相结合的方法，即社区健康促进策略。

(4) 社区健康教育：是以社区为单位，以社区人群为教育对象，结合社区健康促进目标要求，以促进社区居民健康行为和健康生活方式，从而达到增进健康的目的。常见方式有：卫生讲座，发放手册、折页、传单等教育材料，座谈会、对话会，个别访谈，开办健康教育学校，发布简报。

(5) 疾病的社区预防项目的评价：评价是指判断某些事情价值的过程。疾病的社区预防健康项目的评价应贯穿于整个课题设计、实施的始终，对整个项目发展实施、适合程度、效率、效果、费用进行比较分析。

评价的类型：①形成评价：对将要实施的项目的合理性、可行性及科学性进行评价；②过程评价：测量项目的活动、质量、实施效率，有利于对实施过程中存在的问题作出及时的调整；③效果评价：包括近期影响的评价，即项目执行后的直接效果。远期效果评价，为评价规划目标是否达到，如患病率、病伤率、死亡率的变化或健康状况的改变；人们的生命质量改进与否；经济效益与社会效益，对结果的可持续性评价。

13. 建立健康的公共政策

健康公共政策是对人类健康和社会可持续发展的投资。

(1) 政策：是一种政治行为，是政府或社区为达到既定目标而采取的一系列措施和活动。

(2) 健康公共政策：是为维护对社区健康有明显影响的经济和社会条件，由国家或政府采纳的政令、法令、法规和准则。也包括由单位或部门制定的制度、规定、计划、条例或协议等，它们是健康公共政策的具体化，增加了政策的可行性和可操作性。

(3) 地方法规：国家政策指导下制定的地方法规使重要的国家政策具体化，并使之适合地方的具有一定政治责任的、适合地方需要的政策。

（4）发展健康的公共政策的步骤和方法：①进行需求评估；②开发领导，寻求支持；③寻找契机，摆上议程；④制定政策，正式发布；⑤贯彻实施健康政策，强化监督管理；⑥政策实施的监测与评价。

14. 创建健康的支持性环境

在政策支持下创建健康的支持性环境是社区健康促进的重要途径之一，也是社区健康促进的重要目标之一。

（1）支持性环境：是人们工作、生活、休闲的所有物质的、社会的、精神的、经济的和政治的环境。

（2）健康的支持性环境：是有利于人类健康和社会可持续发展的物质的和社会的环境。

（3）创建健康支持性环境的关键是社区行动。

15. 全科医学的概念

全科医学是以个人整体健康为中心，面向家庭与社区，整合临床医学、预防医学、康复医学及人文社会学科为一体的综合性医学专业学科。

16. 全科医生的概念

全科医生是全科医疗的主要执行者，其所受的训练和经验使他们能从事内、外、妇、儿等若干领域的服务；对于家庭成员，无论其性别、年龄或发生的躯体、心理及社会方面的问题均能以其独特的态度和技能，提供连续性、周全性、综合性的医疗保健服务。必要时也适度地利用社区资源、专科会诊和转诊，为个人及其家庭提供协调性的医疗保健服务。

17. 全科医生的工作职能

①个人、家庭、社区健康档案的建立和使用；②各种常见疾病的急症处理；③流行病、传染病、地方病及职业病的监测与处理；④健康教育和卫生咨询；⑤妇女卫生保健、儿童卫生保健和老年保健；⑥家庭病床服务，负责老年病、慢性病的治疗和康复；⑦精神卫生服务，包括临床心理问题的咨询、处理，社区精神病防治；⑧临终关怀与死亡诊断、登记；⑨协调病人及家庭所需的卫生保健服务，包括会诊、转诊，与社区组织、团体及当地领导的会晤，以及在社会、经济、医疗及义工等方面给予患者及家庭一定的支持；⑩周期性健康检查；⑪全科医疗的管理，包括人事、财务、医疗质量等方面。

18. 全科医学的特点

①属于初级卫生保健的范畴，提供初级医疗保健；②提供首诊服务，是健康的守门人；③协调性服务；④以人为本，面向个人、家庭和社区；⑤长期连续性保健服务；⑥根据社区的患病情况作出临床决策。

测试题

【名词解释】

1. 社区　　2. 社区卫生服务　　3. 社区动员　　4. 全科医学

【填空题】

1. 社区的类型分为_____、_____、_____和_____。
2. 社区卫生服务的服务对象为_____、_____、_____、_____和_____。

3. 社区预防服务是采用_____策略，以_____为中心，以_____为范畴、_____为对象，动员社区内多部门合作和人人参与。

【简答题】

1. 简述社区的功能。
2. 简述社区卫生服务的基本原则。
3. 简述社区卫生服务的特点。
4. 简述疾病的社区预防项目的评价的类型。
5. 简述全科医学的特点。

参考答案

【填空题】

1. 城市社区　农村社区　乡镇社区　特殊人群社区
2. 健康人群　亚健康人群　高危人群　重点保健人群　病人
3. 健康促进　健康　社区　人群

（赵丹丹）

第二十八章 传染性疾病的预防与控制

【教学要求】
1. 了解　新时期传染病的流行特点。
2. 熟悉　预防接种的注意事项及计划免疫的评价指标。
3. 掌握　传染病的流行过程、传染病的预防与控制措施。

【重点难点】
1. 重点　传染病的流行环节，相关传染病的基本概念。
2. 难点　传染源的基本概念。

1. 传染病的流行过程

指特异病原体（细菌、病毒、立克次体、螺旋体、原虫和蠕虫等）或其毒性产物引起的具有传染性并可能造成流行的一类感染性疾病。

(1) 相关概念

1) 宿主：指自然条件下被病原体寄生的人或动物。

2) 感染过程：又称传染过程，是指病原体侵入机体，并与机体相互作用、相互斗争的过程。

(2) 传染病感染过程的表现：①病原体被清除；②隐性感染；③显性感染；④病原携带状态；⑤潜伏性感染；⑥死亡。

2. 传染病流行的基本环节

传染病的流行是指传染病在人群中发生、传播和终止的全过程。传染病在人群中发生流行必须具备3个基本条件即流行过程的三个环节：传染源、传播途径和易感人群。缺少任何一个环节，传染病的流行就会终止或不发生。

(1) 相关概念

1) 传染源：指体内有病原体生长繁殖，并能排出病原体的人和动物。包括病人、病原携带者和受感染的动物。

2) 传播途径：指病原体由传染源排出后至侵入新的易感宿主前，在外环境中停留和转移所经历的全部过程。

3) 易感人群：指有可能发生传染病感染的人群。人群作为一个整体对传染病的易感程度称人群易感性。

4) 流行过程：任何一个疫源地既是前一个疫源地的发展，又是新疫源地的发生基础。一系列相互联系、相继发生的新旧疫源地构成了传染病的流行过程。

(2) 常见传播途径的流行特征

1) 经空气传播的流行特征：①传播速度较快，传染源周围的易感者发病率高；②少年儿童多见；③冬春季节高发；④在未经免疫预防的人群中，发病呈现周期性；⑤居住拥挤和人口密度大的地区高发。

2) 经水传播的流行特征：①病例分布与供水范围一致，有饮用同一水源史；②除哺乳婴儿外，发病无年龄、性别及职业的差异；③停止使用污染水源或采取净化、消毒措施后，暴发或流行即可平息；④如水源经常被污染，则可长期不断地出现病例。

经疫水传播的流行特征：①病人有接触疫水史；②发病有季节、地区及职业分布特点；③大量易感人群进入疫区，可引起暴发或流行；④加强疫水处理和个人防护，可控制病例的发生。

3）经食物传播的流行特征：①病人有食用同一食物史，不食者不发病；②一次大量污染可致暴发流行；③停止供应污染食物或采取措施后，暴发和流行可以平息。

（3）影响人群易感性升高的主要因素：①新生儿增加；②易感人口迁入；③免疫人口免疫力的自然消退；④免疫人口死亡。

（4）影响人群易感性降低的主要因素：①计划免疫是降低人群易感性的最重要、最积极的措施；②传染病流行，大多数易感者因发病或隐性感染而获得免疫力，人群易感性降低。

3. 疫源地及疫源地消灭必须具备的条件

（1）疫源地：指传染源及其排出的病原体向四周播散所能波及的范围，即可能发生新的感染或新病例的范围。

（2）疫源地消灭必须具备的条件：①传染源被移走（住院或死亡）或消除了排出病原体的状态（痊愈）；②传染源播散在外环境的病原体被彻底消灭（消毒、杀虫、灭鼠等）；③经过该病的最长潜伏期，易感接触者中没有出现新病例或被证明未受感染。

4. 传染病的预防与控制策略

①预防为主与社会预防；②建立传染病监测系统和预警系统；③传染病的全球化控制。

5. 传染病的病种和类别

2008年8月28日修订通过的《中华人民共和国传染病防治法》规定法定报告传染病分为甲、乙、丙3类，共37种，其中甲类传染病包括鼠疫和霍乱2种。

6. 计划免疫和预防接种

（1）定义

1）预防接种：指将人工制备的抗体或抗原注入机体，使其获得或产生对传染病的特异性免疫力，以提高个体或群体的免疫水平，从而保护易感人群、预防传染病的发生。

2）计划免疫：指根据疫情监测和人群免疫状况分析，按照科学的免疫程序，有计划地使用疫苗对特定人群进行预防接种，以提高人群免疫水平，达到控制乃至最终消灭传染病的目的。

3）扩大免疫规划：中心内容包括：①不断扩大免疫接种的覆盖面，使每一个儿童在出生后都有获得免疫接种的机会；②不断扩大免疫接种的疫苗种类。

（2）我国的计划免疫程序：我国计划免疫工作的主要内容是"四苗防六病"，即对7岁及以下儿童进行卡介苗、脊髓灰质炎疫苗、百白破疫苗、麻疹疫苗的基础免疫。

（3）计划免疫的评价指标

①抗体阳转率 $= \dfrac{抗体阳转人数}{疫苗接种人数} \times 100\%$

②疫苗保护率（%） $= \dfrac{对照组发病率 - 接种组发病率}{对照组发病率} \times 100\%$

③某疫苗接种率（%） $= \dfrac{按免疫程序完成接种人数}{某疫苗应接种人数} \times 100\%$

四苗覆盖率（%） $= \dfrac{四苗均符合免疫程序的接种人数}{调查的适龄儿童人数} \times 100\%$

④冷链设备完好率 $= \dfrac{某设备正常运转数}{某设备装备数} \times 100\%$

测试题

【名词解释】

1. 传染病
2. 传染源
3. 病原携带者
4. 易感人群
5. 传播途径
6. 疫源地
7. 预防接种
8. 扩大免疫计划
9. 冷链
10. 流行过程

【填空题】

1. 传染病流行的基本条件包括_____、_____和_____。
2. 预防接种的种类包括_____和_____。
3. 我国甲类传染病包括_____和_____。
4. 传染病感染过程的表现包括_____、_____、_____、_____、_____和_____。
5. 我国规定的 6 种监测的传染病是_____、_____、_____、_____、_____和_____。

【选择题】

1. 传染源包括
   A. 病原携带者
   B. 受感染的动物
   C. 传染病病人
   D. A+B+C
   E. 以上都不是

2. 下列哪项**不属于**增加人群对传染病易感性的因素
   A. 免疫人口死亡
   B. 人口迁出
   C. 人群抵抗力低下
   D. 外地人口迁入
   E. 人群免疫力消退

3. 属于第三级预防措施的是
   A. 心理康复
   B. 早期发现
   C. 体育锻炼
   D. 戒烟限酒
   E. 遗传咨询

4. 下列哪项**不属于**降低人群对传染病易感性的因素
   A. 传染病流行之后
   B. 计划免疫
   C. 隐性感染
   D. 外地人口迁入
   E. 人群免疫力增强

5. 我国规定甲类传染病报告时限在农村最多**不超过**
   A. 4 小时
   B. 8 小时
   C. 12 小时
   D. 24 小时
   E. 48 小时

6. 在疾病的预防控制措施中，EPI 指
   A. 暴发
   B. 主动免疫
   C. 流行
   D. 被动免疫
   E. 扩大免疫计划

7. 我国规定的儿童基础免疫的疫苗包括
   A. 流感疫苗
   B. 麻疹疫苗
   C. 乙肝疫苗
   D. 流脑多糖体菌疫苗
   E. 乙脑疫苗

8. 确定对某传染病接触者是否留检、检疫或医学观察是根据该传染病的
   A. 临床期
   B. 恢复期
   C. 潜伏期
   D. 传染期
   E. 病原携带期

9. 以隐性感染为主的传染病是
   A. 流感
   B. 麻疹
   C. 脊髓灰质炎
   D. 病毒性乙型肝炎
   E. 狂犬病

10. 传染病病人排出病原体的整个时期称为
    A. 潜伏期
    B. 非传染期
    C. 隔离期
    D. 感染期
    E. 传染期

【简答题】

1. 简述影响传染病流行过程的因素。
2. 简述影响人群易感性升高的主要因素。
3. 简述影响人群易感性降低的主要因素。
4. 简述经水传播传染病的流行病学特征。
5. 简述经食物传播传染病的流行病学特征。
6. 简述经空气传播传染病的流行病学特征。
7. 简述传染病主要监测内容。
8. 简述我国的疾病监测系统。
9. 简述疫源地的定义及消灭疫源地需要的条件。
10. 简述针对不同传染病的传播途径所采取的措施。

参考答案

【填空题】

1. 传染源　传播途径　易感人群
2. 人工自动免疫　人工被动免疫
3. 鼠疫　霍乱
4. 病原体被清除　隐性感染　显性感染　病原携带状态　潜伏性感染　死亡
5. 疟疾　流行性感冒　脊髓灰质炎　流行性斑疹伤寒　回归热　登革热

【选择题】

1. D　2. B　3. A　4. D　5. C　6. E　7. B　8. C　9. C　10. E

(武　英)

第二十九章 突发公共卫生事件

> 【教学要求】
> 1. 了解 突发公共卫生事件的现状与趋势，国外应对突发公共卫生事件的做法。
> 2. 熟悉 突发公共卫生事件的危害、对策、报告方法和时限、现场处置。
> 3. 掌握 突发公共卫生事件的定义、基本特征、分期和处理原则。
>
> 【重点难点】
> 1. 重点 突发公共卫生事件的定义、基本特征、分期、处理原则、报告方法及时限和现场处置。
> 2. 难点 突发公共卫生事件的定义、基本特征、分期和处理原则。

1. 突发公共卫生事件的定义

突发公共卫生事件指突然发生，造成或者可能造成社会公众健康严重损害的重大传染病疫情、群体性不明原因疾病、重大食物和职业中毒以及其他严重影响公众健康的事件。

2. 突发公共卫生事件的内涵

（1）重大传染病疫情：出现传染病的暴发（在局部地区短期内突然发生多例同一种传染病病人）或流行（一个地区某种传染病发病率显著超过该病历年的发病率水平）。

（2）重大食物中毒：是指由于进食有害食物而导致的人数众多或伤亡较重的中毒事件，包括中毒人数超过30人或出现死亡1人以上的饮用水或食物中毒。

（3）重大职业中毒：指短期内发生3人以上或死亡1人以上的职业中毒。

（4）其他严重影响公众健康的事件：包括放射性污染和辐照事故；环境污染；群体性不明原因疾病；动物间传染病暴发流行；其他对公众健康可能造成危害的突发事件。

3. 突发公共卫生事件的分级

（1）特别重大的突发公共卫生事件：指影响大、波及范围广、涉及人数多、出现大量患者或多例死亡、危害严重的突发事件。

（2）重大突发公共卫生事件：指突发公共卫生事件在较大范围内发生，出现疫情扩散，尚未达到规定的特别重大突发公共卫生事件标准的事件。

（3）较大突发公共卫生事件：指突发公共卫生事件在较大范围内发生，出现疫情扩散，尚未达到规定的重大突发公共卫生事件标准的事件。

（4）一般突发公共卫生事件：指在局部地区发生，尚未引起大范围扩散或传播，还没有达到规定的较大突发公共卫生事件标准的事件。

4. 突发公共卫生事件的基本特征

突发性；量变性；群体性；危害性；处理的综合性；决策的时效性。

5. 突发公共卫生事件的分期

（1）间期：突发公共卫生事件发生前的平常期，是突发公共卫生事件的预防与应急准备的关键时期。

（2）前期：事件酝酿期和前兆期。此期应立刻采取紧急应变措施，将可能受到影响的居民疏散到安全地方，保护即将受波及的设施，动员紧急救援人员待命，并实时发布预警消息，作好应对准备。

（3）打击期：不同性质的突发公共卫生事件，其打击期长短不一。

（4）处理期：突发公共卫生事件救援或控制期。

（5）恢复期：这个时期的工作重点是尽快让事发地区恢复正常秩序。

6. 突发公共卫生事件的危害

①突发公共卫生事件造成大量的人员伤亡；②突发公共卫生事件影响经济发展和国家安全；③突发公共卫生事件危及社会秩序，影响社会稳定；④突发公共卫生事件造成心理伤害；⑤突发公共卫生事件造成环境危害。

7. 突发公共卫生事件的处理原则

①贯彻"预防为主"的原则；②坚持快速反应，狠抓落实的原则；③实行分级管理、各负其责、协同作战的原则。

8. 突发公共卫生事件的对策

①制定有关法律、法规和卫生政策；②提高认识，加强领导；③依法行政，明确职责，密切部门配合；④加强宣传，提高全民防病意识和卫生防病能力；⑤科学管理，加强网络建设，提高队伍应急能力，多学科协同，切实提高突发公共卫生事件的处理水平。

9. 较完善的公共卫生应急反应计划应具备的特征

（1）前瞻性：预案应着眼于那些不曾发生但却可能发生的事件，尽可能地考虑意外的情况，设想各种复杂的可能。

（2）协调性：应急预案的制定，应与有关各方相互协调。

（3）可持续性：应急预案应当考虑长期工作的可能，做好应急人员的自我防护工作，组织好后备人员、后备机构和后备物资。

（4）可操作性：除在应急预案制定阶段就应考虑其实用性和可操作性外，还要在预案制定完成后，对其可操作性进行验证。

（5）权威性：在落实计划的过程中，不能有半点马虎，更容不得玩忽职守现象的发生。

10. 突发公共卫生事件的报告方法和时限

（1）报告原则：初次报告要快，阶段报告要新，总结报告要全。

（2）报告方法和时限：在6小时内完成初次报告。阶段报告根据事件的进程变化或上级要求随时上报。总结报告在事件处理结束后10个工作日内上报。

（3）报告方式：以事件发生地的县（市、区）为基本报告单位，卫生行政部门为责任报告人，同级疾病预防控制机构使用"国家救灾防病与突发公共卫生事件报告管理信息系统"进行报告，责任报告人还应通过其他方式确认上一级卫生行政部门收到报告信息。

任何单位和个人对突发公共卫生事件，不得隐瞒、缓报、谎报或者授意他人隐瞒、缓报、谎报。

11. 举报制度

《突发公共卫生事件应急条例》规定，国家建立突发公共卫生事件举报制度。对举报突发公共卫生事件有功的单位和个人，县级以上各级人民政府及其有关部门应当予以奖励。

12. 突发公共卫生事件现场处置

（1）医疗救护：现场急救，医院接收治疗和必要时将患者转送其他医院。

（2）现场流行病学调查与控制：通过各方面的调查，尽快明确突发事件的性质和原因，消除事件隐患。在突发疫情的控制中，要注意针对社会心理、公众恐慌等，采取相应的措施。同时，现场处置人员做好自身防护工作。

测试题

【名词解释】

突发公共卫生事件

【填空题】

1. 突发公共卫生事件的分级包括_____、_____、_____和_____。
2. 突发公共卫生事件的基本特征包括_____、_____、_____、_____、_____和_____。
3. 突发公共卫生事件的分期包括_____、_____、_____和_____。
4. 完善的公共卫生应急反应计划应具备_____、_____、_____、_____和_____的特征。
5. 突发公共卫生事件的初次报告应在_____小时内完成。

【选择题】

1. 突发公共卫生事件包括
   A. 传染病散发
   B. 食物中毒小于 10 人
   C. 重大职业中毒
   D. 其他影响公众健康的事件
2. 突发公共卫生事件分级正确的是
   A. 特别重大突发公共卫生事件、非常重大突发公共卫生事件、重大突发公共卫生事件、较大突发公共卫生事件
   B. 特别重大突发公共卫生事件、重大突发公共卫生事件、较大突发公共卫生事件、一般突发公共卫生事件
   C. 特别重大突发公共卫生事件、重大突发公共卫生事件、一般突发公共卫生事件、普通突发公共卫生事件
   D. 严重突发公共卫生事件、重大突发公共卫生事件、较大突发公共卫生事件、一般突发公共卫生事件
3. **不属于**突发公共卫生事件的基本特征的是
   A. 量变性
   B. 可预测性
   C. 处理的综合性
   D. 决策的时效性
4. 以下**不属于**突发公共卫生事件的是
   A. 发生甲类传染病和乙类传染病中肺炭疽或传染性非典型肺炎
   B. 罕见或已消灭的传染病发生或流行
   C. 非法定管理的传染病散发
   D. 出现新的传染病的发生或流行
5. 以下属于突发公共卫生事件的是
   A. 细菌性食物中毒累及 5 人并出现 2 例死亡
   B. 河豚鱼中毒累及 18 人
   C. 植物性食物中毒累及 10 人，无死亡病例
   D. 农药中毒 27 人
6. 以下属于严重影响公众健康事件的是
   A. 动物间传染病暴发流行
   B. 群体性不明原因疾病
   C. 放射性污染和辐照事故
   D. 以上全部
7. 属于特别重大突发公共卫生事件的是
   A. 肺炭疽在中等城市发生并有扩散趋势
   B. 发生传染性非典型肺炎疑似病例
   C. 腺鼠疫发生流行，在一个市行政区内一

个平均潜伏期内连续发病 21 例
D. 发生群体性不明原因疾病，扩散到 2 个乡

8. 突发公共卫生事件的预防措施包括
   A. 疫苗免疫
   B. 健康教育
   C. 加强预测预报
   D. 以上全部

9. 以下属于一般突发公共卫生事件的是

A. 烈性病菌株丢失
B. 食物中毒 30 人，无死亡病例
C. 食物中毒 100 人，无死亡病例
D. 以上全部

10. **不属于**突发公共卫生事件处理原则的是
    A. 预防为主
    B. 快速反应，狠抓落实
    C. 提高认识，加强领导
    D. 分级管理、各负其责、协同作战

【简答题】

1. 突发公共卫生事件的内涵包括什么？
2. 突发公共卫生事件的危害有哪些？
3. 突发公共卫生事件的处理原则有哪些？
4. 突发公共卫生事件的对策有哪些？
5. 突发公共卫生事件的现场处置措施包括哪些？
6. 如何报告突发公共卫生事件？

参考答案

【填空题】

1. 特别重大突发公共卫生事件　重大突发公共卫生事件　较大突发公共卫生事件　一般突发公共卫生事件
2. 突发性　量变性　群体性　危害性　处理的综合性　决策的时效性
3. 间期　前期　打击期　处理期　恢复期
4. 前瞻性　协调性　可持续性　可操作性　权威性
5. 6

【选择题】

1. C　2. B　3. B　4. C　5. A　6. D　7. A　8. D　9. B　10. C

(李　云)

第三十章 慢性非传染性疾病的预防与控制

> **【教学要求】**
> 1. 了解 慢性非传染性疾病的流行现状和趋势。
> 2. 熟悉 慢性非传染性疾病的防制策略和措施。
> 3. 掌握 慢性非传染性疾病的概念、特点和主要危险因素。
>
> **【重点难点】**
> 1. 重点 慢性非传染性疾病的概念、特点、主要危险因素和预防策略措施。
> 2. 难点 慢性非传染性疾病的防制策略和措施。

1. 慢性非传染性疾病的定义

慢性非传染性疾病简称"慢性病",是对一类起病隐匿、病程长且病情迁延不愈、缺乏明确的传染性生物病因证据、病因复杂或病因尚未完全确认的疾病的概括性总称。主要指以心脑血管疾病(高血压、冠心病、脑卒中等)、糖尿病、恶性肿瘤、慢性阻塞性肺部疾病(慢性气管炎、肺气肿等)、精神异常和精神病等为代表的一类疾病。

2. 慢性非传染性疾病的特点

①患病率高,知晓率、治疗率、控制率低;②并发症发病率高、致残率高、死亡率高;③是终生性疾病,需要长期管理;④对卫生服务利用的需求高;⑤慢性病病因、病情复杂,具有个体化的特点。

3. 我国慢性病的流行概况

①慢性病占据我国城乡居民死因首位;慢性病是城乡居民的前4位死因;②增长速度较快,发病年龄提前;③造成严重的疾病负担;④危险因素的暴露水平高。

4. 慢性病的主要危险因素

心脑血管疾病、恶性肿瘤、慢性阻塞性肺疾患以及糖尿病等具有许多共同的危险因素。危险因素包括个人行为因素、环境危险因素和宿主危险因素等。

5. 行为生活方式

(1) 吸烟:吸烟可以引起很多慢性病。吸烟又与很多危险因素存在交互作用。吸烟是导致肺癌的首要危险因素,吸烟是心血管疾病的最主要的危险因素之一。

(2) 过量饮酒:酒类对人体健康的影响与其摄入量有关。大量饮酒甚至酗酒将会损害人体大脑、神经、心脏、肝等器官。

(3) 不合理膳食:不良的饮食习惯会对健康带来严重的损害,膳食中脂肪量高、维生素不足及纤维含量低是影响慢性病发生的主要因素,此外还有微量元素、食盐、食物的加工与烹调以及进食方式等也影响慢性病的发生。

(4) 缺乏体力活动：缺乏体力活动是冠心病、高血压、脑卒中、糖尿病、多种癌症等慢性病的主要危险因素之一。此外，缺乏体力活动还会导致骨质疏松、情绪低落、关节炎等疾病，也会引起生活质量下降、缩短寿命等后果。

6. 环境因素

(1) 自然环境因素：自然因素包括地理、气候、土壤、动植物等自然界一切生物、物理、化学现象。

(2) 社会环境因素：社会因素包括社会制度、生产劳动及居住生活条件、风俗习惯、卫生设施、医疗条件、文化水平、防疫工作、经济、宗教、社会动荡等人类的一切活动。

7. 宿主因素

(1) 遗传因素：几乎所有的慢性病均是遗传因素和环境因素共同作用的结果。

(2) 心理因素：心理因素与慢性病的关系十分复杂。

(3) 疾病因素：高血压是常见的心血管疾病之一，也是冠心病等的重要危险因素。有心脏病的人患脑卒中的危险都要增加2倍以上。超重或肥胖可以引起很多疾病，如冠心病、高血压、脑卒中、糖尿病等。

(4) 其他因素：年龄、性别、免疫和内分泌功能在心血管病、恶性肿瘤、糖尿病等慢性病的发生中都有一定意义。

8. 生命全程方法（life course approach）

通过把人生划分为几个明确的阶段，针对这些不同年龄组的人群在不同的场所（家庭、社区、工作场所）中实施卫生保健措施，保证人生的不同阶段有效地获得有针对性的预防服务，达到促进人群健康的目的。

9. 慢性病的防制策略

(1) 开展健康教育：健康教育是通过信息传播和行为干预，促使人们自愿采取有利于健康的行为和生活方式，消除或减轻影响健康的危险因素，达到促进健康的目的。

(2) 全人群和高危人群预防策略：在开展慢性病的一级预防时通常采用双向策略（two pronged strategy），即把整个人群的普遍预防和高危人群的重点预防结合起来，两者相互补充提高效率。前者称为全人群策略（population strategy），旨在降低整个人群对疾病危险因素的暴露水平，它是通过健康促进实现的；后者称为高危人群策略（high risk strategy），旨在消除具有某些疾病的危险因素人群的特殊暴露，它是通过健康保护实现的。

(3) 全社会参与，推行社区卫生服务：只有个人、政府和社会各界对自己的健康和人群健康共同负责，把慢性病的防制当作社区工作，才能取得良好效果。

测试题

【名词解释】

1. 慢性非传染性疾病　　2. 生命全程方法　　3. 健康教育　　4. 全人群策略
5. 高危策略　　　　　　6. 慢性病自我管理

【填空题】

1. 慢性病的主要危险因素包括_____、_____和_____。
2. 影响慢性病的行为生活方式危险因素有_____、_____、_____和_____。

3. ＿＿＿＿＿＿是明确肯定的2型糖尿病的重要膳食危险因素。
4. 健康教育强调的核心问题是＿＿＿＿＿＿。
5. 我国已将＿＿＿＿＿、＿＿＿＿＿、＿＿＿＿＿和＿＿＿＿＿确定为慢性病控制重点，并将＿＿＿＿＿、＿＿＿＿＿、＿＿＿＿＿、＿＿＿＿＿、＿＿＿＿＿和＿＿＿＿＿等不健康的生活方式列入重点控制的危险因素。
6. 慢性病预防和控制的目的就是要阻止＿＿＿＿＿，提高＿＿＿＿＿。

【选择题】

1. 下列**不属于**慢性非传染性疾病的是
   A. 脑卒中
   B. 肺气肿
   C. 糖尿病
   D. 肺炎

2. 慢性病的特点**不包括**
   A. 患病率高，知晓率、治疗率、控制率低
   B. 并发症发病率高、致残率高、死亡率高
   C. 终身性疾病，绝大部分可以治愈
   D. 病因病情复杂，具有个体化特点

3. 80%的慢性病死亡发生在
   A. 高收入国家
   B. 低收入国家
   C. 低收入和中等收入国家
   D. 中等收入国家

4. 我国慢性病流行概况正确的是
   A. 慢性病是我国城乡居民的首位死因
   B. 增长速度较慢，发病年龄提前
   C. 带来的经济负担较小
   D. 危险因素的暴露水平不高

5. 可改变的慢性病主要危险因素为
   A. 年龄
   B. 性别
   C. 民族
   D. 吸烟

6. **不可改变**的慢性病主要危险因素为
   A. 不合理膳食
   B. 静坐生活方式
   C. 年龄
   D. 吸烟

7. 中国肥胖问题工作组认为体质指数（BMI）正常范围为
   A. 18.5~24.9
   B. 18.5~23.9
   C. 16.5~24.9
   D. 16.5~23.9

8. 慢性病预防重点应以哪个为主
   A. 一级预防
   B. 二级预防
   C. 三级预防
   D. 一、二级预防

9. 慢性病预防应从何时抓起
   A. 生命早期
   B. 青少年期
   C. 成年期
   D. 老年期

10. 开展慢性病的一级预防时通常采用哪种策略
    A. 全人群策略
    B. 高危人群策略
    C. 双向策略
    D. 健康教育策略

11. **不合理**膳食结构包括
    A. 膳食中脂肪量高
    B. 膳食中纤维素不足
    C. 纤维素含量低
    D. 以上全是

【简答题】

1. 慢性非传染性疾病的特点是什么？
2. 我国慢性病的流行状况如何？
3. 在制定慢性病防治的策略和选择防制措施时，要考虑什么原则？

参考答案

【填空题】

1. 个人行为因素　环境危险因素　宿主危险因素
2. 吸烟　过量饮酒　不合理膳食　缺乏体力活动
3. 高能饮食
4. 改变不良的行为
5. 脑卒中　冠心病　糖尿病　肿瘤　高血压　高血脂　高血糖　超重与肥胖　吸烟　缺乏体力活动
6. 疾病的发生、发展或恶化　患者及伤残者的生活质量

【选择题】

1. D　2. C　3. C　4. A　5. D　6. C　7. B　8. A　9. A　10. C　11. D

(李　云)

第三十一章 意外伤害的预防与控制

【教学要求】
1. 掌握 伤害的定义和内涵；构成伤害的基本条件；伤害的分类。
2. 熟悉 伤害的预防与控制策略。

【重点难点】
1. 重点 伤害的内涵及构成伤害的基本条件。
2. 难点 伤害预防与控制策略。

1. 伤害的定义和内涵

伤害是由于运动、热量、化学、电或放射线的能量交换超过机体组织的耐受水平而造成的组织损伤和由于窒息而引起的缺氧，以及由此引起的心理损伤统称为伤害。

伤害的种类繁多、引起的后果多样，它可以是有意识的，也可以是无意识的，伤害是可以预防的。

2. 伤害的危害

伤害是严重威胁人们健康的主要疾病之一。其危害主要体现在以下几个方面：①伤害是人类的主要死亡原因之一；②伤害是威胁劳动力人口健康与生命的主要原因；③伤害具有常见、多发、死亡率高、致残率高的特点。

3. 构成伤害的基本条件

伤害是由致伤害因子、宿主和环境3个因素相互作用的结果。
(1) 致伤因子：指导致意外发生的能量，包括物理的、化学的和生物的。
(2) 宿主：是伤害的主要研究对象。
(3) 环境因素：指意外发生时的情况，包括自然生态环境和社会环境。

4. 伤害的分类

(1) 按照造成伤害的意图分类
1) 故意伤害：指有意识地伤害于自己或他人，并常伴有暴力行为。最为常见的包括：自杀与自伤；暴力与他杀。
2) 意外伤害：指无意识的、意料之外的突发事件造成的人体健康损害。意外伤害除了引起人体损伤外，也可能造成精神创伤或心理障碍。
(2) 按照发生伤害的地点分类：机动车伤害；工作场所；家庭；公共场所。
(3) 按照伤害的性质分类
1) 国际疾病分类：根据ICD-10确定伤害的分类：①根据伤害发生的部位进行分类，公共卫生领域中较为常用；②根据伤害发生的外部原因或性质进行分类，临床上较为常用。
2) 中国疾病分类：2002年开始在全国县以上医院和死因调查点正式推广ICD-10。

5. 伤害的预防与控制策略

伤害一般分为三个阶段：伤害前阶段、伤害阶段、结局阶段。

（1）伤害常规的预防策略

1）全人群策略：针对全人群，可以在社区居民、企业职工、学校师生等人群中开展伤害预防的健康教育。

2）高危人群策略：针对伤害的高危人群有针对性地开展伤害预防教育与培训。

3）健康促进策略：针对所处的环境，提出环境与健康的整合策略。

（2）伤害的三级预防：①一级预防是指在伤害发生之前采取措施，使伤害不发生或少发生。②二级预防是在伤害发生后的自救互救、院前医护、院内抢救和治疗。③三级预防的主要任务是使受伤者恢复正常功能、早日康复和使残疾人得到良好的照顾和医治。

（3）伤害预防中采取的综合干预措施（五"E"干预）

1）工程干预：工程干预是指通过对环境与产品的设计和革新，使其伤害风险减少或无风险。

2）经济干预：经济干预是指通过经济鼓励手段或罚款来影响人的行为。

3）强制干预：强制干预是指国家通过法律措施对增加伤害危险的行为进行干预。

4）教育干预：教育干预是指通过健康教育增强人们对伤害危险的认识，改变人们的行为。

5）即时的紧急救护：即时的紧急救护是指通过建立伤害救护系统，对受伤害的个人或群体采取即时有效的现场处理或送往医院途中的紧急救护，以挽救伤害病人生命，减少伤残发生、提高生存质量的一种有效措施。

6. 常见意外伤害的预防与控制

（1）道路交通伤害的预防与控制

1）建立健全交通安全法规，加强交通管理：①摩托车驾驶员安全帽佩戴限制；②强迫使用安全带；③加强血中乙醇浓度监测和限制；④加强车速限制。

2）广泛开展道路交通安全的健康教育工作。

3）改善交通条件，加强交通管理：①加强道路工程建设，优化路况；②提高交通工具的安全性能。

4）建立健全道路交通伤害的急救和康复系统。

5）加强机动车伤害监测。

（2）意外中毒的预防与控制：意外中毒是指人的机体在意外情况下受毒物的作用引致一定程度的健康损害或出现疾病。

意外中毒的防制措施：①建立健全毒物、药品包装及说明法规；②加强毒物的存放和管理；③普及环境卫生和预防中毒知识；④加强环境保护和监测；⑤建立中毒控制中心；⑥提高基层医师的应急处理能力。

（3）溺水的预防与控制：溺水又称淹溺，指人们因失足落水或在游泳中出现意外，发生由于水、泥沙、杂草等物堵塞呼吸道或喉头、气管发生反射性痉挛或其他而引起窒息和缺氧。

溺水的预防与控制：①加强儿童看护、水源安全管理，是减少儿童溺水的有力措施；②加强教育，提高游泳安全意识；③掌握溺水救护知识与技能。

（4）跌倒的预防与控制：跌到是老年人常见的问题，而且是老年人群伤残、失能和死亡的重要原因之一。

跌倒的预防措施：①停用诱发跌倒的药物；②消除或改善家庭易跌倒因素（如防滑地板）；③加强体育锻炼；④进行步态训练；⑤穿戴符合个人需要、能减少跌倒的服装，或戴护膝、穿有护垫的内衣等；⑥注意对老人的照顾和心理关怀等。

测试题

【名词解释】

1. 伤害　　2. 故意伤害　　3. 意外伤害

【填空题】

1. 伤害是由_____、_____和_____ 3个因素相互作用的结果。
2. 按照造成伤害的意图分类，伤害可分为_____和_____。
3. 按照发生伤害的地点分类，伤害可分为_____、_____、_____和_____。
4. 伤害一般分为_____、_____和_____三个阶段。

【简答题】

1. 伤害常规的预防策略。
2. 伤害预防中采取的综合干预措施。

参考答案

【填空题】

1. 致伤害因子　宿主　环境
2. 故意伤害　意外伤害
3. 机动车伤害　工作场所伤害　家庭伤害　公共场所伤害
4. 伤害前阶段　伤害阶段　结局阶段

（赵丹丹）

第二部分 实习指导

实习一 计算器的使用和统计图表

一、目的要求

1. 掌握 计算器的常规运算方法；常用计算的功能模式选择；规范统计表的绘制方法；根据资料类型及分析目的正确选择统计图。

2. 熟悉 计算器的各功能键的名称及使用方法；统计图的绘制方法。

二、内容

1. 四则运算及分数运算

(1) $21+4.5-52$

(2) $52\times(-12)\div(-2.5)$

(3) $1+3-4\times5\div10+7$

(4) $2\div3\times(3\times10^3)$

(5) $3\times[4+3\times(5+7)]$

(6) $3\frac{4}{5}+\frac{3}{4}-\frac{5}{7}$

(7) $(21-13\times2)\div[4-3\times\frac{1}{2}(\frac{3}{4}+\frac{1}{2}\times3)]$

(8) $\frac{5\times7+3}{(7-2)\times8}$

(9) $5\div6\times(5\times10^5)$

(10) $\frac{1}{2}(-11)+0.125\div\frac{2}{3}$

2. 对数及指数计算

(1) $\log58+3\times\ln76$

(2) $4^5+5^3-2^4$

(3) $(78-34)^{-8}$

(4) $10^{4.5}+e^{3.5}$

(5) $4^5+9^{\frac{1}{5}}$

3. 统计计算

某医生检查了 20 名工人的血红蛋白含量 (g)，数据如下，计算其平方和、均数及标准差。

15.1 14.8 13.5 13.7 14.1 14.4 15.3 14.8 12.8 13.4 15.5 17.2 16.3 15.9 14.7 12.9 15.7 14.6 13.8 15.2

4. 相关与回归计算

已知 5 名 20 岁男青年身高与前臂长的数据如下，试求相关系数、回归系数和截距。

身高 (cm) X	170	172	163	155	172
前臂长 (cm) Y	45	42	45	41	47

5. 请选择适当的统计表和统计图描述以下结果

某疾控中心在当地不同年龄组的人群中开展了某疫苗的预防接种工作，并进行了相关调查工作，接种前观察了 1910 人的锡克试验反应情况，其中幼儿园儿童 142 人，阳性 37 人；小学生 1409 人，阳性 321 人；中学生 359 人，阳性 41 人。接种后，抽取 482 人，其中幼儿园儿童 101 人，阳性 21 人；小学生 145 人，阳性 22 人，中学生 236 人，阳性 15 人。

6. 指出下表的错误并进行修改

实习表 1-1 两组治疗效果比较

并发症	西药组			中西药结合组		
	病例数	疗效		病例数	疗效	
		有效	无效		有效	无效
休克	23	14	9	20	18	2

7. 某医生观察了某药治疗 400 例不同类型的老年慢性支气管炎的疗效，列表如下，请指出表中的错误并改正。

实习表 1-2

分度	程度	单纯型			喘息型		
		重	中	轻	重	中	轻
	例数	135	53	30	93	56	33
疗效	指标	治愈	显效	好转	无效	治愈	显效	好转	无效
	例数	60	96	50	12	23	83	65	11

8. 某地抽取部分 6~17 岁的学生调查体重，计算的均数如下表所示，欲了解各年龄段男、女学生的体重变化趋势，应绘制何种统计图？

实习表 1-3 某地 6~17 岁的学生体重均数（kg）

年龄	男	女
6	22.3	20.9
7	24.9	22.3
8	27.6	23.8
9	28.5	25.8
10	29.9	28.9
11	31.5	34.3
12	34.9	38.2
13	39.2	42.3
14	43.7	45.8
15	48.6	47.2
16	54.2	50.1
17	55.6	52.3

9. 某年某地居民主要死因统计如下，请选择适当的统计图描述。

实习表 1-4 某地居民死因构成

死因	构成（%）
呼吸系统疾病	25.10
心脑血管病	17.25
恶性肿瘤	16.51
损伤与中毒	11.18
心脏疾病	10.81
其他	19.15
合计	100.00

附录

统计计算中计算器的使用

计算器与计算机相比具有简单、便携的优点，无论在日常生活中还是统计计算，都经常会使用计算器。目前普遍使用的计算器型号众多，功能和用法也会有区别，但基本功能和用法大同小异，现在使用比较多的有 CASIO fx-3800P、fx-3600P、fx-3600Pv、fx-3900Pv 等。这里我们主要对 fx-3600Pv 的统计计算功能进行介绍。其他机型本内容也基本适用。

一、计算器基本知识

计算器键盘分为两部分，上半部分主要是各种常用的函数运算功能键，下半部分主要是数字、四则运算符号和统计运算功能键。

一个键一般具有两种以上的功能，黑色指示为第一功能，橙色指示为第二功能，直接按键适用的是第一功能，使用第二功能时需先按第二功能指示键 INV 或 SHIFT。

计算器内部固化有计算均数、标准差、回归相关的程序，使用时将计算器切换到所要的程序状态。此操作需使用运算模式选择键 MODE 和相应其他键组合实现。具体组合如下：

"MODE+."：普通初等运算，可执行手动或程序计算。

"MODE+0"：屏幕显示 LRN，可写入程序。

"MODE+1"：屏幕显示 $\int dx$，表示可以进行积分计算。

"MODE+2"：屏幕显示 LR，表示可以进行相关回归计算。

"MODE+3"：屏幕显示 SD，表示可以进行统计计算（均数、标准差等）。

"MODE+4"：屏幕显示 D，表示可以进行以度为单位的角度计算。

"MODE+5"：屏幕显示 R，表示可以进行以弧度为单位的角度计算。

"MODE+6"：屏幕显示 G，表示可以进行以百分数为单位的角度计算。

"MODE+7"：屏幕显示 FIX，可以按 0 至 9 的数字来指定在十进位计算时所要显示出的位数。

"MODE+8"：屏幕显示 SCI，可以按 1（1 位数字）至 0（10 位数字）的数字来指定在计算时所要显示出的有效位数。

"MODE+9"：解除"MODE+7"和"MODE+8"的输入指令，即使计算器转化为正常状态。

计算器常用符号说明：

AC (All Clear)：总清除键

C (Correct)：改正键，即清除最后输入的一个数据

log/10^x：常用对数/反常用对数

ln/e^x：自然对数/反自然对数

X^y/$X^{1/y}$：乘方/开方

$1/X$：倒数

+/−：符号转换

X^2：平方

$X!$：阶乘

MR/Min：取出储存/储存单个数据

M_+/M_-：累加储存/累减储存

DATA：变量的输入

二、操作步骤

1. 常规运算

首先选择运算模式"$\boxed{\text{MODE}}+.$"，然后进行四则运算。操作步骤我们举例说明

(1) $90+4\times\dfrac{2}{3}\left(\dfrac{3}{4}+5\right)$：90 $\boxed{+}$ 4 $\boxed{\times}$ 2 $\boxed{\div}$ 3 $\boxed{\times}$ $\boxed{[\cdots}$ 3 $\boxed{\div}$ 4 $\boxed{+}$ 5 $\boxed{]\cdots}$ $\boxed{=}$

(2) $\sqrt{\dfrac{240-3^2/120}{123-5}}$：240 $\boxed{-}$ 3 $\boxed{\text{INV}}$ $\boxed{X^2}$ $\boxed{\div}$ 120 $\boxed{=}$ $\boxed{\div}$ $\boxed{[\cdots}$ 123 $\boxed{-}$ 5 $\boxed{]\cdots}$ $\boxed{=}$ $\boxed{\text{INV}}$ $\boxed{\sqrt{}}$

(3) $\log_2$：2 $\boxed{\log}$

2. 统计计算

(1) 首先选择运算模式"$\boxed{\text{MODE}}+3$"，屏幕上显示 SD。

(2) 清除计算器内的残存数据 $\boxed{\text{INV}}$ $\boxed{\text{AC}}$（即 $\boxed{\text{KAC}}$）。

(3) 输入数据：用 $\boxed{\text{DATA}}$ 键。

(4) 取出结果。

例1 计算以下10名7岁男童体重的均数和标准差。

17.3 17.9 19.2 20.3 21.1 21.8 22.5 23.2 24.0 25.1

操作步骤：

(1) 首先选择运算模式"$\boxed{\text{MODE}}+3$"，屏幕上显示 SD。

(2) 清除计算器内的残存数据 $\boxed{\text{INV}}$ $\boxed{\text{AC}}$（即 $\boxed{\text{KAC}}$）。

(3) 输入数据：

17.3 $\boxed{\text{DATA}}$ 17.9 $\boxed{\text{DATA}}$ 19.2 $\boxed{\text{DATA}}$ 20.3 $\boxed{\text{DATA}}$ 21.1 $\boxed{\text{DATA}}$

21.8 $\boxed{\text{DATA}}$ 22.5 $\boxed{\text{DATA}}$ 23.2 $\boxed{\text{DATA}}$ 24.0 $\boxed{\text{DATA}}$ 25.1 $\boxed{\text{DATA}}$

(4) 取出结果：

均数：$\boxed{\text{INV}}$ $\boxed{1}$（即 $\bar{x}$）

标准差：$\boxed{\text{INV}}$ $\boxed{3}$（即 $x_{\sigma_{n-1}}=\sigma$）

变量值的和：$\boxed{\text{Kout}}$ $\boxed{2}$（即 $\sum x$）

变量值的平方和：$\boxed{\text{Kout}}$ $\boxed{1}$（即 $\sum x^2$）

例2 110名7岁男童身高（cm）的频数表如下，试计算其均数和标准差（资料来源：杨树勤主编. 卫生统计学. 3版. 北京：人民卫生出版社，1993.）

组中值	109	111	113	115	117	119	121	123	125	127	129	131	133
频数	1	3	9	9	15	18	21	14	10	4	3	2	1

操作步骤：

(1) 首先选择运算模式"$\boxed{\text{MODE}}+3$"，屏幕上显示 SD。

(2) 清除计算器内的残存数据 $\boxed{\text{INV}}$ $\boxed{\text{AC}}$（即 $\boxed{\text{KAC}}$）。

(3) 输入数据：

109×1 $\boxed{\text{DATA}}$ 111×3 $\boxed{\text{DATA}}$ 113×9 $\boxed{\text{DATA}}$ 115×9 $\boxed{\text{DATA}}$ 117×15 $\boxed{\text{DATA}}$

119×18 $\boxed{\text{DATA}}$ 121×21 $\boxed{\text{DATA}}$ 123×14 $\boxed{\text{DATA}}$ 125×10 $\boxed{\text{DATA}}$ 127×4 $\boxed{\text{DATA}}$

129×3 $\boxed{\text{DATA}}$ 131×2 $\boxed{\text{DATA}}$ 133×1 $\boxed{\text{DATA}}$

注意：109×1 $\boxed{\text{DATA}}$ 可输入为 109 $\boxed{\text{DATA}}$，输入时因变量值在前，频数在后，即 111×3 不可输成 3×111。

(4) 取出结果：

均数：$\boxed{\text{INV}}$ $\boxed{1}$（即 $\bar{x}$）

标准差：$\boxed{\text{INV}}$ $\boxed{3}$（即 $x_{\sigma_{n-1}} = \sigma$）

变量值的和：$\boxed{\text{Kout}}$ $\boxed{2}$（即 $\sum x$）

变量值的平方和：$\boxed{\text{Kout}}$ $\boxed{1}$（即 $\sum x^2$）

3. 直线回归和相关系数计算

(1) 首先选择运算模式"$\boxed{\text{MODE}}$+2"，屏幕上显示 LR。

(2) 清除计算器内的残存数据 $\boxed{\text{INV}}$ $\boxed{\text{AC}}$（即 $\boxed{\text{KAC}}$）。

(3) 输入数据：必须成对输入，用 $\boxed{X_D, Y_D}$ 和 $\boxed{\text{DATA}}$ 两键，先输入 X 值，后输入 Y 值。

(4) 取出结果。

例3　某地一年级12名女大学生的体重与肺活量数据如下，试求其相关系数、回归系数和截距。（资料来源：杨树勤主编. 卫生统计学. 3版. 北京：人民卫生出版社，1993.）

体重（kg）X　　42　　42　　46　　46　　46　　50　　50　　50　　52　　52　　58　　58
肺活量（L）Y　2.55　2.20　2.75　2.40　2.80　2.81　3.41　3.10　3.46　2.85　3.50　3.00

操作步骤：

(1) 首先选择运算模式"$\boxed{\text{MODE}}$+2"，屏幕上显示 LR。

(2) 清除计算器内的残存数据 $\boxed{\text{INV}}$ $\boxed{\text{AC}}$（即 $\boxed{\text{KAC}}$）。

(3) 输入数据：必须成对输入，用 $\boxed{X_D, Y_D}$ 和 $\boxed{\text{DATA}}$ 两键，先输入 X 值，后输入 Y 值。

42 $\boxed{X_D, Y_D}$ 2.55 $\boxed{\text{DATA}}$　　42 $\boxed{X_D, Y_D}$ 2.20 $\boxed{\text{DATA}}$　　46 $\boxed{X_D, Y_D}$ 2.75 $\boxed{\text{DATA}}$　　46 $\boxed{X_D, Y_D}$ 2.40 $\boxed{\text{DATA}}$

46 $\boxed{X_D, Y_D}$ 2.80 $\boxed{\text{DATA}}$　　50 $\boxed{X_D, Y_D}$ 2.81 $\boxed{\text{DATA}}$　　50 $\boxed{X_D, Y_D}$ 3.41 $\boxed{\text{DATA}}$　　50 $\boxed{X_D, Y_D}$ 3.10 $\boxed{\text{DATA}}$

52 $\boxed{X_D, Y_D}$ 3.46 $\boxed{\text{DATA}}$　　52 $\boxed{X_D, Y_D}$ 2.85 $\boxed{\text{DATA}}$　　58 $\boxed{X_D, Y_D}$ 3.50 $\boxed{\text{DATA}}$　　58 $\boxed{X_D, Y_D}$ 3.00 $\boxed{\text{DATA}}$

(4) 取出结果：

对子数：$\boxed{\text{Kout}}$ $\boxed{3}$（即 n）

相关系数：$\boxed{\text{INV}}$ $\boxed{9}$（即 r）

回归系数：$\boxed{\text{INV}}$ $\boxed{8}$（即 B=b）

截距：$\boxed{\text{INV}}$ $\boxed{7}$（即 A=a）

4. 注意事项

当显示屏上显示"- E -"或者"-[-"时表示错误或数据溢出，应停止运算，按 $\boxed{\text{AC}}$ 键清除后，重新运算。

（武　英）

实习二 数值变量资料的统计描述

一、目的要求

1. 掌握 描述数值变量资料集中趋势和离散趋势的常用指标的计算方法、适用条件和意义；正态分布曲线下面积分布规律、医学参考值范围的计算和意义。
2. 熟悉 频数分布表的编制；标准正态分布的特点；标准正态变换。
3. 了解 正态分布和标准正态分布的概念。

二、内容

1. 某研究人员测得某地 110 名健康成年女性的收缩压资料如下：
100 106 102 100 104 114 110 110 112 106 102 100 102 106 102 100 108 110 90 106 106 118 106 110 112 120 104 128 112 100 94 108 116 110 96 114 96 102 100 122 100 102 104 102 104 104 100 100 104 110 114 98 94 102 106 104 92 98 110 116 118 108 94 116 90 106 108 94 110 108 112 118 120 114 124 106 108 110 106 104 116 94 108 108 100 102 106 100 90 100 108 112 104 106 102 100 96 106 106 108 102 106 96 94 112 98 124 110 112

（1）试编制频数分布表并描述其分布特征；
（2）计算均数、标准差、变异系数、中位数和四分位数间距；
（3）以双侧正态法和百分位数法估计该地健康成年女性收缩压 95% 参考值范围。

2. 某医生为 12 人接种某种疫苗后，测得其抗体滴度如下：1∶4，1∶4，1∶8，1∶8，1∶8，1∶8，1∶16，1∶16，1∶16，1∶32，1∶32，1∶64。选择适宜的指标描述其平均水平。

3. 如果健康成年女性的红细胞计数（$\times 10^{12}/L$）服从正态分布，均数为 4.16，标准差 0.32。试估计红细胞计数在（4.00，4.60）范围的健康成年女性人所占比例。

4. 现测得某地 120 名中年男子的血清总胆固醇值均数为 4.67 mmol/L，标准差为 0.91 mmol/L，现有该地一中年男子的血清总胆固醇值为 6.79 mmol/L，若按照 95% 正常值估计，其血清总胆固醇值是否正常？

5. 某市为了解当地居民发汞水平，对 217 名留居该市一年以上，无汞作业接触史的居民进行了调查，结果如下表。

（1）选择适当的统计指标描述其平均水平和离散程度；
（2）估计该市居民发汞值的 95% 正常值范围，并说明其意义。

实习表 2-1 某市 217 名居民发汞含量（μmmol/L）

发汞含量	1.5~	3.5~	5.5~	7.5~	9.5~	11.5~	13.5~	15.5~	17.5~19.5
人数	19	61	56	44	16	13	5	2	1

6. 某高校在大一新生中随机抽查了 130 名健康男生，根据他们的身高和体重测量结果计算得到：身高（cm）为 167.09±5.12，体重（kg）为 54.15±4.37，试判断两者离散程度的大小。

7. 某次食物中毒共有患者 12 位，其潜伏期（小时）分别为 5，2，6，4，7，11，4，4，7，9，5，8。本次食物中毒的平均潜伏期为多长时间？

8. 某医院随机检测了 257 名健康妇女的血象，红细胞数（$\times 10^{12}/L$）为 4.16±0.27，血红蛋白（g/L）为 117.9±7.3，这两个指标哪个变异度较小？

9. 某年某市随机抽取 120 名 12 岁健康男孩，测得身高资料，已知均数为 143.07 cm，标准差为 5.70 cm。

(1) 估计该地 12 岁健康男孩身高在 135 cm 以下者占该地 12 岁男孩总数的百分数；

(2) 估计身高界于 135～145 cm 范围内 12 岁男孩的比例。

(赵丹丹)

实习三　数值变量资料的统计推断

一、目的要求

1. 掌握　抽样误差、标准误的概念及标准差与标准误的区别联系；可信区间的意义及计算方法；假设检验的基本步骤，并对结果做出合理解释；t 检验的应用条件和计算方法；方差分析的基本思想，方差分析的方法及应用；多个样本均数间的多重比较方法。
2. 熟悉　Ⅰ类错误和Ⅱ类错误的概念及关系。
3. 了解　正态性判定、方差齐性检验的方法。

二、内容

1. 某研究人员欲了解当地小学生的血红蛋白含量水平，随机抽取了小学生 400 人，算得血红蛋白（g/L）为 107.5±9.8。
   (1) 试计算该指标的抽样误差。
   (2) 做该地小学生血红蛋白总体均数的点估计和 95% 的区间估计。

2. 某医院用中药治疗 8 例再生障碍性贫血患者，结果如下，试分析治疗前后血红蛋白（g/L）之间的差别有无统计学意义。

实习表 3-1　8 名患者治疗前后血红蛋白（g/L）

组别	1	2	3	4	5	6	7	8
治疗前	101	96	83	113	83	94	81	104
治疗后	134	129	114	130	118	134	119	135

3. 某地抽样调查了 255 名健康成年女性的红细胞数和血红蛋白含量，结果见下表。
   (1) 分别计算两项指标的抽样误差；
   (2) 做该地正常成年女性红细胞数总体均数的点估计和 95% 的区间估计；
   (3) 临床上使用的健康成年女性血红蛋白含量的标准值为 124.7 g/L，则该地女性的血红蛋白含量是否低于标准值？

实习表 3-2　255 名健康成年女性的红细胞数和血红蛋白含量

指标	均数	标准差
红细胞数（×10^{12}/L）	4.16	0.29
血红蛋白（g/L）	117.6	10.2

4. 某市抽样调查了 150 名足月新生儿的出生体重，均数为 3230 g，标准差为 340 g，一般正常足月新生儿体重 3000 g。
   (1) 估计该市足月新生儿出生体重的总体均数的 95% 可信区间；
   (2) 该市足月新生儿的出生体重是否高于一般水平？

5. 已知健康中年女性的平均血清胆固醇为 4.67 mmol/L，某医疗机构从当地随机抽取 36 名健康中年女性，测得其平均血清总胆固醇为 4.78 mmol/L，标准差为 0.89 mmol/L，试分析该地健康中年女性的血清总胆固醇是否高于一般水平。

6. 某托儿所随机抽取 21～24 月龄的 57 名男婴，测得平均体重 11.2 kg，标准差为 1.23 kg。查得近期全国九城市城区大量调查的同龄男婴平均体重 11.18 kg。问该托儿所男婴的体重发育状况与全国九城市的同期水平有无不同。

7. 某地区1999年测定了30岁以上正常人与冠心病人的血清总胆固醇含量,结果如下,试分析正常人与冠心病人血清总胆固醇含量有无差异。

实习表3-3　正常人与冠心病人血清胆固醇含量 (mmol/L)

组别	测定人数	均数	标准差
正常组	120	4.67	0.88
病人	112	5.78	1.18

8. 测得某地20岁健康女子120人收缩压均数为15.26 kPa,标准差为1.16 kPa;又测得该地20岁健康男子120人收缩压均数为16.12 kPa,标准差为1.41 kPa。问该地20岁健康女子和男子之间收缩压均数有无差别?

9. 有12名志愿受试者服用某减肥药,服药前和服药后一个疗程各测量一次体重 (kg),结果如下。问此减肥药是否有效。

实习表3-4　12名志愿者服用某减肥药前后体重值 (kg)

编号	1	2	3	4	5	6	7	8	9	10	11	12
服药前	91	101	131	124	137	125	92	90	67	84	101	85
服药后	90	100	126	128	126	115	102	87	57	74	107	83

10. 某研究者测得15名慢性支气管炎病人与14名健康人的尿中17酮类固醇 (mol/24 h) 排出量如下,试比较两组人的尿中17酮类固醇的排出量有无不同。

病人　18.70　10.05　13.96　17.67　20.51　17.22　14.69　15.10　18.75　18.99　15.94
　　　9.42　8.21　7.24　17.60

健康人　16.80　22.60　17.95　12.89　23.01　13.89　19.40　30.46　10.88　22.38
　　　15.83　26.72　17.29　19.70

11. 某研究人员研究劳动类型与血清胆固醇的关系,调查脑力劳动组527人,平均胆固醇水平为4.8 mmol/L,标准差为0.72 mmol/L;体力劳动组633人,均数为4.6 mmol/L,标准差为0.81 mmol/L。试分析两组劳动者的血清胆固醇水平是否有差别。

12. 某医生为研究胃癌与胃黏膜细胞中DNA含量的关系,测得以下数据,分析三组人群的胃黏膜细胞中DNA含量是否相同。

实习表3-5　三组人群的胃黏膜细胞中DNA含量 (A.U)

正常人	胃黏膜增生	胃癌
10.7	13.9	23.4
13.7	17.2	17.1
11.9	14.6	32.2
12.4	13.0	20.6
9.0	12.0	23.5
12.2	16.5	21.1
12.8	14.7	19.4
	14.1	18.8
	16.4	

13. 为研究4种饲料的营养价值,某研究人员选择8窝大鼠,每窝选择5只使其随机分到5组中,分别用5种含有不同营养素的饲料饲养,4周后大鼠的增加体重如下,这4种饲料的营养价值有无不同?

实习表 3-6 4种不同饲料饲养后大鼠的体重增加量 (g)

组别	甲饲料	乙饲料	丙饲料	丁饲料
1	29	50	42	79
2	24	43	34	82
3	38	39	27	76
4	21	47	32	73
5	37	53	41	80
6	15	24	37	82
7	28	42	37	66
8	23	46	45	72

(赵丹丹)

实习四 分类变量资料的统计描述

一、目的要求

通过重点介绍描述分类变量的统计指标构成比、率、比和动态数列的意义、计算和应用，着重理解相对数应用中应注意的问题，掌握直接标准化法的意义和方法，正确运用标准化率。

二、内容

1. 某部队野营训练，发生中暑12人，其中北方籍战士10人，南方籍战士2人，因此得到结论：北方籍战士比南方籍战士容易中暑。这个结论是否正确？欲比较哪种籍贯的战士更易中暑应如何分析？

2. 某医生采用神经阻滞法治疗偏头痛患者3例，其中2例患者痊愈，1例患者明显好转，由此推断该法治疗偏头痛的治愈率为66.7%，有效率为100%。这个结论是否正确？应如何分析？

3. 某地2000年6月30日有男性人口769 600人，男性人口中因心血管疾病死亡321人，其中冠心病死亡67人，欲反映该地男性人口冠心病死亡强度与冠心病死亡在心血管疾病死亡中所占比重，应如何计算？

4. 某地2001年35~74岁男性代谢综合征患病情况如下：

实习表4-1 某地2001年35~74岁男性代谢综合征患病情况

年龄（岁）	调查数	患者数	患病率（%）	构成比（%）
35~	2736	230		
45~	2107	221		
55~	1432	162		
65~74	1259	131		
合计	7534	744		

(1) 试计算构成比和患病率并填充在表中。

(2) 简要分析哪一年龄组代谢综合征患病最严重？

5. 请比较甲、乙两地某病患病率（资料见实习表4-2），并解释标准化患病率与实际患病率有何不同。

6. 为了解甲、乙两地某病死亡率情况，分别在甲地和乙地进行了抽样调查，甲地的某病死亡率根据当地人口年龄构成标化后为5.3‰，乙地的某病死亡率根据全国人口年龄构成标化后为3.7‰，能否据此判断甲地某病的死亡率要高于乙地？为什么？

实习表4-2 甲、乙两地某病检查人数及患病情况

性别	甲地		乙地	
	检查人数	患病人数	检查人数	患病人数
男性	1000	227	4000	928
女性	4000	1384	1000	359
合计	5000	1611	5000	1287

(李 云)

实习五 分类变量资料的统计推断

一、目的要求

理解率的抽样误差的概念，学会可信区间的计算。掌握 χ^2 检验的适用范围和条件，正确应用四格表、R×C 表 χ^2 检验，进行两个及多个率或构成比的比较，掌握 χ^2 检验应用中应注意的问题。

二、内容

1. 某地随机调查儿童 30 名，其中患有龋齿者 7 人，试估计当地儿童龋齿患病率的 95% 可信区间。（查表法）

2. 某医生随机调查当地 35 岁以上成人 856 人，其中高血压患者 170 人，试估计该地 35 岁以上成人高血压患病率的 95% 可信区间。已知 35 岁以上成人高血压患病率约为 22%，该地 35 岁以上成人高血压患病率与一般人群高血压患病率有无差别？

3. 某医院观察一种新药对急性心肌梗死后患者治疗效果，并与传统药物治疗效果进行比较，采用新药治疗 45 例患者，有效率 84%，采用传统药物治疗 46 例患者，有效率 63%，试问该新药的治疗效果是否与传统疗法不同？

4. 某医生观察使用维生素 C 预防流感的效果，结果见实习表 5-1，问服用维生素 C 能否有效预防流感的发生？（两组性别、年龄等方面均衡可比）

实习表 5-1 服用维生素 C 对流感预防效果比较

分组	服用人数	发病人数	发病率（%）
服用维生素 C 组	27	3	11.0
对照组	29	8	17.0
合计	56	11	19.6

5. 某医生观察了复合氨基酸胶囊对肝硬化病人某实验室指标的改善效果，资料见实习表 5-2，两组药物改善肝硬化病人的某实验指标效果有无差别？

实习表 5-2 复合氨基酸胶囊对肝硬化病人某实验室指标的改善效果分析

分组	人数	改善人数	改善率（%）
实验组	23	18	78.3
对照组	20	14	70.0
合计	43	32	74.4

6. 某交通管理局随机选择了 100 名汽车驾驶员进行安全行车培训，培训前有 66% 的汽车驾驶员行车时使用安全带，培训后有 79% 的汽车驾驶员行车时使用安全带，培训前后均不使用安全带的汽车驾驶员为 15%。现欲了解对汽车驾驶员进行安全行车培训是否有效果，应如何分析？

7. 某医院采用两种方法对乳腺癌患者进行诊断，结果如实习表 5-3，试分析两种方法的诊断效果有无差别。

实习表 5-3　两种方法诊断乳腺癌结果

甲法	乙法		合计
	阳性	阴性	
阳性	150	22	172
阴性	30	50	80
合计	180	72	252

8. 某抗癌新药的毒理研究中，将 78 只大鼠按性别、窝别、体重、年龄等因素配成 39 对，每个对子的两只大鼠经随机分配，分别接受甲剂量和乙剂量注射，试验结果见实习表 5-4。试分析该新药两种不同剂量的毒性有无差异。

实习表 5-4　某抗癌新药两种剂量的毒理实验结果

甲剂量	乙剂量		合计
	死亡（+）	生存（-）	
死亡（+）	6	12	18
生存（-）	3	18	21
合计	9	30	39

9. 某医院采用西药、中药和中西医结合三种不同治疗方法治疗慢性支气管炎的疗效见实习表 5-5，试比较三种方法治疗慢性支气管炎的疗效有无差别。

实习表 5-5　三种不同方案治疗慢性支气管炎的疗效

分组	有效	无效	合计	有效率（%）
西药	57	30	87	65.52
中药	24	20	44	54.55
中西医结合	130	20	150	86.67
合计	211	70	281	75.09

（李　云）

实习六 直线相关与回归

一、目的要求

1. 掌握　直线回归方程的意义；回归分析的基本步骤；相关系数的意义及其假设检验；直线相关与回归的区别和联系；应用直线相关与回归的注意事项；总体回归系数的区间估计。
2. 熟悉　线性相关分析与直线回归分析对资料的要求；总体回归系数的区间估计。
3. 了解　秩相关的适用条件；多重线性回归、logistic 回归分析的意义和结果解释。

二、内容

1. 某医生为研究女大学生体重（kg）与肺活量（L）的关系，随机抽取了 10 名女大学生分别测量体重和肺活量，结果如下，以肺活量为因变量 Y，体重为自变量 X，试做以下计算：

（1）根据已知数据建立回归方程；
（2）对回归系数 b 进行假设检验；
（3）计算体重为 50 kg 时，个体肺活量的 95% 可信区间。

实习表 6-1　10 名女大学生的体重（kg）与肺活量（L）的测定值

编号	1	2	3	4	5	6	7	8	9	10
体重	42	42	46	46	46	50	50	52	58	58
肺活量	2.55	2.20	2.75	2.40	2.80	2.81	3.10	2.85	3.50	3.00

2. 8 名糖尿病患者血糖水平（mmol/L）与胰岛素水平（mu/L）的测定值如下所示。

（1）试以血糖为因变量，胰岛素为自变量建立回归方程，并对其进行假设检验；
（2）欲将患者的血糖水平控制在 6.60 mmol/L 以下时，血中胰岛素应维持在什么水平？

实习表 6-2　8 名糖尿病患者血糖与胰岛素测量值

患者编号	1	2	3	4	5	6	7	8
血糖（mmol/L）	7.88	10.43	6.44	12.21	10.16	8.49	12.49	11.38
胰岛素（mu/L）	19.8	17.0	25.1	15.2	22.0	23.2	13.7	16.8

3. 某研究人员研究某食物营养价值时，用大白鼠作实验，得到大白鼠进食量和体重增量的数据，结果如下。

（1）求直线回归方程；
（2）对回归系数作假设检验。

实习表 6-3　7 只大白鼠的进食量和体重增加量

编号	1	2	3	4	5	6	7
进食量（g）	750	934	787	690	867	720	780
体重增量（g）	133	186	167	134	180	130	158

4. 某地调查了 10 名儿童的血红蛋白与铁元素的含量，资料如下，试分析二者之间的关系。

实习表 6-4 10名儿童的血红蛋白与铁的测量值

编号	1	2	3	4	5	6	7	8	9	10
血红蛋白	13.50	13.00	13.75	14.00	14.25	12.75	12.50	12.25	12.00	11.75
铁	448.7	467.3	425.6	469.8	456.6	395.8	448.7	440.1	394.4	405.6

5. 某地测得100名小学六年级男生的身高均数为150.4 cm，标准差为8.63 cm，体重均数为39.05 kg，标准差为6.43 kg，并算得身高和体重的相关系数 $r=0.72$，现有甲、乙两名同龄男生，甲身高140 cm，乙体重43 kg，试由甲身高推测其体重，由乙体重推算其身高。

6. 现有9名健康成人的身高和体重的资料如实习表6-5所示。
   （1）绘制散点图；
   （2）求相关系数 r，并对其进行假设检验；
   （3）求由身高推测体重的直线回归方程。

实习表 6-5 9名健康成人的身高和体重数据

编号	1	2	3	4	5	6	7	8	9
身高（cm）	160	161	163	165	166	168	170	171	171
体重（kg）	51	51	53	55	52	56	55	57	56

7. 某医院为研究婴儿的双顶径和出生体重之间的关系，观察了12例婴儿，资料如下所示，试做统计分析。

实习表 6-6 12名婴儿双顶径（mm）和出生体重（g）的关系

编号	1	2	3	4	5	6	7	8	9	10	11	12
双顶径	93	93	102	96	93	99	97	94	94	99	97	87
体重	2980	3225	3830	3745	3210	3880	3645	3610	3445	3425	3540	2940

（武 英）

实习七 SPSS 统计软件上机实习

一、目的要求

1. 掌握 不同设计类型的 t 检验、方差分析和卡方检验在 SPSS 统计分析软件中的应用。
2. 熟悉 SPSS 运行环境及基本操作方法。
3. 了解 SPSS 系统常用文件。

二、内容

（一）数值变量资料的统计描述实例——使用 Explore 过程进行分析

某地 2007 年随机抽查了 126 名健康成年男性的红细胞数（$\times 10^{12}/L$），资料如实习表 7-1。试对此资料进行统计描述。

实习表 7-1 某地 2007 年 126 名健康成年男性红细胞数（$\times 10^{12}/L$）

4.62	5.16	4.13	5.04	4.84	4.57	5.61	5.25	4.78	4.86	5.53	4.98
5.07	4.97	4.39	4.64	4.68	4.36	4.21	5.27	5.51	4.99	5.32	4.94
5.04	4.52	4.48	4.93	4.41	4.85	4.86	5.47	4.58	4.92	4.64	4.14
4.75	4.68	4.53	4.30	4.06	5.36	4.73	4.83	5.39	4.36	4.54	5.06
5.19	4.98	4.84	4.23	5.16	5.16	4.70	4.83	4.36	5.52	5.77	4.56
4.82	5.91	5.44	4.65	4.08	4.86	4.37	3.98	5.28	4.68	5.62	4.47
4.71	5.18	4.84	4.12	4.39	4.62	4.81	5.03	5.08	4.96	5.21	5.11
4.71	4.46	5.10	5.38	4.58	4.60	4.87	3.86	4.16	4.19	4.74	4.96
5.18	5.37	4.28	5.12	5.29	4.63	4.87	4.37	5.26	5.10	4.89	4.46
4.87	4.37	5.73	3.97	4.98	4.58	5.25	5.10	4.73	4.48	4.96	5.19
5.23	4.61	4.47	5.47	4.55	4.42						

1. 建立数据库

根据建立 SPSS 数据库的方法，输入原始数据建立数据文件，取名为"RBC126.sav"，如实习图 7-1 所示。

实习图 7-1 126 名健康成年男性红细胞数的 SPSS 数据文件

2. 统计分析

(1) 单击 Analyze→Descriptive Statistics→Explore，在出现的 Explore 主对话框中，将左边矩形框的变量"红细胞数 RBC"调入右边的"Dependent List"下的矩形框内（实习图 7-2）。

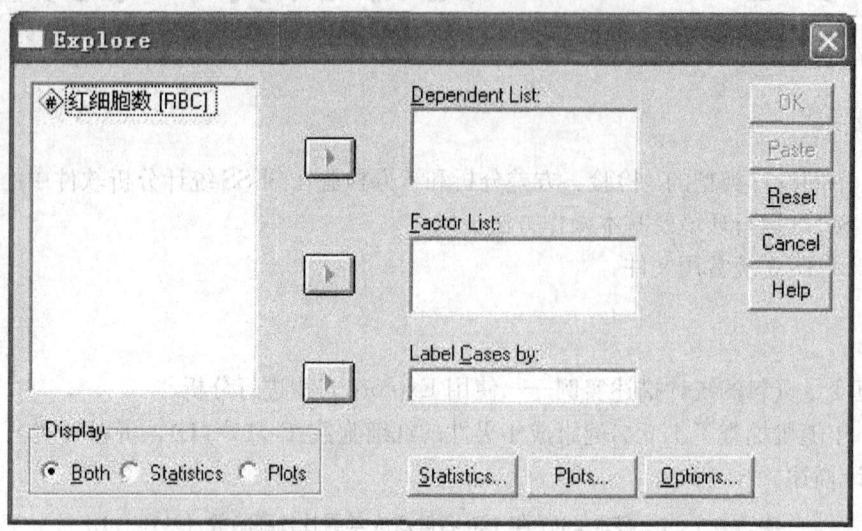

实习图 7-2　Explore 主对话框

(2) Explore 过程中的 Statistics 和 Plots 子对话框的设置如实习图 7-3 和实习图 7-4 所示。

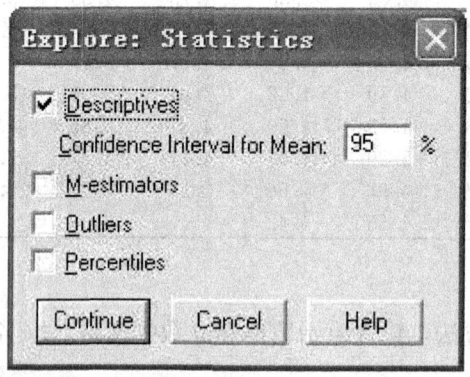

实习图 7-3　Explore 过程中的 Statistics 子对话框

实习图 7-4　Explore 过程中的 Plots 子对话框

(3) 单击 OK。
3. 结果输出及解释（实习图 7-5）

Explore

Case Processing Summary

	Cases					
	Valid		Missing		Total	
	N	Percent	N	Percent	N	Percent
红细胞数	126	100.0%	0	.0%	126	100.0%

Descriptives

			Statistic	Std. Error
红细胞数	Mean		4.8259	.03779
	95% Confidence Interval for Mean	Lower Bound	4.7511	
		Upper Bound	4.9007	
	5% Trimmed Mean		4.8230	
	Median		4.8400	
	Variance		.180	
	Std. Deviation		.42418	
	Minimum		3.86	
	Maximum		5.91	
	Range		2.05	
	Interquartile Range		.60	
	Skewness		.085	.216
	Kurtosis		-.405	.428

实习图 7-5　Explore 过程的分析结果

(1) 集中趋势指标：126 名成年男性的平均红细胞数为 $4.8259 \times 10^{12}/L$（Mean），去掉两端各 5% 的极端值后，截尾均数为 $4.8230 \times 10^{12}/L$（5% Trimmed Mean），中位数为 $4.8400 \times 10^{12}/L$（Median）。

(2) 离散趋势指标：方差为 $0.180 \times 10^{12}/L$（Variance），标准差为 $0.42418 \times 10^{12}/L$（Std. Deviation）。被调查的 126 名成年男性中红细胞数的最小值为 $3.86 \times 10^{12}/L$（Minimum），最大值为 $5.91 \times 10^{12}/L$（Maximum），全距为 $2.05 \times 10^{12}/L$（Range），四分位数间距为 $0.60 \times 10^{12}/L$（Interquartile Range）。

(3) 分布特征指标：偏度系数为 0.085（Skewness），其标准误为 $0.216 \times 10^{12}/L$；峰度系数为 -0.405（Kurtosis），其标准误为 $0.428 \times 10^{12}/L$。

(4) 参数估计：均数的标准误为 $0.03779 \times 10^{12}/L$（Std. Error），相应的总体均数 95% 可信区间为 $(4.7511, 4.9007) \times 10^{12}/L$。

在统计描述表格后，Explore 过程还会分别给出直方图和箱图，这里不再详述。

除了使用 Explore 过程对资料进行分析外，还可使用 Descriptive 过程（Analyze→Descriptive Statistics→Descriptives）和 Frequencies 过程（Analyze→Descriptive Statistics→Frequencies）对资料

（二）t 检验实例

1. 已知一般无肝肾疾患的健康人群尿素氮的均值为 4.88 mmol/L，现有 15 名脂肪肝患者的尿素氮测定值（mmol/L）分别为：5.72，5.75，4.27，6.42，5.38，7.68，6.43，5.14，4.23，5.56，5.62，4.36，5.20，6.86，4.98。请问脂肪肝患者尿素氮的均数是否不同于健康人？

（1）建立数据库：本实例只有一个变量（尿素氮），取变量名为 BUN。输入原始数据建立数据文件，取名为"BUN15.sav"，如实习图 7-6 所示。

实习图 7-6 15 名脂肪肝患者尿素氮的 SPSS 数据文件

（2）统计分析

①正态性检验：单击 Analyze→Nonparametric Tests→1-Sample K-S，在出现的"One Sample Kolmogorov-Smirnov Test"对话框中，将左边矩形框的变量"尿毒氮[BUN]"调入右边的"Test Variable List"下的矩形框内。在"Test Distribution"中选择"Normal"（实习图 7-7）。单击 OK，则得输出结果（实习图 7-8）。从实习图 7-8 可见，经正态性检验，变量"BUN"的 P 值为 0.829，可认为近似正态分布。

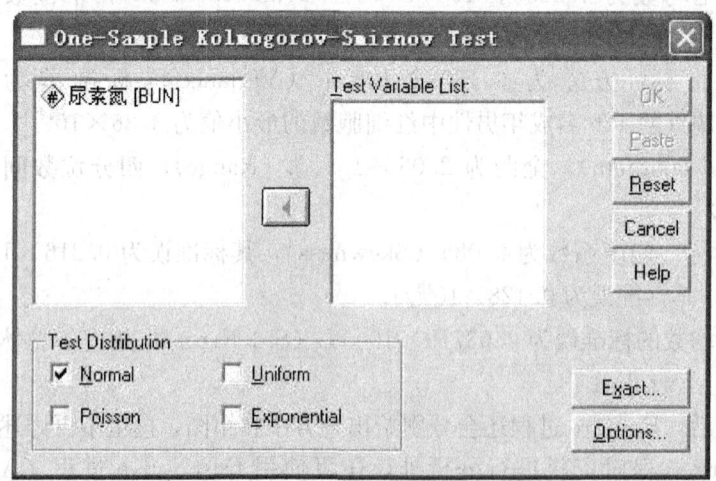

实习图 7-7 单样本正态性检验对话框

→ NPar Tests

One-Sample Kolmogorov-Smirnov Test

		尿素氮
N		15
Normal Parameters a,b	Mean	5.5733
	Std. Deviation	.97436
Most Extreme Differences	Absolute	.161
	Positive	.161
	Negative	-.084
Kolmogorov-Smirnov Z		.625
Asymp. Sig. (2-tailed)		.829

a. Test distribution is Normal.
b. Calculated from data.

实习图 7-8 单样本正态性检验的分析结果

②单样本 t 检验：单击 Analyze→Compare Means→One-Sample T Test，在出现的对话框中，将左边矩形框的变量"尿毒氮 [BUN]"调入右边的"Test Variable [s]"下的矩形框内，下方的"Test Value"中输入已知的总体均数 4.88（实习图 7-9）。单击 OK。

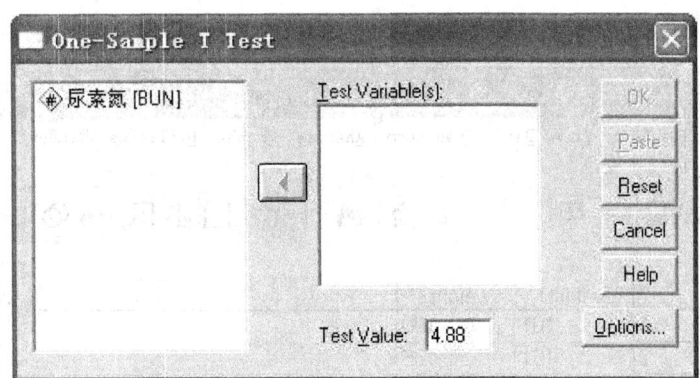

实习图 7-9 单样本 t 检验过程的主对话框

(3) 结果输出及解释（实习图 7-10）

→ T-Test

One-Sample Statistics

	N	Mean	Std. Deviation	Std. Error Mean
尿素氮	15	5.5733	.97436	.25158

One-Sample Test

	Test Value = 4.88					
					95% Confidence Interval of the Difference	
	t	df	Sig. (2-tailed)	Mean Difference	Lower	Upper
尿素氮	2.756	14	.015	.69333	.1537	1.2329

实习图 7-10 单样本 t 检验过程的分析结果

实习图 7-10 首先给出的是当前样本的统计描述，即 $\bar{X}=5.5733$，$S=0.97436$，$S_{\bar{X}}=0.25158$。

下面的表格给出的是单样本 t 检验的分析结果。从左到右依次为检验统计量 t 值、自由度 df、双尾概率值 Sig.（2-tailed）、差值的均数 Mean Difference 和 95% 的可信区间。由此可见 $t=2.756$，$P=0.015$，按 $\alpha=0.05$ 水准，拒绝 H_0，可以认为脂肪肝患者尿素氮的均数与健康人不同。

2. 现有 12 名志愿受试者服用某减肥药，服药前和服药后一个疗程各测量 1 次体重（kg）如实习表 7-2 所示。试分析服用该减肥药前后的体重有无变化。

实习表 7-2 服用某减肥药前后的体重变化（kg）

编号	服药前	服药后	编号	服药前	服药后
1	101	100	7	126	116
2	131	136	8	95	105
3	131	126	9	90	87
4	143	150	10	67	57
5	124	128	11	84	74
6	137	126	12	101	109

（1）建立数据库：本实例有两个变量，服药前体重取变量名为 weight1，服药后体重取变量名为 weight2。输入原始数据建立数据文件，取名为"weight12.sav"，如实习图 7-11 所示。

实习图 7-11 12 名志愿者服用某减肥药前后体重变化的 SPSS 数据文件

（2）统计分析：单击 Analyze→Compare Means→Paired-Samples T Test，在出现的对话框中，分别标记左上角变量中的 wight1 和 weight2，变量自动调入左下角，再单击向右箭头，将已配对的变量调入右边的矩形框中（实习图 7-12）。单击 OK。

（3）结果输出及解释（实习图 7-13）：首先给出的是配对变量各自的统计描述，中间的表格给出的是配对变量间的相关性分析，最后的表格是配对 t 检验的分析结果，从左到右依次为服药前后体重差值的均数、标准差、标准误、95% 可信区间、t 值、自由度和双尾概率值 Sig.（2-tailed）。由此可见 $t=0.584$，$P=0.571$，按 $\alpha=0.05$ 水准，不拒绝 H_0，尚不能认为服用该减肥药前后的体重有变化。

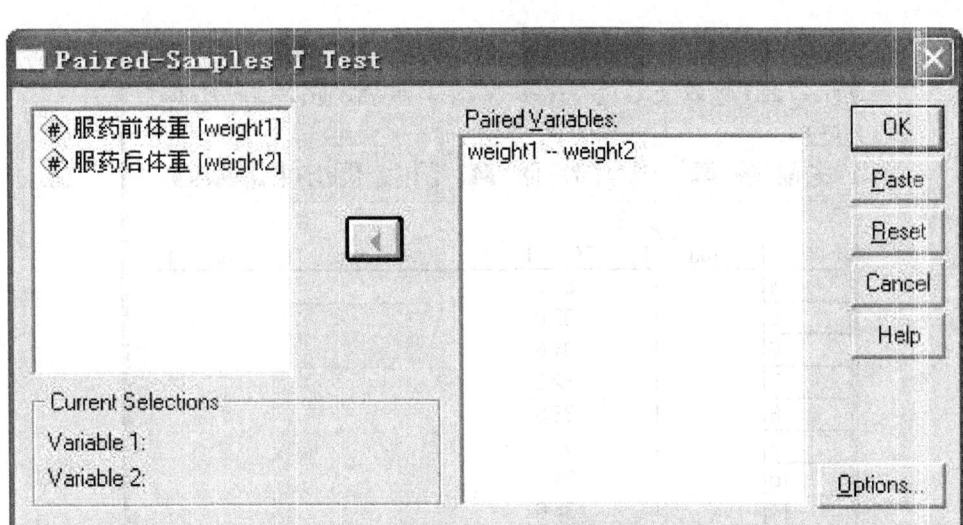

实习图 7-12　配对 t 检验过程的主对话框

Paired Samples Statistics

		Mean	N	Std. Deviation	Std. Error Mean
Pair 1	服药前体重	110.83	12	24.226	6.993
	服药后体重	109.50	12	26.807	7.739

Paired Samples Correlations

		N	Correlation	Sig.
Pair 1	服药前体重 & 服药后体重	12	.957	.000

Paired Samples Test

		Paired Differences					t	df	Sig. (2-tailed)
		Mean	Std. Deviation	Std. Error Mean	95% Confidence Interval of the Difference				
					Lower	Upper			
Pair 1	服药前体重 - 服药后体重	1.333	7.912	2.284	-3.694	6.361	.584	11	.571

实习图 7-13　配对 t 检验过程的分析结果

3. 某医师研究血清转铁蛋白测定对病毒性肝炎诊断的临床意义，测得 11 名正常人和 13 名病毒性肝炎患者血清转铁蛋白的含量（μmol/L），结果如下。问患者和健康人血清转铁蛋白含量有无差异？

正常人：31.5　34.6　30.1　37.2　32.8　34.6　32.3　35.8　37.9　36.7　34.6
病毒性肝炎患者：22.7　21.8　23.8　23.9　24.7　25.9　23.0　22.4　20.7　21.4
　　　　　　　　　19.8　22.7　22.3

（1）建立数据库：设立两个变量，分别为"group"和"Tf"。group 取值 1 表示正常组，取值 2 表示患者组，Tf 表示血清转铁蛋白含量。输入原始数据建立数据文件，取名为"Tf.sav"，如实习图 7-14 所示。

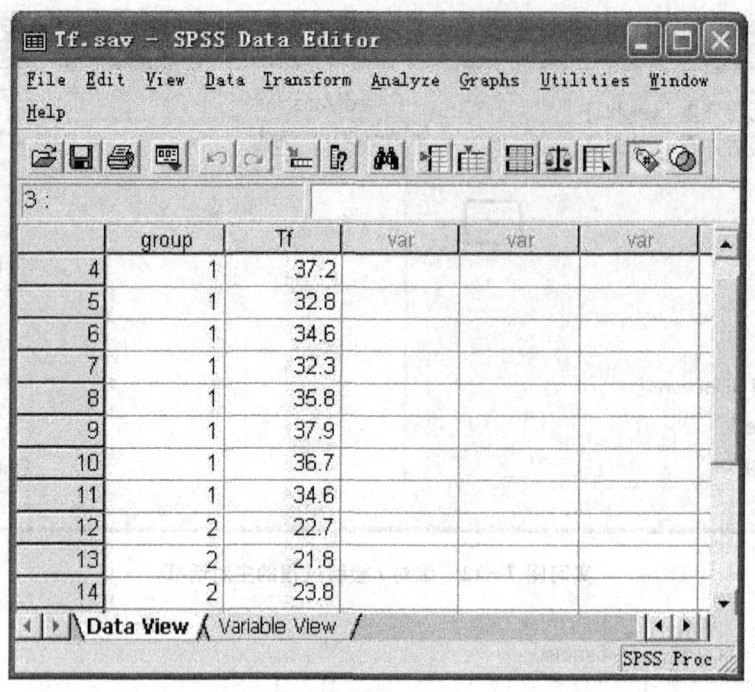

实习图 7-14　血清转铁蛋白含量变化的 SPSS 数据文件

(2) 统计分析：单击 Analyze→Compare Means→Independent-Samples T Test，在出现的对话框中，将变量"血清转铁蛋白 [Tf]"调入右边的"Test Variable"下的矩形框内，将变量"group"调入中间下部的"Grouping Variable"下的矩形框内，此时出现"group〔??〕"（实习图 7-15）。单击"Define Groups"钮，弹出定义分组对话框（实习图 7-16）。在实习图 7-16 中的 Group1 和 Group2 后，分别键入"1"和"2"，单击"Continue"钮，返回实习图 7-15。单击 OK。

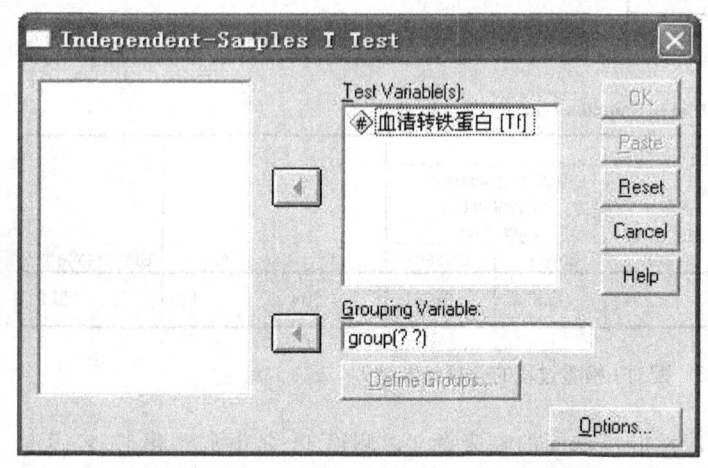
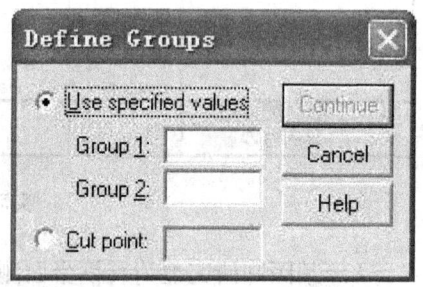

实习图 7-15　两独立样本 t 检验过程的主对话框　　　　实习图 7-16　定义分组的对话框

(3) 结果输出及解释（实习图 7-17）：首先给出的是两组变量各自的统计描述，下面的表格共有两部分内容，左面部分是 Levene 方差齐性检验，本例 $F=2.349$，$P=0.140$，故可认为方差具有齐性。右面部分分别是两组所在总体方差齐和方差不齐时的 t 检验结果，依次为 t 值、自由度、双尾概率值 Sig. (2-tailed)、均数之差、标准误和 95% 可信区间。由于前面的方差齐性检验结果为方差齐，因此选用上面一行的检验结果，即 $t=13.824$，$P<0.001$，按 $\alpha=0.05$ 水准，拒绝 H_0，可以认为病毒性肝炎患者和健康人血清转铁蛋白含量有差异。

Group Statistics

	group	N	Mean	Std. Deviation	Std. Error Mean
血清转铁蛋白	1	11	34.373	2.4763	.7466
	2	13	22.700	1.6366	.4539

Independent Samples Test

		Levene's Test for Equality of Variances		t-test for Equality of Means						
		F	Sig.	t	df	Sig. (2-tailed)	Mean Difference	Std. Error Difference	95% Confidence Interval of the Difference	
									Lower	Upper
血清转铁蛋白	Equal variances assumed	2.349	.140	13.824	22	.000	11.6727	.8444	9.9216	13.4239
	Equal variances not assumed			13.359	16.840	.000	11.6727	.8738	9.8279	13.5176

实习图 7-17 两独立样本 t 检验过程的分析结果

(三) 卡方检验实例

1. 将 82 例急性胰腺炎患者随机分成两组，分别用甲、乙两种不同方案进行治疗，两种方案的治疗结果见实习表 7-3。试分析两种治疗方案的有效率有无差别？

实习表 7-3 甲、乙两种治疗方案治疗急性胰腺炎的有效率 (%)

处理	有效例数	无效例数	合计	有效率
甲方案	32	10	42	76.19
乙方案	36	4	40	90.00
合计	68	14	82	82.93

(1) 建立数据库：设立三个变量，分别为"treatment"、"effect"和"frequency"。treatment 代表处理方案，取值 1 表示甲方案，取值 2 表示乙方案；effect 代表疗效，取值 1 表示有效，取值 2 表示无效；frequency 表示频数。输入原始数据建立数据文件，取名为"Pancreatitis.sav"，如实习图 7-18 所示。

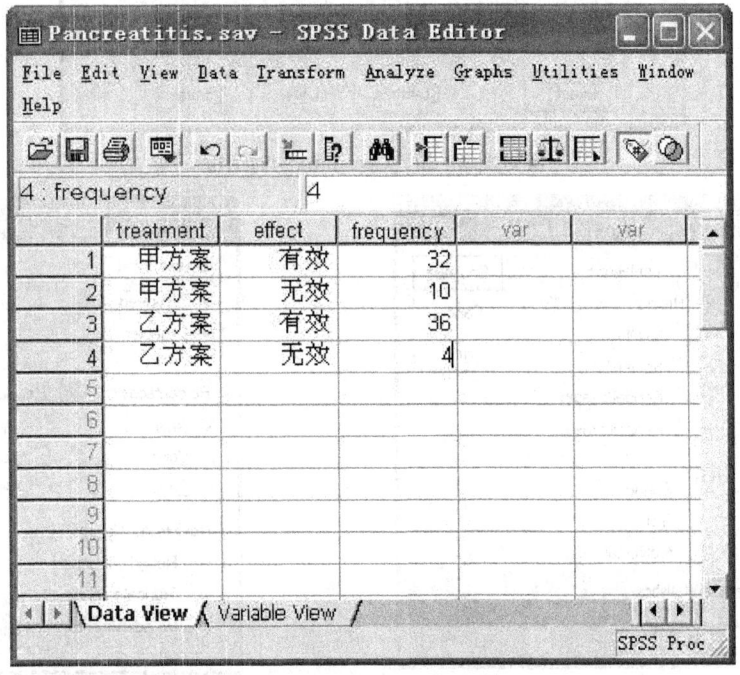

实习图 7-18 82 例急性胰腺炎患者疗效的 SPSS 数据文件

(2) 统计分析：单击 Data→Weight cases，在出现的对话框中，选中"Weight cases by"，将变量"frequency"调入"Frequency Variable"下的矩形框（实习图 7-19）。单击"OK"钮，返回实习图 7-18。

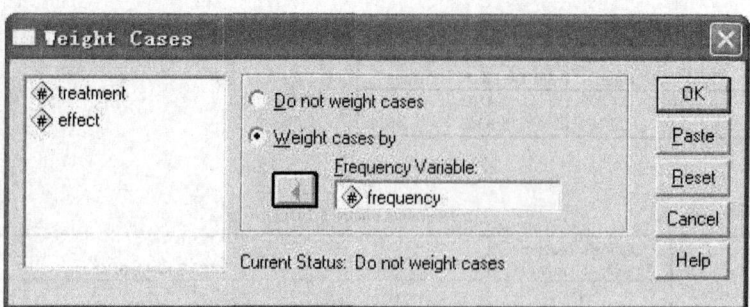

实习图 7-19 Weight cases 对话框

单击 Analyze→Descriptive Statistics→Crosstabs，在出现的对话框中，将变量"treatment"调入右边的"Row [s]"下的矩形框，将变量"effect"调入右边的"Column [s]"下的矩形框（实习图 7-20）；单击下面的"Statistics"钮，弹出对话框（实习图 7-21），选中实习图 7-21 中的"Chi-Square"，单击"Continue"钮；单击实习图 7-20 下面的"Cell"钮，弹出对话框（实习图 7-22），选中实习图 7-22 中的"Expected"和"Row"单击"Continue"钮，返回实习图 7-20。单击 OK。

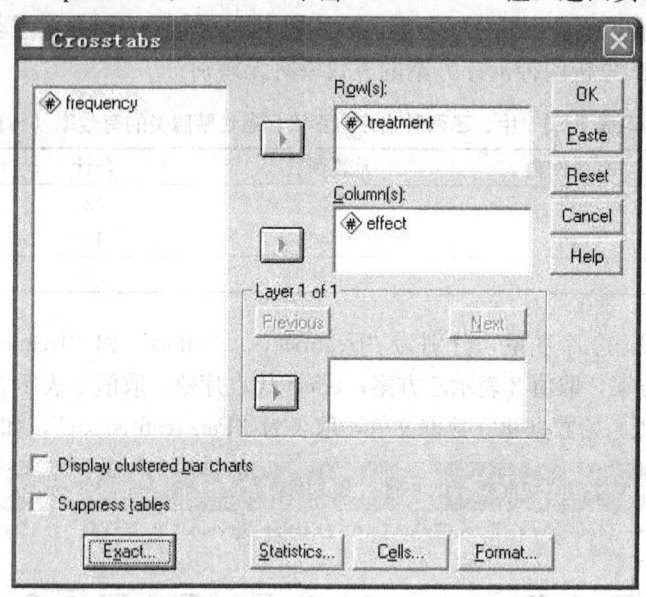

实习图 7-20 Crosstabs 的对话框

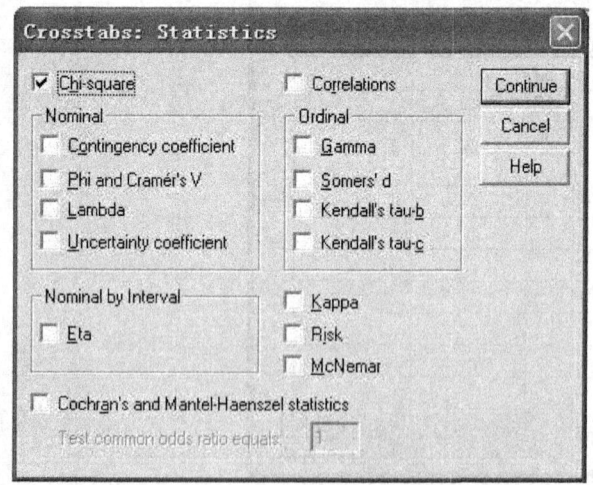

实习图 7-21 Crosstabs：Statistics 对话框

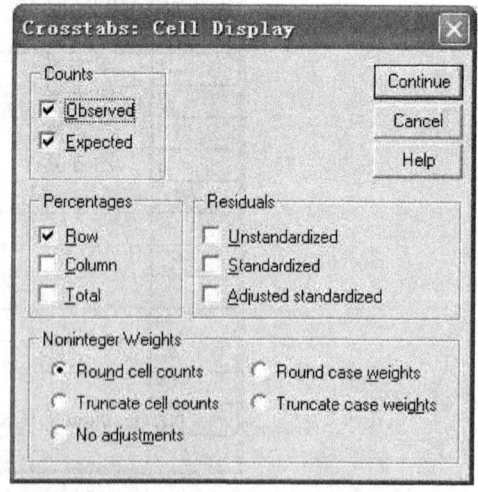

实习图 7-22 Crosstabs：Cell Display 对话框

（3）结果输出及解释（实习图 7-23）

①中间表格 treatment * effect Crosstabulation 表示两种处理方案疗效比较的行×列表，其中除了

观察值以外,还有理论频数和行百分数。

②下面表格 Chi-Square Tests 即为 χ^2 检验结果。第一行依次给出了 Pearsonχ^2 统计量(Value)、自由度、Pearsonχ^2 统计量相应的近似概率(Asymp. Sig., 即近似 P 值)、双侧和单侧精确概率法的 P 值(Exact Sig.)。此处 $\chi^2=2.76$, $P=0.097$, 按 $\alpha=0.05$ 水准, 不拒绝 H_0。尚不能认为两种治疗方案的有效率有差别。第二行至第七行依次为连续性校正的 χ^2 值(Continuity Correction)、对数似然比方法计算的 χ^2 值(Likelihood Ratio)、Fisher 精确概率法(Fisher's Exact Test)、线性相关的 χ^2 值(Linear-by-Linear Association)和有效记录数(N of Valid Cases)。

Case Processing Summary

	Cases					
	Valid		Missing		Total	
	N	Percent	N	Percent	N	Percent
treatment * effect	82	100.0%	0	.0%	82	100.0%

treatment * effect Crosstabulation

			effect		Total
			有效	无效	
treatment	甲方案	Count	32	10	42
		Expected Count	34.8	7.2	42.0
		% within treatment	76.2%	23.8%	100.0%
	乙方案	Count	36	4	40
		Expected Count	33.2	6.8	40.0
		% within treatment	90.0%	10.0%	100.0%
Total		Count	68	14	82
		Expected Count	68.0	14.0	82.0
		% within treatment	82.9%	17.1%	100.0%

Chi-Square Tests

	Value	df	Asymp. Sig. (2-sided)	Exact Sig. (2-sided)	Exact Sig. (1-sided)
Pearson Chi-Square	2.760[b]	1	.097		
Continuity Correction[a]	1.870	1	.171		
Likelihood Ratio	2.843	1	.092		
Fisher's Exact Test				.142	.085
Linear-by-Linear Association	2.726	1	.099		
N of Valid Cases	82				

a. Computed only for a 2x2 table
b. 0 cells (.0%) have expected count less than 5. The minimum expected count is 6.83.

实习图 7-23 四格表资料 χ^2 检验过程的分析结果

2. 某医院用某药物治疗 282 例不同类型关节炎患者,治疗结果见实习表 7-4。试分析该药物治疗不同类型关节炎的有效率有无差别?

实习表 7-4 某药物治疗三种不同类型关节炎的有效率(%)

类型	有效	无效	合计	有效率
类风湿性关节炎型	140	25	165	84.85
风湿性关节炎型	50	27	77	64.94
骨性关节炎型	18	22	40	45.00
合计	208	74	282	73.76

(1) 建立数据库:设立三个变量,分别为 "group"、"effect" 和 "frequency"。group 代表三种不同类型,取值 1 表示类风湿性关节炎型,取值 2 表示风湿性关节炎型,取值 3 表示骨性关节炎型;

effect 代表疗效，取值 1 表示有效，取值 2 表示无效；frequency 表示频数。输入原始数据建立数据文件，取名为"Arthritis282.sav"，如实习图 7-24 所示。

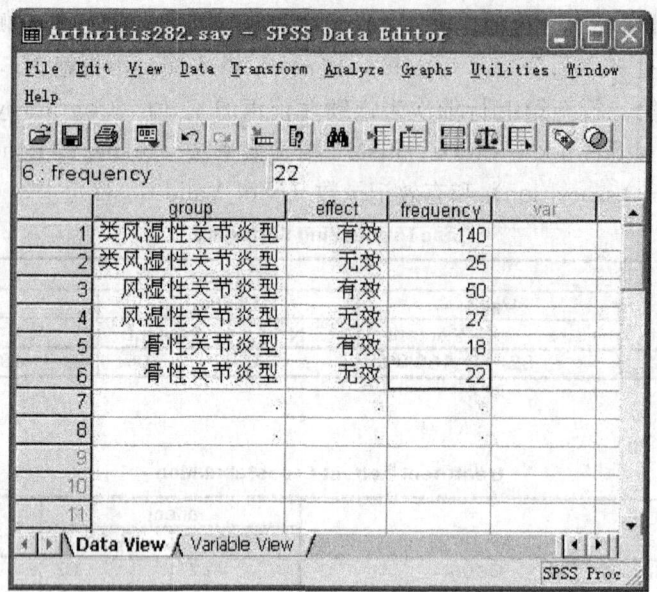

实习图 7-24 282 例不同类型关节炎患者疗效的 SPSS 数据文件

(2) 统计分析：参照前题操作过程。
(3) 结果输出及解释（实习图 7-25）

实习图 7-25 行×列表资料 χ^2 检验过程的分析结果

此处 $\chi^2 = 30.674$，$P < 0.001$，按 $\alpha = 0.05$ 水准，拒绝 H_0，可以认为该药物治疗不同类型关节炎的有效率有差别。

参考文献

张文彤. SPSS 统计分析基础教程. 北京：高等教育出版社，2005.

（祁艳波）

实习八 Doll 和 Hill 关于吸烟与肺癌关系的研究

一、目的要求

1. 掌握 病例对照研究的设计、实施及资料整理分析的过程和方法。
2. 练习 计算 OR 值，并根据计算结果建立病因假设。

二、内容

近几十年来不少国家肺癌的发病率和死亡率均有增长，有些工业发达的国家肺癌的死亡率增长更高。经过多方面的研究，认为肺癌与吸烟、吸入污染的空气以及职业性因子有关。英国流行病学家 Doll 和 Hill 针对上述问题，于 1948 年至 1952 年进行了一项吸烟与肺癌关系的病例对照研究。调查研究的目的在于确定患肺癌的人在吸烟习惯上与其他病人有无重要不同。调查对象不仅为患肺癌的人，同时附带查胃癌、肠癌、肝癌病人。他们与伦敦的 20 家医院合作，请其在患以上各种癌症的人入院时即给通知，在接到通知后，即派调查员（专职人员）前往医院调查。每调查一例肺癌病人，同时配一例性别相同，年龄相近（上下相差在 5 岁以内），种族、职业、社会阶层等条件相同或相近的同一医院同期住院的胃癌、肠癌等其他肿瘤病人或非肿瘤病人作为对照，即 1∶1 配比。两组均衡性比较见实习表 8-1。

实习表 8-1 肺癌病人和配对对照病人的均衡性

比较项目	肺癌组		对照组		比较项目	肺癌组 男女总数	对照组 男女总数
	男	女	男	女			
年龄					访问地区		
25~	17	3	17	3	伦敦	1035	1035
35~	116	15	116	15	布里斯托尔	73	73
45~	493	38	493	38	剑桥	36	36
55~	545	34	545	34	利兹	58	58
65~74	186	18	186	18	纽卡斯尔	263	263
合计	1357	108	1357	108	合计	1465	1465
社会阶层					居住地区		
Ⅰ	39		53		伦敦	791	900
Ⅱ	165		172		其他地区自治城市	225	181
Ⅲ	750		720		其他都市区	275	213
Ⅳ	172		198		农村	155	164
Ⅴ	231		214		外国	19	7
合计	1357		1357		合计	1465	1465

问题 1：此项研究选用哪种类型的病例作为调查对象？此类型病例具有哪些优点？

问题 2：在住院病人中选取对照组应如何保证与肺癌组有可比性？肺癌组与对照组为什么要考虑这些配对条件？

Doll 和 Hill 研究吸烟是否是肺癌的病因，针对研究的病因拟定了简明的调查表。作者对吸烟者的定义是：一个人曾经每天吸烟 1 支以上，并持续一年之久者，不满足此标准者列为非吸烟者。由于吸烟的习惯是可以改变的，如吸烟少的可以变成重度吸烟者，而重度吸烟者又可以减少吸烟量或戒烟，后又可再吸烟等。所以在拟定调查表时应当考虑到这些情况，为此，调查表应包括询问调查对象一生中是否吸过烟，开始吸烟的年龄，每日平均吸烟量，最大吸烟量，吸纸烟还是吸烟斗或吸雪茄或两者均吸，是否戒烟，戒烟的年龄等。当然，吸烟史的材料因人的记忆和肯不肯说实话而异。为检验调查对象对吸烟史回答的可靠性，作者曾随机调查了 50 例，第一次询问吸烟史后，间隔 6 个月第二次重新询问，两次回答的结果见实习表 8-2。

实习表 8-2　两次询问 50 人吸烟量（支/日）的一致性比较

第一次询问	第二次询问（支/日）						合计
	0	1～	5～	15～	25～	50～	
0	8	1	—	—	—	—	9
1～	—	4	1	—	—	—	5
5～	—	1	13	3	—	—	17
15～	—	—	4	9	1	—	14
25～	—	—	—	1	3	—	4
50～	—	—	—	—	1	—	1
合计	8	6	18	13	5	0	50

问题 3：病例对照研究时，这种一致性检查的必要性如何？你对本研究中被调查对象回答吸烟情况的准确性如何评价？

Doll 和 Hill 用回顾性配对调查方法研究了吸烟与肺癌的关系，分析了 649 例男性肺癌病人、60 例女性肺癌病人与 649 例男性和 60 例女性对照者的吸烟习惯，结果见实习表 8-3。

实习表 8-3　肺癌组与对照组吸烟情况

暴露	肺癌组			对照组		
	男	女	合计	男	女	合计
不吸烟	2	19	21	27	32	59
吸烟	647	41	688	622	28	650
合计	649	60	709	649	60	709

问题 4：根据实习表 8-3 结果分别计算肺癌组与对照组不同性别的吸烟百分比。其计算结果能说明什么问题？

作者又对 1357 例肺癌病例和 1357 例对照人群的吸烟习惯进行了比较，整理的结果见实习表 8-4。

实习表 8-4　肺癌组与对照组吸烟习惯比较（1∶1 配比）

对照组	病例组		合计
	不吸烟	吸烟	
不吸烟	0	61	61
吸烟	7	1289	1296
合计	7	1350	1357

问题 5：根据实习表 8-4 的资料分别计算 OR 值、χ^2 值和 OR 值的 95% 可信区间。

实习表 8-5　每日吸烟量与肺癌的关系

支/日	肺癌组		对照组		OR
	例数	%	例数	%	
0	7	0.5	61	4.5	
1～	49	3.6	91	6.7	
5～	516	38.0	615	45.3	
15～	445	32.8	408	30.1	
25～	299	22.1	162	11.9	
50～	41	3.0	20	1.5	
合计	1357	100.0	1357	100.0	

Doll 和 Hill 进一步把男性肺癌组与对照组吸烟与否及每日吸烟量进行分析,结果见实习表 8-5。统计分析了肺癌病人各年龄组 10 年内平均每日吸烟量与每年肺癌期望死亡率的关系,见实习表 8-6。

实习表 8-6　肺癌病人 10 年内平均每日吸烟量与每年肺癌期望死亡率

性别	年龄	死亡率（‰）						调查人数
		0 支	1 支~	5 支~	15 支~	25 支~	50 支~	
男	25~	0.00	0.03	0.13	0.12	0.17	0.52	61
	45~	0.14	0.59	1.35	1.67	2.95	4.74	539
	65~74	0.00	2.38	2.66	3.88	6.95	10.24	130
女	25~	0.006	0.04	0.03	0.13	—	—	9
	45~	0.09	0.06	0.34	1.19	—	—	39
	65~74	0.32	0.70	0.59	2.37	—	—	13

问题 6：从以上两表的资料可以看出每日吸烟量与患肺癌的危险性、不同年龄组肺癌病人每日吸烟量与其相应的每年肺癌期望死亡率都有什么趋势？

作者还分析了所调查的肺癌组与对照组的吸烟总量,见实习表 8-7;1900—1950 年肺癌死亡率和烟叶、纸烟消耗量的关系,见实习图 8-1。

实习表 8-7　肺癌组和对照组累积吸烟量构成

性别	分组	人数	吸烟总量的人数及所占百分比（%）					显著性检验
			365 支~	50000 支~	150000 支~	250000 支~	1000000 支~	
男	肺癌组	647	19 (2.9)	145 (22.4)	183 (28.3)	225 (34.8)	75 (11.6)	$\chi^2=30.60$
	对照组	622	36 (5.8)	190 (30.5)	182 (29.3)	179 (28.9)	35 (5.6)	$P<0.001$
女	肺癌组	41	10 (24.4)	19 (46.3)	5 (12.2)	7 (17.1)	0 (0)	$\chi^2=12.97$
	对照组	28	19 (67.9)	5 (17.9)	3 (10.7)	1 (3.6)	0 (0)	$P<0.001$

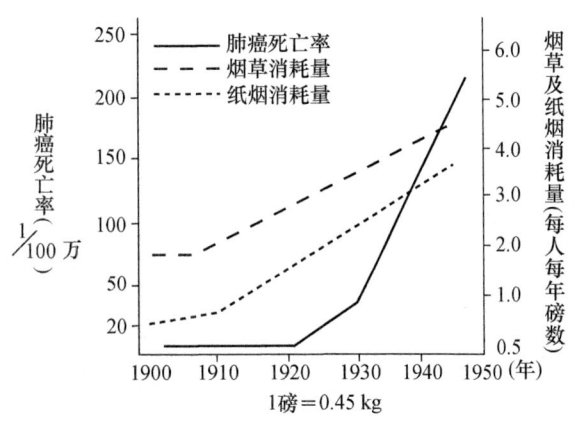

实习图 8-1　1900—1950 年肺癌死亡率与烟草及纸烟消耗量

作者对不同居住地区男性肺癌病人吸烟的习惯也进行了调查分析。发现大城市不吸烟者的比例低于农村(城市为 5.1%,农村为 10.4%);而城市肺癌病人的吸烟量高于农村,如每日吸烟量在 25 支以上者,城市为 14.6%,农村为 7.7%;城市吸纸烟者多(74.2%),农村则吸烟斗者多。

另外,Doll 和 Hill 对病例组与对照组开始吸烟年龄、吸烟年数和戒烟年数也进行了观察,见实习表 8-8。

实习表 8-8 两组开始吸烟年龄、吸烟年数和戒烟年数比较

		肺癌组		对照组		χ^2 检验
		例数	%	例数	%	
开始吸烟年龄	<20	541	78.6	488	75.1	
	20～	118	17.2	129	19.8	$\chi^2=2.40$
	30～	17	4.2	22	5.1	$\nu=2$
	40～	12		11		$0.30<P<0.50$
	合计	688		650		
吸烟年数	1～	14	5.1	18	7.7	
	10～	21		32		$\chi^2=4.65$
	20～	351	51.0	338	52.0	$\nu=2$
	40～	302	43.9	262	40.3	$0.05<P<0.10$
	合计	688		650		
戒烟年数	0～	649	94.3	590	90.8	
	1～	30	4.4	37	5.7	$\chi^2=8.95$
	10～	4	1.3	14	3.5	$\nu=2$
	20～	5		9		$0.01<P<0.02$
	合计	688		650		

问题 7：从实习表 8-8 中能看出开始吸烟年龄、吸烟年数和戒烟年数与肺癌有何关系？

问题 8：从以上调查吸烟与肺癌关系的病例对照研究资料中，可以得出什么结论？尚需进一步做何种研究以确定吸烟与肺癌的因果关系？

（王福彦）

实习九 病因探讨

一、目的要求

1. 掌握 描述疾病分布现象常用频率指标的计算，能够对疾病分布进行描述；病因探讨的思路与方法，能够在实际工作中对病因未明的疾病进行病因学调查，并做出分析。

二、内容

1. 1948—1952 年纽约白人急性白血病资料见实习表 9-1，若该地区人口固定为 2525000，请计算：①发病率；②全年患病率；③死亡率；④病死率；⑤白血病病程。（以 1950 年为例）：

实习表 9-1 Brooklyn 白人急性白血病（1948—1952）

年度	去年遗留病例数	本年新发病例数	本年死亡病例数
1948	7	69	54
1949	22	91	86
1950	27	83	73
1951	37	99	101
1952	35	68	81
合计	—	410	395

请对如上资料作出综合分析并指出普查与抽样调查的优缺点。

2. 1972 年 7 月，上海市发生皮炎流行。流行过程为三个月；各县流行情况轻重不等，市区也有散发病例。从流行地区之广，调查所得发病率之高来看，这样规模的皮炎流行在医学史上是少见的。

首先，在流行情况较为严重的浦东地区选择一个造船厂为调查点，随机抽查了 1088 人，皮炎总患病率为 51.1%，男工患病率 52.8%，女工 45.6%。在抽查中，值得注意的是，电焊和气割的男女工人的皮炎患病率均显著低于其他工种男女工人的患病率。而电焊与气割两种工人之间的患病率则很相近。

问题 1：皮炎的病原体是通过何种方式传播的？

调查了几处工房所在地，风同样大的地方，居民皮炎罹患率没有显著差异。而在背风的工房，居民的皮炎罹患率均显著低。行驶在风大的浦东大道上的 81 路等汽车驾驶员和售票员皮炎罹患率（48.3%），显著高于行驶在风小的浦西闹市的 23 路等电车驾驶员和售票员（30.8%）。南市区四新里委一个几乎无风的小弄里，检查 69 人，未发现皮炎患者。

问题 2：以上资料似能说明什么问题？

在距海较远的周浦公社，调查了相邻的两个大队（横塘和塘东），风的大小相同，但皮炎罹患率相差悬殊，罹患率分别为 62.9% 及 24.5%（$P<0.001$）。在川沙县凌桥公社高家浜大队抽查了两个生产队，风大小相同，罹患率分别为 56.4% 及 17.6%（$P<0.01$）。

问题 3：以上资料又说明什么问题？

在皮炎流行区内，分析了那些能叮咬或刺激皮肤的昆虫如臭虫、蚤、蚊、蠛蠓等，均被否定。检查了相当数量的床席上的螨和某些种类的蛾子和它们的幼虫，经实验与现场观察，病因假设均不能成立。

据调查，1972 年是桑毛虫大发年。在有皮炎流行的 25 个居民点里，都有桑毛虫寄生的树。因此研究工作的重点集中在桑毛虫是否导致皮炎、造成皮炎流行，桑毛虫的生物学调查和实验等方面。

为了寻找桑毛虫能否造成皮炎的客观证据，研究组的十六人在自己身上进行了多次试验。把桑毛虫的细毛，放在上臂及前臂的屈侧上，有的不擦，有的轻擦皮肤。结果都出现了程度不等的皮炎反应：最快的立即发生痒感，多数在数分钟至数小时内出现丘疹，少数在 12 小时后才出现丘疹，个别人出现荨麻疹或疱疹。共同的自觉症状是奇痒难忍，但无痛感，各次重复试验结果大致相同。上述种种症状完全和这次在现场调查的皮炎病例一致。又用家兔作实验，亦能产生同样的皮疹。认为桑毛虫幼虫的细毛就是产生这次皮炎的病因。

问题 4：除实验证据外，还需要做哪些调查证明流行中的皮炎即为桑毛虫毒毛所致？

在调查中看到，凡是有皮炎流行的居民点里的树上，都有桑毛虫寄生，无一例外。没有皮炎的小弄附近没有一株树。上海市精神病防治院的病房四周，有桑毛虫寄生的树木很多，在 431 名医务工作人员中，患桑毛虫皮炎 158 人（36.7%），而病员 404 人中患皮炎者仅 44 人（10.9%），二者差异极显著（$P<0.01$）。

问题 5：为什么有这一现象，对病因学调查有何意义？

1972 年 7 月下旬至 8 月上旬，皮炎病例特别多，大龄幼虫也特别多。到了 8 月下旬大龄幼虫极少见，病例也很快减少。9 月下旬至 10 月间，大龄幼虫的比例很快增高，这时病例也随之增多，形成一个余波。所以桑毛虫皮炎病例成批出现的时间与桑毛虫大龄幼虫大量出现的时间是一致的。

灭虫措施与皮炎罹患率有关。市区人行道树及园林中的树上亦有桑毛虫寄生，但因灭虫措施较好，故市区内仅有少数散发病例。多数郊区果园的灭虫措施较差，皮炎罹患率就较高。此外最直接的证据是在现场从新发生的皮疹上检得桑毛虫毒毛，以及从皮炎患者反复搔抓皮疹后的指甲垢内找到毒毛。同时在果树下放置涂有粘胶的玻片，也检得了毒毛。

问题 6：通过上述调查与实验，说明此次皮炎暴发的病因是什么，其依据有哪些？

问题 7：通过上述病因探讨实例，概述提出病因假设的方法及其意义？

问题 8：判断因果联系的标准有哪些？

（王福彦）

实习十 诊断与筛检试验的评价

一、目的要求

1. 掌握 评价诊断与筛检实验的指标及其计算方法。
2. 熟悉 各项指标的相互关系。

二、内容

1. 某地区欲用皮肤试验来筛检肝血吸虫病,为对此项筛检试验考核评价,研究者应用该试验分别对一组肝血吸虫病人和一组正常人进行检测,结果见实习表10-1。

实习表10-1 肝血吸虫病人与正常人皮肤试验测定结果

皮肤试验	肝血吸虫病人	正常人	合计
阳 性	117	53	170
阴 性	8	312	320
合 计	125	365	490

问题1:就以上结果,对此项筛检试验的真实性进行评价。

问题2:计算阳性预测值和阴性预测值,并解释两项指标的含义。

2. 某血吸虫流行区总人口为1万人,用金标准诊断其感染率为12%,某医师采用灵敏度和特异度均为90%的新方法诊断血吸虫病感染者。

问题1:请列出分析模式;

问题2:列出公式计算真阳性、假阳性、真阴性、假阴性人数和阳性预测值。

3. 某医生对140例糖尿病患者及1020例正常人进行口服葡萄糖2小时后血糖试验,若以血糖水平≥6.1mmol/L为筛检阳性界值,结果见实习表10-2。

实习表10-2 140例糖尿病患者与1020例正常人的血糖试验的结果

筛检的血糖水平 (≥6.1mmol/L)	金标准		合计
	病人	非病人	
阳 性	124	324	448
阴 性	16	696	712
合 计	140	1020	1160

问题1:计算该试验的灵敏度和特异度。

问题2:当上例筛检分界点降低为5.8mmol/L时,筛查结果阳性为652人,其中有526人属于非病人组,试用此分界点水平计算该试验的灵敏度和特异度。

问题3:降低筛检的分界点对假阳性和假阴性的影响如何?

4. 肝细胞癌病人血清中的小扁豆凝集结核型 α_1-抗胰蛋白酶(LCA-α_1-AT)占总α_1-AT的百分比明显高于正常人。应用LCA-α_1-AT检测来筛检肝细胞癌时,确定不同的筛检阳性标准有不同的灵敏度和特异度,两者的关系如实习表10-3(现某市城区的肝癌现患率为40/10万,郊区为20/10万)。

实习表 10-3　不同筛检阳性标准条件下的灵敏度和特异度

阳性标准（LCA-α_1-AT 百分比%）	灵敏度（%）	特异度（%）
15	100.00	83.24
16	99.00	90.00
17	97.69	93.12
18	96.42	96.21
19	95.00	99.00
20	91.45	100.00

问题 1：根据上述资料，若分别选用 16% 和 19% 作为筛检阳性标准，分别在两区各筛检 50 万人，请计算不同条件下（不同阳性判断标准，不同现患率人群）的预期筛检结果和阳性预测值，并将结果填入实习表 10-4 中。

实习表 10-4　不同条件下的预期筛检结果与阳性预测值

筛检阳性标准	人群现患率（1/10 万）	筛检人数	预期筛检结果 肝癌病人 +	预期筛检结果 肝癌病人 −	预期筛检结果 正常人 +	预期筛检结果 正常人 −	阳性预测值（%）
16	40	500000					
19	40	500000					
16	20	500000					
19	20	500000					

假设在某市城区（肝细胞癌的现患率为 40/10 万）的人群中，同时检测血清中甲胎蛋白（AFP）含量与 LCA-α_1-AT 百分比（以 19% 为筛检阳性标准），联合两种试验筛检肝细胞癌，结果如实习表 10-5。

实习表 10-5　LCA-α_1-AT 和 AFP 检测联合筛检正常人和肝细胞癌病人结果

试验结果 LCA-α_1-AT	试验结果 AFP	病人	正常人	合计
+	−	8	954	962
−	+	1	763	764
+	+	30	46	76
−	−	1	98197	98198

问题 2：请分别计算各单项检测筛检方法和串联及并联筛检方法的灵敏度、特异度、阳性预测值。并将计算结果填入实习表 10-6 相应空栏处。

实习表 10-6　应用不同筛检方法的筛检结果

检测方法	灵敏度（%）	特异度（%）	阳性预测值（%）
单项 LCA-α_1-AT 检测			
单项 AFP			
串联两项试验进行筛检			
并联两项试验进行筛检			

问题 3：与单项试验比较，联合试验对上述指标有何影响（串联和并联的影响有何不同）？

（祁艳波）

实习十一　糖尿病病人的食谱编制

制定食谱是糖尿病治疗的具体措施，食谱是否得当，直接关系到饮食治疗效果。制定食谱是以糖尿病患者的病情、年龄、身高、体重、体力活动程度、是否有并发症为依据，确定其每天所需的总能量和各种营养素的数量，结合患者目前饮食状态、饮食习惯，兼顾经济条件及市场食物供应情况，以食品交换法或营养成分计算法进行。

一、目的要求

以糖尿病病人一日食谱为例进行计算，初步掌握食谱编制方法和评价方法，熟悉食品交换份及食物成分表的应用。

二、内容

1. 食品交换法制定食谱

基本步骤：①计算标准体重；②计算每日所需总能量；③查表确定全天各类食物的交换份数；④将各类食物的交换份数安排到各餐次；⑤根据病人饮食习惯和嗜好，选择并交换食物，制定一日食谱；⑥对该食谱进行评价和调整。

2. 营养成分计算法评价食谱

基本步骤：①计算一日营养素摄取量；②计算能量来源分配比例、三餐能量分配比例；③根据评价结果调整食谱；④根据病人饮食习惯和嗜好，选择并交换食物。

三、方法与步骤

(一) 食谱编制

患者王×，男，52岁，身高166 cm，体重75 kg，汽车公司驾驶员。近一个多月常觉疲倦、烦渴多饮。临床检查：BP 136/80 mmHg，无糖尿病并发症表现；实验室检查：空腹血糖7.4 mmol/L，餐后血糖11.5 mmol/L，血脂正常。以食品交换法为其制定食谱。

1. 计算标准体重

(1) 标准体重法：①计算方法为：标准体重 (kg) = 身高 (cm) − 105，标准体重 (kg) = [身高 (cm) − 100] × 0.9；②评价标准为：(实际体重 − 标准体重)/标准体重 × 100%，超过标准体重20%以上者为肥胖，低于20%者为消瘦。

(2) 体质指数法：①计算方法为：$BMI = 体重(kg)/[身高(m)]^2$；②评价标准为：BMI 18.5～23.9为体重正常，BMI 24.0～27.9为超重，≥28为肥胖。

本例病人：标准体重 = 166 − 105 = 61 kg，超重 (%) = (75 − 61)/61 × 100% = 22.95%；$BMI = 75/(1.66)^2 = 27.2$，为超重。

2. 计算每日所需总能量　根据体重和体力活动程度，参考实习表11-1，按每千克标准体重确定每日所需总能量。年龄超过50岁者，每增加10岁，能量供给量减少10%。

每日所需总能量 = 标准体重 (kg) × 能量供给标准 (kJ) 或 (kcal)

实习表 11-1　成年糖尿病患者每日能量供给量 [kJ (kcal)/kg]

体型	卧床	轻体力劳动	中体力劳动	重体力劳动
消瘦	84～105 (20～25)	146 (35)	167 (40)	188～209 (45～50)
正常	63～84 (15～20)	125 (30)	146 (35)	167 (40)
肥胖	63 (15)	84～105 (20～25)	125 (30)	146 (35)

本例病人：BMI=27.2，超重22.95%，体型肥胖；职业为驾驶员，属中度体力劳动；应按每日每千克标准体重30 kcal供给能量。

每日所需总能量=61×30=1830 kcal

3. 根据每日所需总能量查表（实习表11-2），确定全天各类食物的交换份数。

实习表11-2 不同能量治疗饮食中各类食物交换份数

能量（kcal）	交换总份数	谷薯类	蔬菜类	水果类	肉蛋类	乳类	油脂类
1000	12	6	1	—	2	2	1
1200	14.5	7	1	—	3	2	1.5
1400	16.5	9	1	—	3	2	1.5
1600	18.5	9	1	1	4	2	1.5
1800	21	11	1	1	4	2	2
2000	23.5	13	1	1	4.5	2	2
2200	25.5	15	1	1	4.5	2	2
2400	28	17	1	1	5	2	2

本例病人：每日所需总能量1830 kcal，全天食物交换总份数为21，其中谷薯类为11份、蔬菜类1份、肉蛋类4份、乳类2份、水果类1份、油脂类2份。

4. 将各类食物的交换份数安排到各餐次 结合患者的饮食习惯，一般将食物按大约1/5、2/5、2/5能量比分配到早、午、晚三餐中。本例病人各餐食物交换份数，见实习表11-3。

实习表11-3 各餐食物交换份数

食物类别	各餐交换总份数	早餐份数	中餐份数	晚餐份数
谷薯类	11	2	5	4
蔬菜类	1	0	0.5	0.5
水果类	1	0	0.5	0.5
肉蛋类	4	0	2	2
乳类	2	2	0	0
油脂类	2	0	1	1
合计	21	4	9	8

5. 根据病人的习惯和嗜好，选择并交换食物，制定一日食谱 为使食谱编制中的计算简便，根据食物的来源和性质而将食物分成几大类，并制定出各类食物等值交换表（实习表11-4）。等值是指每一食品交换份的任何食品所含的能量相近（多定为377 kJ，即90 kcal）；一个食品交换份的同类食物所含蛋白质、脂肪、碳水化合物相近，可以互换，故称为食品交换份。

为本例病人粗配食谱如下：

早餐：馒头1个（50 g面粉）

酸牛奶250 ml

泡菜少许

午餐：蒸饼1张（100 g面粉）

小米粥1碗（25 g小米）

肉丝炒芹菜（肥瘦猪肉25 g、芹菜150 g、植物油5 g）

鸡蛋炒西红柿（鸡蛋55 g、西红柿100 g、植物油5 g）

香蕉1个（75 g）

晚餐：米饭1碗（100 g大米）

煎鱼（黄花鱼80 g、植物油5 g）

猪血豆腐汤（猪血35 g、豆腐50 g、黄瓜100 g）

炒白菜片（白菜150g、植物油5g）

苹果1个（75g）

说明：猪血35g和豆腐50g各折合肉类0.5份。

6. 对该食谱进行评价和调整。

7. 交换食物，编制一周食谱，并根据病情变化随时调整饮食计划。

实习表11-4 常见等值食物交换表（每份能量90 kcal）

食物类别	食物名称	交换量（g）	食物名称	交换量（g）	食物名称	交换量（g）	每份营养素含量
乳类 （富含蛋白质、脂肪）	牛奶、羊奶	160	无糖酸奶	130	淡牛奶	130	蛋白质5g、脂肪5g、碳水化合物6g
	脱脂奶粉	25	乳酪	25	奶粉	20	
	豆浆（黄豆1份加水8份磨浆）					400	
谷薯类 （富含碳水化合物、膳食纤维）	大米、小米、糯米、薏米、高粱米、玉米糁、面粉、米粉、玉米面、混合面、燕麦片、莜麦面、荞麦面、苦荞面、各种挂面、龙须面、通心粉、绿豆、红豆、芸豆、干豌豆、干粉条、干莲子、油条、油饼、苏打饼干					25	蛋白质2g、碳水化合物20g
	烧饼、烙饼、馒头、咸面包、窝头、生面条、魔芋生面条					35	
	土豆	100	湿粉皮	150	鲜玉米	200	
蔬菜类 （富含矿物质、维生素、膳食纤维） 含糖<3%	大白菜、圆白菜、菠菜、油菜、韭菜、茴香、茼蒿、芹菜、苤蓝、莴笋、油菜薹、西葫芦、西红柿、冬瓜、苦瓜、黄瓜、茄子、芥蓝菜、瓢儿菜、塌棵菜、蕹菜、苋菜、龙须菜、绿豆芽、菜花、鲜蘑、水浸海带					500	蛋白质5g、碳水化合物17g
	白萝卜、茭白、冬笋					400	
	洋葱、蒜苗					250	
	山药、荸荠、藕、凉薯					150	
含糖>4%	丝瓜、倭瓜、南瓜、青椒					350	
	鲜豇豆、扁豆、四季豆					250	
	鲜豌豆					100	
水果类 （同蔬菜类）	西瓜	500	草莓	300	葡萄	200	蛋白质1g、碳水化合物21g
	梨、桃、苹果、橘子、橙子、柚子、猕猴桃、李子、杏					200	
	柿子、香蕉、鲜荔枝					150	
肉蛋类 （富含蛋白质、脂肪）	水浸海参	350	鸡蛋清	150	带骨排骨	70	蛋白质9g、脂肪6g
	蟹肉、水浸鱿鱼、兔肉					100	
	草鱼、鲤鱼、甲鱼、比目鱼、大黄鱼、鳝鱼、黑鲢、鲫鱼、对虾、青虾、鲜贝					80	
	鸡蛋、鸭蛋、松花蛋、鹌鹑蛋（6个带壳）					60	
	鸡肉、鸭肉、鹅肉、瘦猪肉、瘦牛肉、瘦羊肉					50	
	熟叉烧肉（无糖）、午餐肉、大肉肠、熟酱牛肉、熟酱鸭					35	
	肥瘦猪肉	25	火腿、香肠	20	鸡蛋粉	15	
大豆类 （蛋白质）	南豆腐	150	北豆腐	100	豆腐丝、干	50	蛋白质9g、脂肪和碳水化合物各4g
	油豆腐	30	大豆、豆粉	25	腐竹	20	
油脂类 （富含脂肪）	西瓜子	40	葵花子	25	花生米	15	脂肪10g
	核桃	15	杏仁	15	黄油	10	
	花生油、香油、玉米油、菜子油、豆油、红花油、猪油、牛油、羊油、黄油					10	

如以营养成分计算法制定食谱，则按下述步骤进行：①计算标准体重；②计算每日所需总能量；③根据生热营养素的供能比，计算碳水化合物、脂肪、蛋白质的日供给量；④计算全天主食量，再计算动物性食品、蔬菜及水果、烹调油用量；⑤确定各餐次分配比例，制定一日食谱；⑥对该食谱进行评价和调整。

(二) 评价食谱

以营养成分计算法对本例病人的粗配食谱进行评价。

1. 计算一日营养素摄入量 参照食物成分表，分别计算该食谱早、午、晚三餐的主要营养素摄入量（实习表 11-5）。

2. 计算能量来源分配比例、三餐能量分配比例（实习表 11-6、实习表 11-7）

（1）能量来源分配比例：在合理控制总能量的前提下，碳水化合物占总能量的 50%～65%，以米、麦类复合碳水化合物为主，并且尽量选择 GI 较低的食物和适量的粗粮、杂粮；脂肪占总能量的 20%～30%，其中多不饱和脂肪酸、单不饱和脂肪酸、饱和脂肪酸的比值为 1：1：0.8，胆固醇低于 300mg/d；蛋白质占总能量的 15%～20%，肾功能不全者应限制蛋白质摄入。

（2）三餐能量分配比例：常用三餐能量分配比例为 1/5、2/5、2/5 或 1/3、1/3、1/3。要求糖尿病患者定时定量、少食多餐；注射胰岛素或易出现低血糖者可有 1～3 次加餐。

3. 根据评价结果调整食谱。

4. 根据病人饮食习惯和嗜好，选择并交换食物。

实习表 11-5 一日营养素摄入量计算表

食物名称	重量(g)	蛋白质(g)	脂肪(g)	碳水化合物(g)	能量(kcal)	钙(mg)	铁(mg)	锌(mg)	视黄醇(μgRE)	维生素 B_1(mg)	维生素 B_2(mg)	维生素 C(mg)
早餐												
合计												
午餐												
合计												
晚餐												
合计												

实习表 11-6 能量来源分配计算表

营养素	摄入量（g）	能量（kcal）	百分比（%）
蛋白质			
脂肪			
碳水化合物			
合计			

实习表 11-7 三餐能量分配计算表

餐别	摄入量（g）	能量（kcal）	百分比（%）
早餐			
午餐			
晚餐			
合计			

附录 常见食物成分表

食物名称	食部(%)	水分(g)	能量(kcal)	能量(kJ)	蛋白质(g)	脂肪(g)	碳水化合物(g)	维生素A(μgRE)	硫胺素(mg)	核黄素(mg)	维生素C(mg)	维生素E(mg)	钙(mg)	钾(mg)	钠(mg)	铁(mg)	锌(mg)	硒(mg)
谷类及谷制品																		
小麦粉(标准粉)	100	12.7	344	1439	11.2	1.5	73.6	—	0.28	0.08	—	1.80	31	190	3.1	3.5	1.64	5.36
小麦粉(富强粉)	100	12.7	350	1464	10.3	1.1	75.2	—	0.17	0.06	—	0.73	27	128	2.7	2.7	0.97	6.88
挂面(标准粉)	100	12.4	344	1439	10.1	0.7	76.0	—	0.19	0.04	1.57	150.0	14	1.11	3.5	1.22	9.90
切面(标准粉)	100	29.7	280	1172	8.5	1.6	59.5	—	0.35	0.10	—	0.47	13	161	3.4	2.6	1.07	0.40
馒头(标准粉)	100	40.5	233	975	7.8	1.0	49.8	—	0.05	0.07	—	0.86	18	129	165.2	1.9	1.01	9.70
馒头(富强粉)	100	47.3	208	870	6.2	1.2	44.2	—	0.02	0.02	—	0.09	58	146	165.0	1.7	0.40	7.20
油条	100	21.8	386	1615	6.9	17.6	51.0	—	0.01	0.07	—	3.19	6	227	585.2	1.0	0.75	8.60
稻米	100	13.3	346	1448	7.4	0.8	77.9	—	0.11	0.05	—	0.46	13	103	3.8	2.3	1.70	2.23
粳米(标)	100	13.7	343	1435	7.7	0.6	77.4	—	0.16	0.08	—	1.01	11	97	2.4	1.1	1.45	2.50
黑米	100	14.3	333	1393	9.4	2.5	72.2	—	0.33	0.13	—	0.22	12	256	7.1	1.6	3.80	3.20
米饭(蒸)	100	70.9	116	485	2.6	0.3	25.9	—	0.02	0.03	—	—	7	30	2.5	1.3	0.92	0.40
玉米(鲜)	46	71.3	106	444	4.0	1.2	22.8	—	0.16	0.11	16	0.46	—	238	1.1	1.1	0.90	1.63
玉米(黄,干)	100	13.2	335	1402	8.7	3.8	73.0	17	0.21	0.13	—	3.89	14	300	2.4	2.4	1.70	3.52
玉米(黄)	100	12.1	341	1427	8.1	3.3	75.2	7	0.26	0.09	—	3.80	22	249	2.3	3.2	1.42	2.49
小米	100	11.6	358	1498	9.0	3.1	75.1	17	0.33	0.10	—	3.63	41	284	4.3	5.1	1.87	4.74
薯类、淀粉及制品																		
马铃薯(土豆、洋芋)	94	79.8	76	318	2.0	0.2	17.2	5	0.08	0.04	27	0.34	8	342	2.7	0.8	0.37	0.78
甘薯(红心、红薯)	90	73.4	99	414	1.1	0.2	24.7	125	0.04	0.04	26	0.28	23	130	28.5	0.5	0.15	0.48
粉丝	100	15.0	335	1402	0.8	0.2	83.7	—	0.03	0.02	—	—	31	18	9.3	6.4	0.27	3.39
干豆及制品																		
黄豆	100	10.2	359	1502	35.0	16.0	34.2	37	0.41	0.20	—	18.90	191	1503	2.2	8.2	3.34	6.16
黑豆	100	9.9	381	1594	36.0	15.9	33.6	5	0.20	0.33	—	17.36	224	1377	3.0	7.0	4.18	6.79

续表

食物名称	食部(%)	水分(g)	能量(kcal)	能量(kJ)	蛋白质(g)	脂肪(g)	碳水化合物(g)	维生素A(μgRE)	硫胺素(mg)	核黄素(mg)	维生素C(mg)	维生素E(mg)	钙(mg)	钾(mg)	钠(mg)	铁(mg)	锌(mg)	硒(mg)
豆腐(南)	100	87.9	57	238	6.2	2.5	2.6	—	0.02	0.04	—	3.62	116	154	3.1	1.5	0.59	2.62
豆腐(内酯)	100	89.2	49	205	5.0	1.9	3.3	—	0.06	0.03	—	3.26	17	95	6.4	0.8	0.55	0.81
豆腐脑	100	96.7	15	63	1.9	0.8	0.0	—	0.04	0.02	—	10.46	18	107	2.8	0.9	0.49	—
豆浆	100	96.4	14	59	1.8	0.7	1.1	15	0.02	0.02	—	0.80	10	48	3.0	0.5	0.24	0.14
豆腐丝	100	58.4	201	841	21.5	10.5	6.2	5	0.04	0.12	—	9.76	204	74	20.6	9.1	2.04	1.39
豆腐皮	100	16.5	409	1711	44.6	17.4	18.8	—	0.31	0.11	—	20.63	116	536	9.4	13.9	3.81	2.26
豆腐干	100	71.3	136	569	13.4	7.1	5.0	—	0.01	0.01	—	0.62	179	70	633.6	3.0	1.39	0.50
绿豆	100	12.3	316	1322	21.6	0.8	62.0	22	0.25	0.11	—	10.95	81	787	3.2	6.5	2.18	4.28
蔬菜类及其制品																		
红萝卜	97	93.8	20	84	1.0	0.1	4.6	Tr	0.05	0.02	3	1.20	11	110	62.7	2.8	0.69	…
胡萝卜(红)	96	89.2	37	155	1.0	0.2	8.8	688	0.04	0.03	13	0.41	32	190	71.4	1.0	0.23	0.63
豌豆	42	70.2	105	439	7.4	0.3	21.2	37	0.43	0.09	14	1.21	21	332	1.2	1.7	1.29	1.74
黄豆芽	100	88.8	44	184	4.5	1.6	4.5	5	0.04	0.07	8	0.80	21	160	7.2	0.9	0.54	0.96
茄子(紫皮,长)	96	93.1	19	79	1.0	0.1	5.4	30	0.03	0.03	7	0.20	55	136	6.4	0.4	0.16	0.57
番茄	97	94.4	19	79	0.9	0.2	4.0	92	0.03	0.03	19	0.57	10	163	5.0	0.4	0.13	0.15
甜椒	82	93.0	22	92	1.0	0.2	5.4	57	0.03	0.03	72	0.59	14	142	3.3	0.8	0.19	0.38
冬瓜	80	96.6	11	46	0.4	0.2	2.6	13	0.01	0.01	18	0.08	19	78	1.8	0.2	0.07	0.22
黄瓜	92	95.8	15	63	0.8	0.2	2.9	15	0.02	0.03	9	0.49	24	102	4.9	0.5	0.18	0.38
大蒜	85	66.6	126	527	4.5	0.2	27.6	5	0.04	0.06	7	1.07	39	302	19.6	1.2	0.88	3.09
大葱	82	91.0	30	126	1.7	0.3	6.5	10	0.03	0.05	17	0.30	29	144	4.8	0.7	0.40	0.67
小葱	73	92.7	24	100	1.6	0.4	4.9	140	0.05	0.06	21	0.49	72	143	10.4	1.3	0.35	1.06
韭菜	90	91.8	26	109	2.4	0.4	4.6	235	0.02	0.09	24	0.96	42	247	8.1	1.6	0.43	1.38
大白菜(紫皮,长)	92	93.2	21	88	1.7	0.2	3.7	42	0.06	0.07	47	0.92	69	130	89.3	0.5	0.21	0.33
油菜	87	92.9	23	96	1.8	0.5	3.8	103	0.04	0.11	36	0.88	108	210	55.8	1.2	0.33	0.79
菜花	82	92.4	24	100	2.1	0.2	4.6	5	0.03	0.08	61	0.43	23	200	31.6	1.1	0.38	0.73
菠菜	89	91.2	24	100	2.6	0.3	4.5	487	0.04	0.11	32	1.74	66	311	85.2	2.9	0.85	0.97
芹菜茎	67	93.1	20	84	1.2	0.2	4.5	57	0.02	0.06	8	1.32	80	206	159.0	1.2	0.24	0.57
蘑菇	99	92.4	20	84	2.7	0.1	4.1	2	0.08	0.35	2	0.56	6	312	8.3	1.2	0.92	0.55

附录 常见食物成分表

续表

食物名称	食部(%)	水分(g)	能量(kcal)	能量(kJ)	蛋白质(g)	脂肪(g)	碳水化合物(g)	维生素A(μgRE)	硫胺素(mg)	核黄素(mg)	维生素C(mg)	维生素E(mg)	钙(mg)	钾(mg)	钠(mg)	铁(mg)	锌(mg)	硒(mg)
水果类及其制品																		
苹果	76	85.9	52	218	0.2	0.2	13.5	3	0.06	0.02	4	2.12	4	119	1.6	0.6	0.19	0.12
梨	82	85.8	44	184	0.4	0.2	13.3	6	0.03	0.06	6	1.34	9	92	2.1	0.5	0.46	1.14
桃	86	86.4	48	201	0.9	0.1	12.2	3	0.01	0.03	7	1.54	6	166	5.7	0.8	0.34	0.24
李子	91	90.0	36	151	0.7	0.2	8.7	25	0.03	0.02	5	0.74	8	144	3.8	0.6	0.14	0.23
枣(鲜)	87	67.4	122	510	1.1	0.3	30.5	40	0.06	0.09	243	0.78	22	375	1.2	1.2	1.52	0.80
葡萄	86	88.7	43	180	0.5	0.2	10.3	8	0.04	0.02	25	0.70	5	104	1.3	0.4	0.18	0.20
柑橘	77	86.9	51	213	0.7	0.2	11.9	148	0.08	0.04	28	0.92	35	154	1.4	0.2	0.08	0.30
香蕉	59	75.8	91	381	1.4	0.2	22.0	10	0.02	0.04	8	0.24	7	256	0.8	0.4	0.18	0.87
西瓜	56	93.3	25	105	0.6	0.1	5.8	75	0.02	0.03	6	0.10	8	87	3.2	0.3	0.10	0.17
坚果、种子类																		
核桃(干)	43	5.2	627	2623	14.9	58.8	19.1	5	0.15	0.14	1	43.21	56	385	6.4	2.7	2.17	4.62
花生(鲜)	53	48.3	298	1247	12.0	25.4	13.0	2	…	0.04	14	2.93	8	390	3.7	3.4	1.79	4.50
葵花子(炒)	52	2.0	616	2577	22.6	52.8	17.3	5	0.43	0.26	…	26.46	72	491	1322	6.1	5.91	2.00
动物类食品																		
猪肉(肥瘦)	100		395	1653	13.2	37.0	2.4	18	0.22	0.16	—	0.35	6	204	59.4	1.6	2.06	11.97
牛肉(肥瘦)	99		125	523	19.9	4.2	2.0	7	0.04	0.14	—	0.65	23	216	84.2	3.3	4.73	6.45
羊肉(肥瘦)	90		203	849	19.0	14.1	0.0	22	0.05	0.14	—	0.26	6	232	80.6	2.3	3.22	32.20
猪血	100	85.8	55	230	12.2	0.3	0.9	0	0.03	0.04	0.0	0.20	4	56	56	8.7	0.28	微量
动物类食品																		
鸡	66	69.0	167	699	19.3	9.4	1.3	48	0.05	0.09	—	0.67	9	251	63.3	1.4	1.09	11.75
鸡翅	69	65.4	194	812	17.4	11.8	4.6	68	0.01	0.11	—	0.25	8	205	50.8	1.3	1.12	10.98
鸭	68	63.9	240	1004	15.5	19.7	0.2	52	0.08	0.22	—	0.27	6	191	69.0	2.2	1.33	12.25
牛乳	100	89.8	54	226	3.0	3.2	3.4	24	0.03	0.14	1	0.21	104	109	37.2	0.3	0.42	1.94
牛乳(强化,VA、VD)	100	89.0	51	213	2.7	2.0	5.6	66	0.02	0.08	3	—	140	130	42.6	0.2	0.38	1.36
全脂牛奶粉	100	2.3	478	2000	20.1	21.2	51.7	141	0.11	0.73	4	0.48	676	449	260.1	1.2	3.14	11.80
酸奶	100	84.7	72	301	2.5	2.7	9.3	26	0.03	0.15	1	0.12	118	150	39.8	0.4	0.53	1.71
鸡蛋(红皮)	88	73.8	156	653	12.8	11.1	1.3	194	0.13	0.32	—	2.29	44	121	125.7	2.3	1.01	14.98
鸭蛋	87	70.3	180	753	12.6	13.0	3.1	261	0.17	0.35	—	4.98	62	135	106.0	2.9	1.67	15.68

续表

食物名称	食部(%)	水分(g)	能量(kcal)	能量(kJ)	蛋白质(g)	脂肪(g)	碳水化合物(g)	维生素A(μgRE)	硫胺素(mg)	核黄素(mg)	维生素C(mg)	维生素E(mg)	钙(mg)	钾(mg)	钠(mg)	铁(mg)	锌(mg)	硒(mg)
鹌鹑蛋	86	73.0	160	669	12.8	11.1	2.1	337	0.11	0.49	—	3.08	47	138	106.6	3.2	1.61	25.48
草鱼	58	77.3	113	473	16.6	5.2	0.0	11	0.04	0.11	—	2.03	38	312	46.0	0.8	0.87	6.66
鲤鱼	54	76.7	109	456	17.6	4.1	0.5	25	0.03	0.09	—	1.27	50	334	53.7	1.0	2.08	15.38
鲢鱼	61	77.4	104	435	17.8	3.6	0.0	20	0.03	0.07	—	1.23	53	277	57.5	1.4	1.17	15.68
黄花鱼	66	77.7	97	405	17.7	2.5	0.8	—	0.03	0.10	—	1.13	53	260	120.3	0.7	0.58	42.57
豆油	100	0.1	899	3761	0.0	99.9	0.0	0	—	…	微量	93.08	13	3	4.9	2.0	1.09	—

注："…"表示"未检出"，即这种营养素未能检测出来，但不表示该食物中绝对没有这种营养素，而是含量太少了，测不出来；"—"表示未测定，即这种营养素未做检测，但不表示该食物中没有这种营养素；"0"表示该食物中不含这种营养素。

※"微量"表示测出的营养素含量太少，由于表格位置的限制无法将具体数值列入表中。

黄吉武. 预防医学学习指导. 北京：人民卫生出版社，2006.

（钱学艳）